应用型高等院校会计系列教材

财务分析

主　编　左　杰

主　审　张世荣

南开大学出版社

天　津

图书在版编目(CIP)数据

财务分析 / 左杰主编. —天津：南开大学出版社，2014.10

ISBN 978-7-310-04670-6

Ⅰ. ①财… Ⅱ. ①左… Ⅲ. ①会计分析—高等学校—教材 Ⅳ. ①F231.2

中国版本图书馆 CIP 数据核字(2014)第 228511 号

南开大学出版社出版发行

出版人:孙克强

地址:天津市南开区卫津路 94 号　　邮政编码:300071

营销部电话:(022)23508339　23500755

营销部传真:(022)23508542　　邮购部电话:(022)23502200

*

天津市蓟县宏图印务有限公司印刷

全国各地新华书店经销

*

2014 年 10 月第 1 版　　2014 年 10 月第 1 次印刷

230×170 毫米　16 开本　22.75 印张　2 插页　404 千字

定价:43.00 元

如遇图书印装质量问题,请与本社营销部联系调换,电话:(022)23507125

内容提要

《财务分析》以企业战略分析、审计报告分析、财务分析和综合分析为主线，以比较分析法、水平分析法、垂直分析法、比率分析法和因素分析法的应用为重点，以《企业会计准则》及其应用指南为依据，深入浅出地介绍了财务分析概述、附注分析、资产负债表分析、利润表分析、现金流量表分析、所有者权益变动表分析、偿债能力分析、营运能力分析、盈利能力分析和财务综合分析。以ABC股份有限公司2012年年报作为分析对象，贯穿于全书始终，并采用了大量近年来上市公司的真实案例，增强了实践性和可读性。

前　言

随着我国社会主义市场经济的不断发展和资本市场的日益发达，财务分析的作用越来越显著。投资者通过财务分析，可以了解企业的竞争优势，或者避开财务陷阱，从而作出理智、安全和有效的投资决策；债权人通过财务分析，可以了解企业偿还债务本息的能力，从而作出正确的信贷决策；经营者通过财务分析，可以及时发现企业日常经营管理中存在的问题，从而作出适当的经营决策；企业的员工、供应商、客户和政府有关部门等通过财务分析也可以帮助其作出相应的经济决策。因此，学会财务分析，从而了解企业的财务状况和经营成果等信息，预测企业未来发展前景，以便作出经济决策，已经成为一项不可或缺的技能。

为适应应用型本科院校的培养目标，即培养具有坚实的专业理论基础和相关专业理论知识，熟练掌握专业技术职能的高素质应用型人才的需要。本教材在内容上，既全面、系统地阐述了财务分析的基础理论、基本知识和基本方法，又注重理论联系实际，以国内真实上市公司为案例进行分析，有利于学生掌握分析技巧，提高分析技能。

本教材具有以下特点：

第一，为便于学生自主学习，每章开篇列示了该章与上一章的递进关系，以使学生能够对教材有一个逻辑上的认识；以及本章的学习目标，按照“了解”、“理解”和“掌握”三个层次提出了学习要求。每章篇后列示了“本章小结”，对各章的重点和难点进行了简要总结，具有较强的实用性。并列示了“核心概念”，列出了各章行文中的重要概念，采用中英文对照的方式，有利于学生增强专业词汇的学习，为进一步阅读英文资料做准备。

第二，为增强本教材的可读性和实践性，本教材附有大量案例。开篇案例旨在引起学生学习兴趣；篇中案例和篇后案例以近年来国内真实上市公司的事例为主，辅之以国内外一些典型案例，不仅增强了可读性，而且具有很强的实用性，有利于提高学生分析问题和解决问题的能力。本教材以 ABC 股份有限公司 2012 年年报作为分析对象，贯穿于全书始终，体现了财务分析的具体操作性，有利于读者全面掌握财务分析的基本技术与方法。

第三，为便于教师教学以及学生的自学，加大了习题数量。每节节后设置了课堂测试题，以测试课堂学习之效果。每章均设置了思考题和练习题，练习题分为单选题、多选题、判断题和业务题，有利于学生进一步巩固学习效果。

本教材由南开大学滨海学院左杰主编，负责编写提纲的拟定和全书内容的总篡、定稿。由张世荣教授主审，对教材内容结构和初稿进行审稿，并提出修正意见。本教材第一、二、三、四、五、六、十章由左杰编写，第七、八、九章由范丽芳编写。

在本教材的编写过程中，参阅了大量的相关教材、报刊杂志和网站信息等资料，吸收和借鉴了同行相关的最新成果和精华，并得到了南开大学出版社的大力支持与帮助，在此一并致以最诚挚的谢意。

本教材适宜作为应用型本科院校会计、财务管理、审计等专业开设相应课程的教学用书，也可以作为企业投资者、债权人、经营者和其他财务分析者进行财务分析的参考用书。

由于编者水平有限，虽经多次审校，难免仍有疏漏甚至错误之处，恳请读者不吝指正。

编　者

2014 年 3 月

目　录

第一章　财务分析概述

通过本章学习，了解财务分析的信息资料来源，能够收集公司财务会计报告及其他相关信息和资料。理解财务分析的概念和作用，即通过财务分析有利于不同的利益相关者作出相应经济决策。掌握财务分析的基本方法和基本程序，为进一步学习财务分析打下基础。

开篇案例

万福生科财务造假

万福生科（300268）分别于2012年11月22日和2013年3月15日两次受到深圳证券交易所公开谴责。第一次受到公开谴责的原因之一是，“万福生科在2012年半年度报告中虚增营业收入1.88亿元，虚增营业成本1.46亿元、虚增净利润4 023.16万元，前述数据金额较大，且导致公司2012年上半年财务报告盈亏方向发生变化，情节严重”；第二次受到公开谴责的原因是，“该公司2008～2011年期间存在财务数据虚假记载情形，累计虚增收入7.4亿元左右，虚增营业利润1.8亿元左右，虚增净利润1.6亿元左右。”

作为创业板造假第一案，万福生科名声大噪，对于投资者而言，如何规避此类财务造假股，遵循股神巴菲特的价值投资理念，就需要认真学习财务分析了。

第一节　财务分析的概念及作用

一、财务分析的概念

财务分析是指企业的利益相关者以财务会计报告及其他相关信息资料为依据，运用科学的方法，按照一定的程序，对企业的财务状况、经营成果和现金流量等进行分析与评价，以便做出相应经济决策的过程。

企业的利益相关者是指与企业存在直接或间接利益关系的组织或个人，包括投资者、债权人、经营者、员工、供应商、客户和政府有关部门等，他们也是财务分析的主体。财务分析的最基本资料是财务报表，但财务分析不能仅以财务报表为依据，还需要参考其他相关信息和资料，如外部宏观环境信息、企业所处的行业信息，如果是内部经营者还可以参考内部管理会计信息等，以使财务分析的信息资料更加真实、完整。财务分析的实践使得财务分析的方法不断发展和完善，形成了水平分析法、垂直分析法、比率分析法、因素分析法等科学的方法体系。不同的财务分析主体进行财务分析的目的不同，但都可以通过财务分析对企业财务状况、经营成果和现金流量等情况做出分析与评价，帮助其做出投资决策、筹资决策、经营决策、信贷决策等各种经济决策。

二、财务分析的作用

财务分析的作用主要是有利于企业的利益相关者做出相应经济决策。通过财务分析，可以有利于投资者、债权人、经营者和其他利益相关者了解企业过去、评价企业现状、预测企业未来，从而增加决策的科学性。不同的财务分析主体进行财务分析的目的有所不同，因此，对企业不同的利益相关者来说，财务分析所起的作用也是不同的。财务分析的作用主要体现在以下几个方面：

（一）有利于投资者做出投资决策

投资者包括现有的投资者和潜在的投资者。投资者最为关心企业的盈利能力，因为盈利能力是投资者投入资本保值增值的关键。投资者对企业剩余资产拥有要求权，是企业风险的最终承担者。因此，投资者只分析企业的盈利能力是不够的，还会关注企业的发展前景和风险程度。投资者通过财务分析认为企业具有良好的盈利能力、发展前景和较低的风险时，现有投资者会保持或追加投资，潜在投资者将把资金投向企业。相反，现有投资者可能抛售股权，潜在投资者将会转投其他企业。因此，投资者通过财务分析有利于其做出投资决策。

（二）有利于债权人做出信贷决策

债权人包括现有的债权人和潜在的债权人，包括向企业借款或拟借款的银行和其他金融机构，购买或拟购买企业债券的单位和个人等。按照债权的期限，债权人分为短期债权人和长期债权人。债权人最为关心企业的偿债能力，关心企业能否按时足额还本付息。短期债权人更关注企业的短期偿债能力，即资产的变现能力，长期债权人更关注企业的长期偿债能力，即资产对负债的保障程度。此外，债权人也应分析企业的盈利能力和资产管理能力，因为只有持续的盈利才是获得稳定现金流的来源，而资产管理能力又影响着资产的流动性和盈利水平。因此，债权人通过财务分析有利于其做出信贷决策。

（三）有利于经营者做出经营决策

经营者作为受托责任人，肩负着受托经营管理的责任。经营者有责任妥善保管并合理、有效地使用投资者投入、债权人借入的各种经济资源。因此，经营者关心企业经营的方方面面，包括营运能力、盈利能力、偿债能力、未来可持续发展能力等。经营者通过财务分析，可以全面掌握企业的财务状况、经营成果和现金流量状况，从而做出科学的投资、筹资等重大决策。通过财务分析，可以及时发现企业日常经营管理中存在的问题，找出原因，并提出相应对策，提高管理水平。因此，经营者通过财务分析有利于其作出各种经营决策。

（四）有利于其他利益相关者做出相应经济决策

其他利益相关者包括企业的员工、供应商、客户、政府有关部门、注册会计师、竞争对手等。企业的员工通常与企业存在着长久的雇佣关系，他们关注从企业获取的薪酬与福利以及工作岗位的安全性和稳定性等。员工通过财务分析可以了解企业的盈利能力和发展前景。

供应商向企业提供原材料、商品或劳务，如果采用赊销方式，则会成为企业的债权人，需要关注其货款能否及时收回。供应商通过财务分析可以了解企业的偿债能力和支付能力，以判断其货款的安全性。如果供应商希望与企业保持稳定的合作关系，还可以通过财务分析了解企业的持续购买能力。

客户从企业购买商品或劳务，关注企业提供商品或劳务的质量、价格以及售后服务等。如果企业成为某个客户的重要商品或劳务供应商，客户还需要关注企业的持续供应能力。因此，客户通过财务分析可以了解企业提供商品或劳务价格的合理性和持续经营能力。

政府有关部门包括工商、税务、财政、审计、国有资产管理等部门。政府有关部门结合自身业务范围对企业执行相关政策法规情况进行监督，并适时进行调控。如税务部门通过财务分析可以了解企业及时、足额纳税情况；国有资产管理部门代表国家作为国有企业的出资者，通过财务分析可以了解企业的盈利能力、国有资产使用效率、是否存在国有资产流失等情况。

注册会计师对企业财务报表的合法性和公允性发表审计意见，出具审计报告。注册会计师通过财务分析，可以评估企业的重大错报风险，发现错误、遗漏或不合理的事项，以便进一步实施审计程序。

竞争对手对企业的财务状况、经营成果和现金流量等各个方面均感兴趣。竞争对手通过对企业的财务分析，可以了解企业间的相对效率和竞争优势，为提高竞争能力打下基础。

【课堂测试 1-1】

1. 企业债权人进行财务分析时，最关心企业的（ ）。

A. 盈利能力　　B. 偿债能力

C. 营运能力　　D. 增长能力

2. 试述企业的利益相关者及其进行财务分析的目的。

第二节　财务分析的信息资料

进行财务分析必须要收集相关的信息资料，相较于内部经营者而言，其他外部利益相关者无法得到全部的信息，而只能通过企业公开披露的信息作为财务分析的依据。相较于其他企业来说，上市公司作为其股票在证券交易所上市交易的股份有限公司，必须做到信息公开，因此，获取上市公司的信息资料相对容易。对上市公司进行财务分析时，收集的相关信息资料主要有财务会计报告以及上市公司公开披露的其他信息。

一、财务会计报告

财务会计报告是指企业对外提供的反映企业某一特定日期的财务状况和某一会计期间的经营成果、现金流量等会计信息的文件。财务会计报告包括会计报表及其附注和其他应当在财务会计报告中披露的相关信息和资料。会计报表至少应当包括资产负债表、利润表、现金流量表等报表。资产负债表是指反映企业在某一特定日期的财务状况的会计报表。利润表是指反映企业在一定会计期间的经营成果的会计报表。现金流量表是指反映企业在一定会计期间的现金和现金等价物流入和流出的会计报表。附注是指对在会计报表中列示项目所做的进一步说明，以及未能在这些报表中列示项目的说明等。财务报表是对企业财务状况、经营成果和现金流量的结构性表述。财务报表至少应当包括：资产负债表、利润表、现金流量表、所有者权益变动表和附注。完整的财务会计报告构成体系如图 1-1 所示。

财务会计报告是进行财务分析时收集的最主要信息资料，也是上市公司公开披露的信息。比如在招股说明书中，必须披露上市前最近三年的财务会计报告。在定期报告中财务会计报告也是重要的组成部分。

- 财务会计报告
  - 财务报表
    - 会计报表
      - 资产负债表
      - 利润表
      - 现金流量表
      - 所有者权益变动表
    - 附注
  - 其他相关信息和资料

图 1–1　财务会计报告构成体系

二、上市公司公开披露的其他信息

上市公司必须做到信息公开，信息公开可以分为发行信息公开和持续信息公开。除我国《公司法》、《证券法》对拟上市和上市的公司的信息披露做了明确规定外，中国证监会还制定并颁布了一系列的信息披露准则。根据有关规定，首次信息披露主要有招股说明书和上市公告书等。上市后，上市公司承担持续披露义务，持续信息披露主要有定期报告和临时报告。

（一）招股说明书

招股说明书是公开发行股票最基本的法律文件。这是由发行人制定，经中国证监会核准，向社会公众公开披露公司主要事项以及招股情况的文件。发行人首次公开发行股票的信息主要是通过招股说明书进行披露。

招股说明书主要包括：本次发行概况；风险因素；发行人基本情况；业务和技术；同业竞争与关联交易；董事、监事与高级管理人员；公司治理；财务会计信息；管理层讨论与分析；业务发展目标；募集资金运用；股利分配政策；其他重要事项；董事、监事、高级管理人员及有关中介机构声明；备查文件。

值得说明的是，招股说明书中至少公布最近三年的财务报表，引用的财务报表在其最近一期截止日后 6 个月内有效，财务报表应当以年度末、半年度末或者季度末为截止日。招股说明书的有效期为 6 个月。

（二）上市公告书

发行人发行证券完成后，申请证券上市交易，应当按照证券交易所的规定编制上市公告书，并经证券交易所审核同意后公告。

股票上市公告书主要内容有：重要声明与提示；股票上市情况；发行人、股东和实际控制人情况；股票发行情况；其他重要事项；董事会上市承诺；上市保荐人及其意见。

（三）定期报告

定期报告是上市公司进行持续信息披露的主要形式之一，包括年度报告、中期报告和季度报告。年度报告应当在每一个会计年度结束之日起 4 个月内编制完成并披露。年度报告主要内容有：释义及重大风险提示；公司简介；会计数据和财务指标摘要；董事会报告；重要事项；股份变动及股东情况；董事、监事、高级管理人员和员工情况；公司治理；内部控制；财务会计报告（已经审计，包含审计报告）；备查文件目录。

中期报告应当在每一会计年度的上半年结束之日起两个月内编制完成并披露。中期报告主要内容有：释义；公司简介；会计数据和财务指标摘要；董事会报告；重要事项；股份变动及股东情况；董事、监事、高级管理人员和员工情况；财务会计报告（未经审计）；备查文件目录。

季度报告应当在每个会计年度第 3 个月、第 9 个月结束后的 1 个月内编制完成并披露。季度报告主要内容有：重要提示；公司主要财务数据和股东变化；重要事项；附录（一般将会计报表以附录形式披露）。

（四）临时报告

临时报告是指在定期报告之外临时发布的报告。凡发生可能对上市公司证券及其衍生品种交易价格产生较大影响的重大事件，投资者尚未得知时，上市公司应当立即提出临时报告，披露事件内容，说明事件的起因、目前的状态和可能产生的影响，如篇中案例 1-1 所示。

重大事件包括：1. 公司的经营方针和经营范围的重大变化；2. 公司的重大投资行为和重大的购置财产的决定；3. 公司订立重要合同，可能对公司的资产、负债、权益和经营成果产生重要影响；4. 公司发生重大债务和未能清偿到期重大债务的违约情况，或者发生大额赔偿责任；5. 公司发生重大亏损或者重大损失；6. 公司生产经营的外部条件发生的重大变化；7. 公司的董事、1/3 以上监事或者经理发生变动，董事长或者经理无法履行职责；8. 持有公司 5%以上股份的股东或者实际控制人，其持有股份或者控制公司的情况发生较大变化；9. 公司减资、合并、分立、解散及申请破产的决定，或者依法进入破产程序、被责令关闭；10. 涉及公司的重大诉讼、仲裁，股东大会、董事会决议被依法撤销或者宣告无效；11. 公司涉嫌违法违规被有权机关调查或者受到刑事处罚、重大行政处罚，公司董事、监事、高级管理人员涉嫌违法违纪被有权机关调查或者采取强制措施；12. 国务院证券监督管理机构规定的其他事项。

篇中案例 1-1

万福生科临时报告

证券代码：300268　　证券简称：万福生科　　公告编号：2012-033

万福生科（湖南）农业开发股份有限公司被立案稽查公告

本公司及董事会全体成员保证信息披露的内容真实、准确、完整，没有虚假记载、误导性陈述或重大遗漏。

公司于 2012 年 9 月 14 日收到中国证券监督管理委员会湖南监管局《立案稽查通知书》（湘证监稽查字【2012】1 号），称因我公司涉嫌违反有关证券法律法规，湖南监管局决定于 2012 年 9 月 17 日起对我公司进行立案稽查，并要求公司高管人员坚守岗位，积极配合调查。请广大投资者注意投资风险。

特此公告。

万福生科（湖南）农业开发股份有限公司
董事会
二〇一二年九月十四日

资料来源：万福生科：被立案稽查公告．深圳证券交易所 http://www.szse.cn/．2012-9-15．

【课堂测试 1-2】

1. 定期报告是上市公司进行持续信息披露的主要形式之一，在一个会计年度内需要披露季报的次数是（　　）。

A. 1 次　　B. 2 次
C. 3 次　　D. 4 次

2. 年度报告应当编制完成并披露的时间是在每一个会计年度结束之日起（　　）。

A. 1 个月内　　B. 2 个月内
C. 4 个月内　　D. 5 个月内

3. 中期报告应当编制完成并披露的最后时间是每年的（　　）。

A. 6 月 30 日　　B. 7 月 31 日
C. 8 月 31 日　　D. 9 月 30 日

第三节 财务分析基本方法

财务分析方法多种多样，在实际财务分析时，应根据分析目的以及收集的相关信息资料的实际特征去选择。概括来说，财务分析基本方法有比较分析法、水平分析法、垂直分析法、比率分析法和因素分析法。

一、比较分析法

比较分析法是将相关数据进行比较，揭示差异并寻找差异原因的分析方法。比较分析法是财务分析中最常用的方法，也是最基本的方法。用于比较的数据可以是水平分析中的绝对数额，也可以是垂直分析中的结构百分比，还可以是各种财务比率。因此，比较分析法可以和其他分析方法结合起来进行分析。在比较分析中，常见的比较标准有历史标准、行业标准、经验标准等。

（一）历史标准

历史标准是指以企业的历史数据作为标准。历史数据可以是历史最佳水平、历史平均水平或特定历史时期的水平。在财务分析中，经常以上年数据作为比较标准，将本年的数据与上年数据进行比较。通过与历史标准进行比较，可以了解企业发生的变化，把握企业发展态势，预测企业未来发展。

（二）行业标准

行业标准是指以企业所处行业的数据作为标准。行业标准可以是行业先进水平、行业平均水平或行业中特定企业的水平，如竞争对手的水平等。通过与行业标准进行比较，可以了解企业在行业中所处的地位，分析出与行业先进水平、竞争对手的差异情况。

（三）经验标准

经验标准是指以经验数据作为标准。经验数据是在较长的时间内积累起来的被很多人认同的一种数据。比如，流动比率的经验标准为 2，即通常认为合理的最低流动比率为 2，因此在财务分析时经常将企业的流动比率与 2 进行比较。通过与经验标准进行比较，可以判断企业的状况是否处于经验上的合理范畴，如果差异较大，应进一步分析原因。需要注意的是，由于环境、行业和企业的不同，经验标准并不是放之四海而皆准的，不能将经验标准当作一种绝对标准，只能利用经验标准做出初步判断。

此外，作为企业内部经营者，还可以将目标标准或预算标准作为比较标准，通过将实际数据与比较标准进行比较，可以分析差异，查找原因，为进一步改善企业经营管理指明方向。

二、水平分析法

水平分析法又称趋势分析法，是将两期或连续数期财务报表中相同指标进行对比，确定其增减变动的方向、数额和幅度，以说明企业财务状况、经营成果和现金流量变动趋势的方法。水平分析法实际上是与历史标准进行比较，既可以用绝对数比较，也可以用相对数比较。用水平分析法进行分析时，一般需要计算变动额和变动率，计算公式如下：

$$变动额=分析期数额-基期数额$$

$$变动率=\frac{变动额}{基期数额}\times 100\%$$

基期的选择，既可以将某一固定期作为基期，又可以将上一期作为基期。因此，在水平分析中，既可以进行定比分析，又可以进行环比分析。定比分析是在连续数期的财务报表中，以第一期为基期，其他各期数额与第一期数额进行比较，基期是固定的分析方法。环比分析是在连续数期的财务报表中，以上一期为基期，将下一期数额与上一期数额进行比较，基期是变动的分析方法。

水平分析法的具体应用，可以参见第三、四、五、六章，对资产负债表、利润表、现金流量表和所有者权益变动表的水平分析。

三、垂直分析法

垂直分析法又称结构分析法，是将会计报表各项目与相应的总体进行对比，计算出各项目占总体的比重，确定各项目相对重要性的方法。垂直分析法可以用于会计报表的分析中。一般来说，如果对资产负债表进行结构分析，可以选择资产总额或负债和所有者权益总额作为总体，分别计算其他各个项目占总体的比重，所形成的报表可以称为共同比资产负债表；如果对利润表进行结构分析，可以选择营业收入作为总体，其他各项分别除以营业收入，计算出各项目占营业收入的比重，所形成的报表可以称为共同比利润表。之所以叫做共同比报表，是因为这种方法能消除规模的影响，既可用于同一企业不同时期的比较，也可用于同一行业不同企业的比较。

当然，在垂直分析中将什么项目作为总体，要视分析目的而定。比如，进行存货结构分析时，可以将存货总额作为总体；进行负债结构分析时，可以将负债总额作为总体。

垂直分析法的具体应用，可以参见第三、四、五、六章，对资产负债表、利润表、现金流量表和所有者权益变动表的垂直分析。

四、比率分析法

比率分析法是指将相互联系的财务指标进行对比，计算出具有特定经济意义的比率，据以评价企业财务状况和经营成果的分析方法。比率分析法计算简便，计算结果比较容易判断，而且由于比率是相对数，可以使某些指标在不同规模企业之间进行比较，甚至可能在一定程度上超越行业间差别。因此，比率分析法是使用较为广泛的分析方法。

但是，应当指出的是，统一的财务比率体系和标准的财务比率计算方法事实上并不存在。不同的分析者可以根据自己的理解和实际分析的需要，采用不尽相同的财务比率体系，设计不尽相同的比率计算方法。另外，当财务比率的分子和分母一个来自时期报表（如利润表），另一个来自于时点报表（如资产负债表），一般情况下，资产负债表变量需要计算平均数，而外部财务分析者通常只能得到年初数和期末数，据此计算的平均值，无法消除由于季节以及周期变化而带来的问题，也反映不出年度内发生的不规则变化。

一般来说，财务比率分为三类，即偿债能力比率、营运能力比率和盈利能力比率。本书第七、八、九章分别对这三类财务比率进行了详细的计算与分析，在此不再赘述。

五、因素分析法

因素分析法，是指依据分析指标与其影响因素的关系，按照一定的顺序，分别确定各个因素对于分析指标影响方向及程度的方法。因素分析法可以从数量上确定各因素对分析指标的影响程度，判断分析指标变动的主要原因。因素分析法的基本方法是连环替代法，连环替代法是将分析指标分解为各个可以计量的因素，并根据各个因素之间的依存关系，顺序用各因素的比较值（通常为实际值）代替基准值（通常为标准值或计划值），据以测定各因素对分析指标的影响。它的简化形式是差额分析法，是利用各因素的比较值与基准值之间的差额，计算各因素对分析指标的影响。

差额分析法的基本步骤为：

第一步，确定分析指标与其影响因素之间的关系。

假设分析指标 Z 受 A、B、C 三个因素影响。

关系式为 $Z = A \times B \times C$

第二步，确定分析指标差异。

确定分析指标实际值与比较标准之间的差异。假设分析指标 Z 的实际值为 Z_1,比较标准为 Z_0，则分析指标差异为 Z_1-Z_0。其中，

$$Z_1 = A_1 \times B_1 \times C_1$$

$$Z_0 = A_0 \times B_0 \times C_0$$

第三步，连环顺序替代，确定各因素对分析指标的影响程度。

A 因素对分析指标的影响程度为：$(A_1 - A_0) \times B_0 \times C_0$

B 因素对分析指标的影响程度为：$A_1 \times (B_1 - B_0) \times C_0$

C 因素对分析指标的影响程度为：$A_1 \times B_1 \times (C_1 - C_0)$

第四步，检验分析结果。

将各因素对分析指标的影响额相加，其代数和应等于分析指标差异，即 Z_1-Z_0。如果相等，说明分析结果可能是正确的；如果不相等，则说明分析结果一定是错误的。

【例 1-1】某企业 2013 年 12 月某种材料费用的实际数是 24 300 元，而其计划数是 19 500 元，实际比计划增加了 4 800 元。材料费用由产品产量、单位产品消耗用量和材料单价三个因素的乘积构成。运用因素分析法分析该材料费用实际比计划上升的原因。具体资料如表 1-1 所示。

表 1 1 某种材料费用表

项 目	实际数	计划数
产品产量（件）	150	130
材料单耗（千克/件）	9	10
材料单价（元/千克)	18	15
材料费用	24 300	19 500

根据资料，材料费用实际数较计划数增加了 4 800 元（24 300−19 500），运用差额分析法计算各因素对材料费用的影响程度。

产品产量对材料费用的影响程度为：（150−130）×10×15＝3 000（元）

材料单耗对材料费用的影响程度为：150×（9−10）×15＝−2 250（元）

材料单价对材料费用的影响程度为：150×9×（18−15）＝4 050（元）

全部因素的影响：3 000＋（−2 250）＋4 050＝4 800（元）

因素分析法既可以全面分析各因素对经济指标的影响，又可以单独分析某因素对经济指标的影响，在财务分析中应用颇为广泛。但在应用因素分析法时需要注意以下问题：

第一，因素分解的关联性。分析指标的构成因素，必须客观上与该分析指标存在因果关系，能够反映该指标差异的内在原因，否则就失去了分析的意义。

第二，因素替代的顺序性和连环性。替代各因素时，必须按照各因素的依存关系，按一定顺序依次替代，不可随意颠倒，否则会出现不同的计算结果。在计算每个因素的变动影响时，用连环比较的方式确定因素变化对结果的影响。因为只有保持计算程序的连环性，才能使各因素影响之和等于分析指标的变动差异。

第三，计算过程和结果的假定性。在分步计算各个因素的影响数额时，要假定其他因素不变，而计算结果也会因替代顺序的不同而有所差异。

需要注意的是，以上五种分析方法并不是彼此割裂的而是相互融合的。比如将财务比率的实际值与上年同期的比率进行比较，既用到了比率分析法，又用到了比较分析法。

【课堂测试 1-3】

1. 为了判断企业所处的地位和水平，比较合适的财务分析比较标准是（ ）。

A. 目标标准　　B. 行业标准

C. 历史标准　　D. 经验标准

2. 用因素分析法分析某企业某产品本月直接材料费用实际比计划上升的原因。该产品直接材料费用实际与计划对比表如表 1-2 所示。

表 1-2　直接材料费用实际与计划对比表

项　目	本月实际	本月计划	差额
材料消耗数量（千克）	9	10	
材料单价（元/千克）	20	15	
直接材料费用（元）	180	150	30

第四节　财务分析基本程序

财务分析是一项较为复杂的工作，必须按照科学的程序进行，虽然不同的财务分析者对具体的步骤和程序可能会有不同的选择，但是一般都能分为以下几个步骤：明确分析目的，收集相关信息资料，选择财务分析方法，得出分析结论，并撰写分析报告。应当注意的是，分析人员在明确分析目的、收集相关信息资料之后，在具体分析时不能就报表论报表，而应当结合企业所处的行业及经营特点进行分析，因此财务分析基本程序可以按照企业战略分析、审计报告分析、财务分析和综合分析的顺序进行。

一、企业战略分析

将企业战略分析作为财务分析基本程序的起点，是因为只有充分了解企业所处的行业及其战略选择，才能更加透彻、全面、正确地进行财务分析，而不会陷入财务报表的数字迷宫。企业战略分析可以从一般宏观环境和所处的行业分析入手，识别企业面临的各种机会和威胁，再结合企业自身的优势和劣势，来分析企业选择的竞争战略。

（一）一般宏观环境分析

一般宏观环境分析必须以宏观环境对企业产生的影响作为出发点，即企业必须适应周围的环境。宏观环境分析中的关键要素包括：政治和法律因素（Political factors）、经济因素（Economical factors）、社会和文化因素（Social factors）以及技术因素（Technological factors）。宏观环境分析也称为PEST分析。利用PEST分析，可以客观地分析企业所处的外部环境，强调对企业产生影响的关键因素，并识别企业所面临的的机会及威胁。一般宏观环境因素的汇总如图1-2所示。

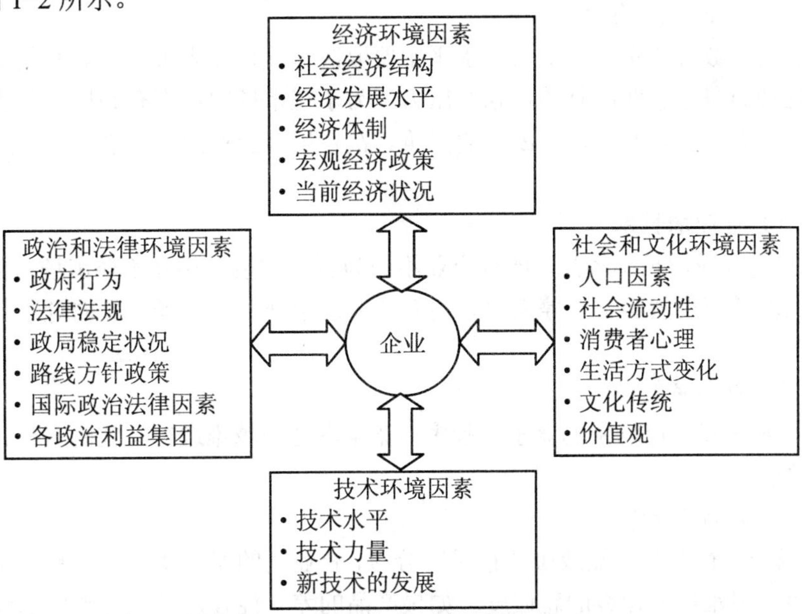

图1-2　一般宏观环境因素汇总

资料来源：中国注册会计师协会．公司战略与风险管理［M］．北京：经济科学出版社，2010．

（二）行业分析

行业分析的目的在于分析企业所处行业的盈利水平与盈利能力。而进行行业分析最具影响力的是迈克尔·波特提出的五力模型。影响一个行业最终盈利水平的是五种力量，分别是：现有企业间的竞争、新进入者的威胁、替代品的威胁、供应商的议价能力以及购买商的议价能力。波特的五力模型如图 1-3 所示。

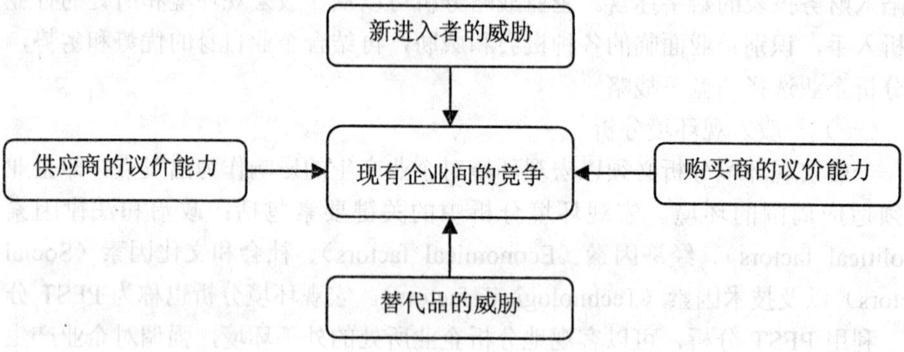

图 1-3 波特的五力模型

1. 现有企业间的竞争

在大多数行业中，平均盈利水平主要取决于该行业内现有企业间的竞争状况，这种力量是企业面临的最强大压力。为了在市场中占据有利地位和争夺更多的消费者，企业间会进行激烈的竞争。决定现有企业间竞争强度的因素主要有：

（1）行业增长率

如果行业增长率较高，现有企业不必为自身发展而相互争夺市场份额。如果行业增长速度较缓甚至停滞时，现有企业间争夺既有市场份额的竞争就会变得激烈。

（2）竞争者的数量

一般来说，市场中的竞争者越多，竞争者之间越难进行有效的合作，则竞争强度就越高。

（3）产品差异度

当一个行业的产品或服务很难区分时，企业间的竞争实际上是基于价格上的竞争，很难保证顾客的忠诚度。如果产品的差异性较低，顾客则可以轻易地根据价格从一家企业转向另一家企业购买，这样的行业竞争较为激烈，常常被价格战和低利润困扰。

（4）过剩的生产能力和退出壁垒

如果行业生产能力超过市场需求，企业就会产生强烈的降价动机以充分利用其生产能力。如果行业退出壁垒较高，企业从行业中退出存在重大障碍，就越会阻止现有竞争厂商退出行业的竞争，生产能力过剩的问题可能加剧，现有企业间的竞争激烈。

2. 新进入者的威胁

新进入者越容易进入行业市场，当前行业的盈利能力就越容易被削弱。新进入者会对现有的竞争者构成威胁，削弱现有企业的盈利能力，分割市场份额并激化市场竞争。新进入者的威胁很大程度上取决于各种进入壁垒的高度。决定进入壁垒的因素主要有：

（1）规模经济

如果存在巨大的规模经济效应，那么在与现有企业的竞争中，新进入者往往要面临着明显的成本劣势。

（2）客户忠诚度

在市场上存在了很长时间或拥有良好形象而获得的信誉会提高客户的忠诚度，从而使新进入者难以建立品牌知名度并以此获得新的市场份额。

（3）先行优势

行业中现有企业可能通过先行优势来阻止新进入者。先行优势包括现行制定的行业标准、与廉价原材料供应商签订的独家协议等。

（4）分销渠道

现有分销渠道通常被现有的企业所控制，新进入者通过现有销售渠道来销售产品可能会遇到困难。而开发新的分销渠道成本往往较高，这些成为新进入者的巨大障碍。

（5）政府政策

政府的行业进入许可证可能限制甚至阻止企业进入某些行业（如通讯和电视广播行业）；对于跨国企业来说，政府的关税、贸易限制条款、限制外资等通常成为重要的进入壁垒。

3. 替代品的威胁

在很多行业中，企业不仅需要与同行业的产品竞争而且需要同其他领域生产替代品的企业进行激烈的竞争。一般来说，替代品的价格越低，质量和性能越好，顾客的转换成本越低，替代品所带来的威胁就越大。

在某些情况下，替代品的威胁是源于科技的进步，使客户不用或者少用现有产品。比如，数码相机在很大程度上取代了胶卷相机。

4. 供应商的议价能力

供应商的议价能力越强，采购的成本越高，越会降低行业的盈利能力。会提高供应商议价能力的因素主要有：供应商提供的产品没有替代品；供应商的数量很少；供应商的产品对于购买企业很重要以及供应商能够直接销售产品等。

5. 购买商的议价能力

对购买商的议价能力的分析与对供应商的议价能力分析相似。购买者可能会要求降低产品价格，提高产品质量和获得优质服务，使得行业竞争更加激烈，导致行业盈利下降。提高购买商议价能力的因素主要有：购买商购买的产品容易获得，在市场上充满了供货的竞争者；购买商数量较少，购买数量较大；购买商有能力自行制造或提供供应商的产品等。

总之，可以用五力模型来识别影响企业所处行业盈利水平的关键因素，从而确定企业可获得的机会和应考虑的威胁。

（三）SWOT 分析

SWOT 分析是将企业内部环境的优势和劣势、外部环境的机会和威胁同列在一张“十”字形图表中加以对照。企业内部环境的优势和劣势是企业独有的信息，外部环境的机会和威胁可以通过一般宏观环境分析以及行业分析找出。通过 SWOT 分析可以明确企业在市场中的地位，有利于企业作出最好的战略选择。SWOT 分析的四要素分别为：优势、劣势、机会和威胁。

1. 优势

优势是指能为企业带来重要竞争优势的积极因素或独特能力。包括管理经验、市场地位、企业规模、财务资源、人员结构、企业形象、品牌声誉等。

2. 劣势

劣势是指限制企业发展且有待改正的消极因素。包括当前的经验不足、资源有限、高额的沉没成本、人才短缺、不良的形象或声誉等。

3. 机会

机会是随着企业外部环境的改变而产生的有利于企业的时机。比如，有利于企业的政策法规出台、新的市场出现、经济环境的不断改善、竞争对手的破产等。

4. 威胁

威胁是随着企业外部环境的改变而产生的不利于企业的时机。比如，不利于企业的政策法规出台、替代产品的出现、政治或经济的动荡等。

综合四个要素的分析，可以找出企业自身的优势与劣势，以及影响企业的机会和威胁。典型的 SWOT 分析格式如图 1-4 所示。

优势（Strengths）	劣势（Weaknesses）
• 企业专家所拥有的专业市场知识 • 对自然资源的独有进入性 • 专利权 • 新颖的、创新的产品或服务 • 企业地理位置优越 • 由于自主知识产权所获得的成本优势 • 质量流程和控制优势 • 品牌和声誉优势	• 缺乏市场知识与经验 • 无差别的产品和服务 • 企业地理位置较差 • 竞争对手进入分销渠道的优先地位 • 产品或服务质量低下 • 声誉败坏
机会（Opportunities）	**威胁（Threats）**
• 发展中的新兴市场 • 并购、合资或战略联盟 • 进入具有吸引力的新的细分市场 • 新的国际市场 • 政府规则放宽 • 国际贸易壁垒消除 • 某一市场的领导者力量薄弱	• 企业所处的市场中出现新的竞争对手 • 价格战 • 竞争对手发明新颖的、创新性的替代产品或服务 • 政府颁布新的规则 • 出现新的贸易壁垒 • 针对企业产品或服务的潜在税务负担

图 1-4　典型的 SWOT 分析格式

资料来源：中国注册会计师协会．公司战略与风险管理［M］．北京：经济科学出版社，2010．

（四）竞争战略分析

企业战略分析可以根据 SWOT 分析的结果，依靠内部优势，克服自身劣势，抓住外部机会，避免外部威胁，选择适合企业的竞争战略，使企业保持持久竞争优势。企业的盈利状况不仅受所处行业的影响，而且还受到所选择的竞争战略影响。竞争战略主要有三种：低成本战略、差异化战略和集中化战略。

1. 低成本战略

低成本战略是指企业能以较低的成本提供与竞争对手相同的产品或服务的战略。选用低成本战略的优势主要有：一是可以抵御竞争对手的竞争，低成本可以使企业制定出比竞争者更低的价格，并仍然可以获得一定的收益。二是具有较强的对供应商的议价能力，低成本往往通过大规模的生产或销售，较大的购买量使企业对供应商议价能力较强，更增加了其成本优势。三是形成了进入壁垒，低成本充分利用了规模经济的优势，使得无法达到规模经济的企业难以进入该行业与之竞争。

低成本战略主要适用于以下情形：一是市场中存在大量的价格敏感用户；二是产品难以实现差异化；三是购买者不太在意品牌。此时，企业应当力求成为行业中的成本领先者，使产品价格低于竞争对手，以提高市场份额。

2. 差异化战略

差异化战略是指企业通过提供与竞争对手存在差异的产品或服务来获取竞争优势的战略。差异化可以来自于设计、品牌形象、技术、性能、营销渠道或客户服务等方面。成功的差异化战略能够吸引品牌忠诚度高且对价格不敏感的客户，从而获得超过行业平均水平的收益。

差异化战略主要适用于以下情形：一是产品能够充分地实现差异化，且为客户所认可；二是客户的需求是多样化的；三是所处行业技术创新较快。此时，企业可以选用差异化战略，使企业获得更高的利润率。

3. 集中化战略

集中化战略是指针对某一特定购买群体、产品细分市场或区域市场，而不是整个行业，采用低成本或差异化来获取竞争优势的战略。由于受到自身资源和能力的限制，无法在整个行业实现低成本或差异化，因此将资源和能力集中于目标细分市场，实现在该目标市场的低成本或差异化。集中化战略一般适用于中小企业，可分为集中低成本战略和集中差异化战略。

通过战略分析，财务分析者能更深入了解企业所处的经济环境，行业的盈利状况以及企业所选择的竞争战略，能更加客观、正确地进行财务分析。

二、审计报告分析

财务报表是经过一系列会计程序加工后生成的信息。信息质量受到记账基础、会计政策的选择、会计估计等的影响。在财务分析之前，先要了解企业会计信息处理的原则与方法、会计政策和会计估计的灵活性并对企业会计信息反映经济业务的真实程度作出评价。一般的财务分析者可以基于注册会计师出具的审计报告，在整体上对企业财务会计报告的质量作出初步判断。

审计报告是指注册会计师根据中国注册会计师审计准则的规定，在实施审计工作的基础上对被审计单位财务报表发表审计意见的书面文件。审计报告分为标准审计报告和非标准审计报告。

（一）标准审计报告

当注册会计师出具的无保留意见的审计报告不附加说明段、强调事项段或任何修饰性词语时，该报告称为标准审计报告。

如果认为财务报表符合下列所有条件，注册会计师应当出具无保留意见的审计报告：

1. 财务报表已经按照适用的会计准则和相关会计制度的规定编制，在所有重大方面公允反映了被审计单位的财务状况、经营成果和现金流量。

2. 注册会计师已经按照中国注册会计师审计准则的规定计划和实施审计工作，在审计过程中未受到限制。

无保留意见的审计报告意味着，注册会计师通过实施审计工作，认为被审计单位财务报表的编制符合合法性和公允性的要求，合理保证财务报表不存在重大错报。标准无保留意见的审计报告格式如篇中案例 1-2 所示。

篇中案例 1-2

审计报告

ABC 股份有限公司全体股东：

我们审计了后附的 ABC 股份有限公司（以下简称 ABC 公司）财务报表，包括 2012 年 12 月 31 日的合并及母公司资产负债表、2012 年度的合并及母公司利润表、现金流量表、股东权益变动表以及财务报表附注。

一、管理层对财务报表的责任

编制和公允列报财务报表是管理层的责任，这种责任包括：（1）按照企业会计准则的规定编制财务报表，并使其实现公允反映；（2）设计、执行和维护必要的内部控制，以使财务报表不存在由于舞弊或错误导致的重大错报。

二、注册会计师的责任

我们的责任是在执行审计工作的基础上对财务报表发表审计意见。我们按照中国注册会计师审计准则的规定执行了审计工作。中国注册会计师审计准则要求我们遵守职业道德守则，计划和执行审计工作以对财务报表是否不存在重大错报获取合理保证。

审计工作涉及实施审计程序，以获取有关财务报表金额和披露的审计证据。选择的审计程序取决于注册会计师的判断，包括对由于舞弊或错误导致的财务报表重大错报风险的评估。在进行风险评估时，注册会计师考虑与财务报表编制和公允列报相关的内部控制，以设计恰当的审计程序，但目的并非对内部控制的有效性发表意见。审计工作还包括评价管理层选用会计政策的恰当性和作出会计估计的合理性，以及评价财务报表的总体列报。

我们相信，我们获取的审计证据是充分、适当的，为发表审计意见提供了基础。

> 三、审计意见
>
> 我们认为，财务报表在所有重大方面按照企业会计准则的规定编制，公允反映了ABC公司2012年12月31日的财务状况以及2012年度的经营成果和现金流量。
>
> ××××会计师事务所（特殊普通合伙）　　中国注册会计师：××
>
> 中国注册会计师：××
>
> 中国　天津　　二〇一三年四月十九日

（二）非标准审计报告

非标准审计报告，是指标准审计报告以外的其他审计报告，包括带强调事项段的无保留意见的审计报告和非无保留意见的审计报告。非无保留意见的审计报告包括保留意见的审计报告、否定意见的审计报告和无法表示意见的审计报告。

1. 带强调事项段的无保留意见的审计报告

审计报告的强调事项段是指注册会计师在审计意见段之后增加的对重大事项予以强调的段落。增加强调事项段的情形主要包括两类：

（1）对持续经营能力产生重大疑虑

如果认为被审计单位在编制财务报表时运用持续经营假设是适当的，但可能导致对持续经营能力产生重大疑虑的事项或情况存在重大不确定性，财务报表已经做出充分披露，注册会计师应当出具无保留意见的审计报告，并在审计意见之后增加强调事项段。

（2）重大不确定性事项

当存在可能对财务报表产生重大影响的不确定性事项（持续经营问题除外）但不影响已发表的审计意见时，注册会计师应当考虑在审计意见段之后增加强调事项段。不确定性事项是指其结果依赖于未来行动或事项，不受被审计单位的直接控制，但可能影响财务报表的事项。

增加强调事项段是为了提醒财务报表使用者关注某些事项，并不影响注册会计师的审计意见。带强调事项段的无保留意见的审计报告格式如篇中案例1-3所示。

篇中案例 1-3

审计报告

C 股份有限公司全体股东：

我们审计了后附的 C 股份有限公司（以下简称贵公司）财务报表，包括 2012 年 12 月 31 日的合并及母公司资产负债表，2012 年度的合并及母公司利润表、合并及母公司所有者权益变动表和合并及母公司现金流量表以及财务报表附注。

一、管理层对财务报表的责任

编制和公允列报财务报表是贵公司管理层的责任，这种责任包括：（1）按照企业会计准则的规定编制财务报表，并使其实现公允反映；（2）设计、执行和维护必要的内部控制，以使财务报表不存在由于舞弊或错误导致的重大错报。

二、注册会计师的责任

我们的责任是在执行审计工作的基础上对财务报表发表审计意见。我们按照中国注册会计师审计准则的规定执行了审计工作。中国注册会计师审计准则要求我们遵守职业道德守则，计划和执行审计工作以对财务报表是否不存在重大错报获取合理保证。

审计工作涉及实施审计程序，以获取有关财务报表金额和披露的审计证据。选择的审计程序取决于注册会计师的判断，包括对由于舞弊或错误导致的财务报表重大错报风险的评估。在进行风险评估时，注册会计师考虑与财务报表编制和公允列报相关的内部控制，以设计恰当的审计程序，但目的并非对内部控制的有效性发表意见。审计工作还包括评价管理层选用会计政策的恰当性和作出会计估计的合理性，以及评价财务报表的总体列报。

我们相信，我们获取的审计证据是充分、适当的，为发表无保留意见提供了基础。

三、审计意见

我们认为，贵公司财务报表在所有重大方面按照企业会计准则的规定编制，公允反映了贵公司 2012 年 12 月 31 日的合并及母公司财务状况以及 2012 年度的合并及母公司经营成果和现金流量。

四、强调事项

同时提醒财务报表使用者关注，如财务报表附注十四、2）所述，贵公司截至 2012 年 12 月 31 日累计亏损 711 873 875.75 元，因未决诉讼及对外担保确认的预计负债 97 622 180.50 元，欠付大股东借款 229 479 733.68 元；2012

年度经营活动净现金流量-46 694 277.73 元。针对上述可能导致对持续经营假设产生疑虑的情况，贵公司管理层已制定了应对计划，贵公司对持续经营假设是适当的，不存在重大不确定性。

本段内容不影响已发表的审计意见。

××××会计师事务所　　　　　　中国注册会计师：××
（特殊普通合伙）　　　　　　中国注册会计师：×××
中国　天津　　　　　　二〇一三年四月二十三日

2. 保留意见的审计报告

如果认为财务报表整体是公允的，但还存在下列情况之一，注册会计师应当出具保留意见的审计报告：

（1）会计政策的选用、会计估计的作出或财务报表的披露不符合适用的会计准则和相关会计制度的规定，虽影响重大，但不至于出具否定意见的审计报告。

（2）因审计范围受到限制，不能获取充分、适当的审计证据，虽影响重大，但不至于出具无法表示意见的审计报告。

当出具保留意见的审计报告时，注册会计师应当在审计意见段中使用“除……的影响外”等术语。如果审计范围受到限制，注册会计师还应当在注册会计师的责任段中提及这一情况。保留意见的审计报告格式如篇中案例 1-4 所示。

篇中案例 1-4

审计报告

L 股份有限公司全体股东：

我们审计了后附的 L 股份有限公司（以下简称贵公司）财务报表，包括 2012 年 12 月 31 日的合并及母公司资产负债表，2012 年度的合并及母公司利润表、合并及母公司现金流量表和合并及母公司股东权益变动表以及财务报表附注。

一、管理层对财务报表的责任

编制和公允列报财务报表是贵公司管理层的责任，这种责任包括：（1）按照企业会计准则的规定编制财务报表，并使其实现公允反映；（2）设计、执行和维护必要的内部控制，以使财务报表不存在由于舞弊或错误导致的重大错报。

二、注册会计师的责任

我们的责任是在执行审计工作的基础上对财务报表发表审计意见。我们按照中国注册会计师审计准则的规定执行了审计工作。中国注册会计师审计准则要求我们遵守中国注册会计师职业道德守则，计划和执行审计工作以对财务报表是否不存在重大错报获取合理保证。

审计工作涉及实施审计程序，以获取有关财务报表金额和披露的审计证据。选择的审计程序取决于注册会计师的判断，包括对由于舞弊或错误导致的财务报表重大错报风险的评估。在进行风险评估时，注册会计师考虑与财务报表编制和公允列报相关的内部控制，以设计恰当的审计程序，但目的并非对内部控制的有效性发表意见。审计工作还包括评价管理层选用会计政策的恰当性和作出会计估计的合理性，以及评价财务报表的总体列报。

我们相信，我们获取的审计证据是充分、适当的，为发表保留意见提供了基础。

三、导致保留意见的事项

如财务报表附注 5.10.2 所述，贵公司 2012 年度根据联营企业 B 农业科技股份有限公司 2012 年 1～9 月未审报表确认投资收益 4 477 372.02 元，占利润总额的 13.74%。由于 B 农业科技股份有限公司未提供其他相关资料，我们无法实施审计程序以获取充分、适当的审计证据。

四、保留意见

我们认为，除“三、导致保留意见的事项”段所述事项产生的影响外，贵公司财务报表在所有重大方面按照企业会计准则的规定编制，公允反映了贵公司 2012 年 12 月 31 日的合并及母公司财务状况以及 2012 年度的合并及母公司经营成果和现金流量。

××××会计师事务所有限公司　　　　中国注册会计师：×××

中国注册会计师：××

中国 北京　　　　二〇一三年四月二十五日

3. 否定意见的审计报告

如果认为财务报表没有按照适用的会计准则和相关的会计制度的规定编

制，未能在所有重大方面公允反映被审计单位的财务状况、经营成果和现金流量，注册会计师应当出具否定意见的审计报告。

当出具否定意见的审计报告时，注册会计师应当在审计意见段中使用“由于上述问题造成的重大影响”、“由于受到前段所述事项的重大影响”等术语。

根据中国会计师协会网站，行业监管栏目中年报审计快报统计，自2003年至2012年最近十年均未出现否定意见的审计报告。由此可见，注册会计师对上市公司出具否定意见的审计报告是慎之又慎的。一般来说，注册会计师发表否定意见的审计报告，是对被审计单位财务报表的整体否定，说明上市公司的财务报表是不值得信赖的。

4. 无法表示意见的审计报告

如果审计范围受到限制可能产生的影响非常重大和广泛，不能获取充分、适当的审计证据，以至于无法对财务报表发表审计意见，注册会计师应当出具无法表示意见的审计报告。

当出具无法表示意见的审计报告时，注册会计师应当删除注册会计师的责任段，并在审计意见中使用“由于审计范围受到限制可能产生的影响非常重大和广泛”、“我们无法对上述财务报表发表意见”等术语。无法表示意见的审计报告格式如篇中案例1-5所示。

篇中案例 1-5

审计报告

Z股份有限公司全体股东：

我们审计了后附的Z股份有限公司（以下简称Z公司）财务报表，包括2012年12月31日的合并及母公司资产负债表，2012年度的合并及母公司利润表、合并及母公司现金流量表、合并及母公司股东权益变动表以及财务报表附注。

一、管理层对财务报表的责任

编制和公允列报财务报表是Z公司管理层的责任，这种责任包括：（1）按照企业会计准则的规定编制财务报表，并使其实现公允反映；（2）设计、执行和维护必要的内部控制，以使财务报表不存在由于舞弊或错误导致的重大错报。

二、注册会计师的责任

我们的责任是在执行审计工作的基础上对财务报表发表审计意见。但由于“三、导致无法表示意见的事项”段中所述的事项，我们无法获取充分、适当的审计证据以为发表审计意见提供基础。

三、导致无法表示意见的事项

1. Z公司自2012年10月25日起重整，税务、海关、金融、担保、供应商及其他债权人已向管理人申报了债权，截止审计报告日，债权申报总额折合人民币3 453 252 904.97元，管理人依法确认并编入《债权表》的债权总额为1 875 616 630.22元，上述债权人申报的债权与帐面存在差异，且尚未通过法院裁定，我们无法确定其对Z公司财务报表的影响。

2. 如财务报表附注十所述：截止2012年12月31日，Z公司的资产总额为162 649 076.30元，负债总额为1 872 039 760.06元，Z公司的净资产为-1 709 390 683.76元，已严重资不抵债，且存在多项巨额逾期债务、税款、以及因对外担保、逾期欠债等原因引起的诉讼债务，经Z公司第一大股东、最大债权人深圳市某某能源投资发展有限公司申请，由深圳市中级人民法院裁定对Z自2012年10月25日起进行重整。截至审计报告日，Z公司仍处于重整期间，深圳市中级人民法院尚未对重整计划作出裁定，我们无法获取充分、适当的审计证据以证实上述重整能否有效改善Z公司的持续经营能力，因此我们无法判断Z公司按照持续经营假设编制的2012年度财务报表是否适当。

四、无法表示意见

由于“三、导致无法表示意见的事项”段所述事项的重要性，我们无法获取充分、适当的审计证据为发表审计意见提供基础，因此，我们不对Z公司财务报表发表审计意见。

××××会计师事务所（特殊普通合伙） 中国注册会计师：×××

中国 北京 中国注册会计师：×××

二〇一三年四月二十五日

根据中国注册会计师协会网站统计，2013年1月～4月，47家证券资格会计师事务所共为2471家上市公司出具了财务报表审计报告。其中，标准审计报告2382份，带强调事项段的无保留意见审计报告71份，保留意见审计报告15份，无法表示意见的审计报告3份。上市公司2012年财务报表审计报告审计意见汇总表如表1-3所示。

表 1-3　上市公司 2012 年财务报表审计报告审计意见汇总表

财务报表审计意见类型	沪市主板	深市主板	中小板	创业板	合计
（标准）无保留意见	900	439	691	352	2382
带强调事项段的无保留意见	36	27	7	1	71
保留意见	6	4	3	2	15
否定意见	0	0	0	0	0
无法表示意见	2	1	0	0	3
非标准审计意见小计	44	32	10	3	89
合计	944	471	701	355	2471
非标准审计意见比例	4.66%	6.79%	1.43%	0.85%	3.60%

资料来源：中注协发布 2012 年年报审计情况快报（第十四期）

综上所述，财务分析时需要关注审计报告的类型，为进一步分析财务报表提供重要信息。一般而言，如果注册会计师出具了标准意见的审计报告，则说明企业财务报表的可信度有了较大的保证；如果注册会计师出具了非标准审计报告，财务报表使用者则需要对企业的财务报表给予必要的怀疑，应关注上市公司被出具非标准审计报告的原因。对于带强调事项段的无保留意见的审计报告，应特别关注强调事项段所提及的问题。对于保留意见的审计报告，应仔细阅读审计报告，分析注册会计师出具保留意见的原因，以及对公司财务状况、经营成果和现金流量的影响。无论是无法表示意见还是否定意见，都只有在非常严重的情况下采用。对于否定意见的审计报告，财务报表已失去分析价值。对于无法表示意见的审计报告，由于审计范围受限，注册会计师并不发表审计意见，也很难用它来帮助财务分析者进行财务分析。

三、财务分析

在进行财务分析之前，应充分了解企业所处的行业及其战略选择，以便了解企业的经营环境和盈利水平。随后通过审计报告的阅读，在整体上对企业财务会计报告的质量作出初步判断，进而对企业进行财务分析。

财务分析包括对报表附注的分析、会计报表的分析以及各种财务指标的分析。通过附注的分析可以了解企业所采用的会计政策和会计估计，或有事项、资产负债表日后事项以及关联方交易对企业的影响，进一步了解会计报表的质量；通过对企业资产负债表、利润表、现金流量表和所有者权益变动表的分析，可以评价企业的财务状况、经营成果和现金流量等情况；再通过对企业偿债能力、营运能力和盈利能力等财务指标的分析，可以判断企业财务风险大小、资产管理水平以及获利水平的高低。财务分析具体内容详见本书第二、三、四、五、六、七、八、九章。

四、综合分析

不论是对资产负债表、利润表、现金流量表和所有者权益变动表的分析，还是对企业偿债能力、营运能力和盈利能力的分析，都只是从不同的侧面对企业的财务状况和经营成果作出了具体分析。但企业的经济活动是一个有机的整体，只有将相互联系的各种报表、各项指标综合起来，才能全面评价企业的经营绩效。

综合分析是在前述分项分析的基础上，利用一些专门的技术和方法，如沃尔评分法、杜邦分析法和经济增加值的分析，对企业经营绩效进行综合分析与评价。综合分析具体内容详见本书第十章。

总之，通过企业战略分析、审计报告分析、财务分析和综合分析，可以对企业目前的财务状况和经营成果进行分析与评价，预测企业未来发展前景，为企业利益相关者作出正确经济决策提供有用的信息。

【课堂测试 1-4】

1. 一般宏观环境分析的关键要素有哪些？

2. 迈克尔·波特的五力模型可以分析行业的盈利能力水平，这五种力量分别是什么？

3. 审计报告的类型有哪些？

4. 如果审计范围受到限制可能产生的影响非常重大和广泛，不能获取充分、适当的审计证据，注册会计师应当出具（ ）。

A. 保留意见的审计报告　　B. 否定意见的审计报告

C. 无保留意见的审计报告　　D. 无法表示意见的审计报告

本章小结

财务分析是指企业的利益相关者以财务会计报告及其他相关信息资料为依据，运用科学的方法，按照一定的程序，对企业的财务状况、经营成果和现金流量等进行分析与评价，以便作出相应经济决策的过程。

财务分析的作用主要是有利于企业的利益相关者作出相应经济决策。通过财务分析有利于投资者作出投资决策，有利于债权人作出信贷决策，有利于经营者作出经营决策，也有利于其他利益相关者包括企业的员工、供应商、客户、政府有关部门、注册会计师、竞争对手等作出相应经济决策。

在进行财务分析时，收集的相关信息资料主要有财务会计报告以及上市公司公开披露的其他信息。财务会计报告包括会计报表及其附注和其他应当在财务会计报告中披露的相关信息和资料。会计报表至少应当包括资产负债表、利润表、现金流量表等报表。上市公司公开披露的其他信息主要有招股说明书、上市公告书、定期报告和临时报告。

财务分析方法多种多样，在实际财务分析时，应根据分析目的以及收集的相关信息资料的实际特征去选择。概括来说，财务分析基本方法有比较分析法、水平分析法、垂直分析法、比率分析法和因素分析法。

财务分析一般分为以下几个步骤：明确分析目的，收集相关信息资料，选择财务分析方法，得出分析结论，并撰写分析报告。财务分析基本程序可以按照企业战略分析、审计报告分析、财务分析和综合分析的顺序进行。

企业战略分析从一般宏观环境和所处的行业分析入手，识别企业面临的各种机会和威胁，再结合企业自身的优势和劣势，来分析企业选择的竞争战略。

审计报告分为标准审计报告和非标准审计报告。财务分析包括对报表附注的分析、会计报表的分析以及各种财务指标的分析。综合分析是在前述分项分析的基础上，利用一些专门的技术和方法，对企业经营绩效进行综合分析与评价。

篇后案例

财务分析的信息资料从何而来?

万福生科是一家集大米结晶葡萄糖、大米高蛋白、高麦芽糖浆等淀粉糖系列产品生产、销售，粮食收购、储备及科技研发为一体，稻米深加工副产品综合利用循环经济企业。万福生科于2011年9月27日成功登陆创业板，股票代码（300268），保荐机构为平安证券。回顾万福生科财务造假的大事件如下：

2012年9月，万福生科先后被湖南证监局、中国证监会稽查总队立案调查，拉开了财务造假黑幕。2012年11月22日，深交所对公司及包括公司董事长在内的相关人员给予公开谴责的处分，并对平安证券两名保代通报批评。2013年3月2日，万福生科公告称其2008年至2011年财务数据均存在“虚假记载”，累计虚增收入7.4亿元左右。2013年3月15日，深交所对万福生科及全体董事、监事和高级管理人员予以第二次公开谴责。2013年9月24日，证监会公布行政处罚决定。

在《行政处罚决定书》中列示了万福生科四宗罪：

第一，万福生科《首次公开发行股票并在创业板上市招股说明书》披露的2008年至2010年财务数据存在虚假记载，公司不符合公开发行股票的条件；

第二，万福生科《2011年年度报告》存在虚假记载；

第三，万福生科未就公司2012年上半年停产事项履行及时报告、公告义务；

第四，万福生科《2012年半年度报告》存在虚假记载和重大遗漏。

这些信息如何得知呢？登录证监会网站、上海证券交易所网站、深圳证券交易所网站，以及新浪财经等财经网站，可以获取有关上市公司的信息。如果对上市公司财务造假的事件感兴趣，证券交易所网站的上市公司诚信记录中有相关公司的纪律处分信息。

核心概念

财务分析（financial analysis）
财务会计报告（financial report）
会计报表（financial statements）
比较分析法（comparative analysis）
水平分析法（horizontal analysis）
垂直分析法（vertical analysis）
比率分析法（ratio analysis）
因素分析法（factor analysis）
战略分析（strategy analysis）
审计报告（audit report）

思考题

1. 简述财务分析的概念和作用。
2. 简述投资者和债权人进行财务分析的目的。
3. 作为一名普通的投资者，你能够获取上市公司的哪些信息资料？
4. 财务分析的基本方法有哪些？每种分析方法的含义是什么？
5. 比较分析法常见的比较标准有什么？

6. 简述财务分析的基本程序。

7. 为什么在财务分析前要先进行企业战略分析？

8. 审计报告的类型有哪些？不同的审计意见对于财务分析的影响分别是什么？

练习题

一、单选题

1. 投资者进行财务分析时，最关心企业的（ ）。

A. 盈利能力　　B. 偿债能力

C. 营运能力　　D. 生产能力

2. 财务分析的作用是（ ）。

A. 阅读财务报表　　B. 改善企业经营

C. 有利于作出经济决策　　D. 解析报表

3. 着重分析企业偿债能力和支付能力的利益相关者是（ ）。

A. 政府　　B. 股东

C. 经营者　　D. 供应商

4. 在较长的时间内积累起来的被很多人认同的数据标准，被称为（ ）。

A. 经验标准　　B. 历史标准

C. 行业标准　　D. 目标标准

5. 依据分析指标与其影响因素的关系，按照一定的顺序，分别确定各个因素对于分析指标影响方向及程度的方法，被称为（ ）。

A. 水平分析法　　B. 因素分析法

C. 比率分析法　　D. 比较分析法

6. 将相关数据进行比较，揭示差异并寻找差异原因的分析方法，被称为（ ）。

A. 比率分析法　　B. 比较分析法

C. 因素分析法　　D. 垂直分析法

7. 基于比较分析法的比较标准，下列各项具有可比性的是（ ）。

A. 销售利润率与成本费用率

B. 某超市与某工业企业的利润率

C. 本年一季度利润指标与上年年度利润指标

D. 本年一季度利润指标与上年一季度利润指标

8. 下列方法中常用于因素分析的是（ ）。

A. 比较分析法　　B. 比率分析法
C. 连环替代法　　D. 水平分析法

9. 不属于上市公司信息披露公告的是（　　）。
A. 收购公告　　B. 重大事项公告
C. 财务预算　　D. 中期报告

10. 企业能够采取的竞争战略，不包括（　　）。
A. 低成本战略　　B. 差异化战略
C. 收缩型战略　　D. 集中化战略

11. 在下列审计报告类型中，说明企业财务报表可信度最高的是（　　）。
A. 无保留意见审计报告　　B. 保留意见审计报告
C. 无法表示意见审计报告　　D. 否定意见审计报告

12. 水平分析法，又被称为（　　）。
A. 垂直分析法　　B. 比率分析法
C. 因素分析法　　D. 趋势分析法

13. 将两期或连续数期财务会计报告中相同指标进行对比，确定其增减变动的方向、数额和幅度，以说明企业财务状况、经营成果和现金流量变动趋势的方法，被称为（　　）。
A. 水平分析法　　B. 比率分析法
C. 因素分析法　　D. 连环替代法

14. 水平分析法也可以说是比较分析法的一种，其比较标准实际上是（　　）。
A. 经验标准　　B. 历史标准
C. 行业标准　　D. 目标标准

15. 将会计报表各项目与相应的总体进行对比，计算出各项目占总体的比重，确定各项目相对重要性的方法，被称为（　　）。
A. 比较分析法　　B. 比率分析法
C. 因素分析法　　D. 垂直分析法

二、多选题

1. 企业的利益相关者有（　　）。
A. 债权人　　B. 投资人
C. 经营者　　D. 审计师
E. 职工

2. 下列各项属于财务会计报告的是（　　）。

A. 资产负债表　　B. 利润表
C. 现金流量表　　D. 附注
E. 主要产品单位成本表

3. 上市公司必须披露的信息有（　　）。
A. 收购公告　　B. 重大事项公告
C. 成本费用预算　　D. 季度报告
E. 月度报告

4. 审计报告的类型分为（　　）。
A. 无保留意见的审计报告　　B. 赞成意见的审计报告
C. 否定意见的审计报告　　D. 保留意见的审计报告
E. 无法表示意见的审计报告

5. 常用的财务分析方法包括（　　）。
A. 垂直分析法　　B. 水平分析法
C. 比较分析法　　D. 比率分析法
E. 因素分析法

6. 下列各项中，属于财务分析的其他利益相关者的是（　　）。
A. 税务部门　　B. 注册会计师
C. 供应商　　D. 职工
E. 客户

7. 财务报表至少应当包括（　　）。
A. 资产负债表　　B. 利润表
C. 现金流量表　　D. 所有者权益变动表
E. 附注

8. 进行财务分析的政府有关部门包括（　　）。
A. 税务部门　　B. 国有企业的管理部门
C. 证券管理机构　　D. 财政部门
E. 审计部门

9. 在财务分析时，必须注意的审计报告类型包括（　　）。
A. 无保留意见的审计报告　　B. 赞成意见的审计报告
C. 否定意见的审计报告　　D. 保留意见的审计报告
E. 无法表示意见的审计报告

10. 上市公司必须公布定期报告，定期报告包括（　　）。
A. 临时报告　　B. 上市公告书

C. 年度报告　　D. 季度报告

E. 中期报告

11. 因素分析法的分析形式包括（　　）。

A. 趋势分析法　　B. 差额分析法

C. 连环替代法　　D. 比较分析法

E. 比率分析法

12. 一般宏观环境分析，可以运用 PEST 分析方法，其关键要素包括（　　）。

A. 经济因素　　B. 政治和法律因素

C. 社会和文化因素　　D. 技术因素

E. 员工素质

13. 行业分析的五力模型中，影响一个行业最终盈利水平的五种力量，包括（　　）。

A. 现有企业间的竞争　　B. 新进入者的威胁

C. 替代品的威胁　　D. 供应商的议价能力

E. 购买商的议价能力

14. 一般将财务比率分为三类，分别是（　　）。

A. 资本结构比率　　B. 偿债能力比率

C. 营运能力比率　　D. 盈利能力比率

E. 现金比率

15. 作为企业的外部利益相关者，在运用比较分析法时，能够采用的标准是（　　）。

A. 预算标准　　B. 历史标准

C. 行业标准　　D. 经验标准

E. 目标标准

三、判断题

1. 招股说明书中没有会计报表。（　　）
2. 垂直分析法也叫做趋势分析法。（　　）
3. 投资者只关心企业的盈利能力，因此不用分析企业的财务风险。（　　）
4. 上市公司年度报告必须于每年的 3 月 31 日前报出。（　　）
5. 上市公司董事长辞职，不需要发布公告。（　　）
6. 上市公司的定期报告包括年度报告、半年报、季报和月报。（　　）
7. 上市公司必须做到信息公开，披露其产品成本信息。（　　）
8. 比率分析法是指将相关数据进行比较，揭示差异并寻找差异原因的分析

方法。（ ）

9. 增加强调事项段是为了提醒财务报表使用者关注某些事项，并不影响注册会计师的审计意见。（ ）

10. 在使用因素分析法对分析指标进行分析时，各影响因素顺序可以颠倒。（ ）

11. 财务分析的信息资料就是资产负债表、利润表、现金流量表和所有者权益变动表四张报表。（ ）

12. 定比分析是在连续数期的财务报表中，以第一期为基期，其他各期数额与第一期数额进行比较的分析方法。（ ）

13. 运用比较分析法可以对任意两家企业的财务状况进行比较分析。（ ）

14. 上市公司的审计意见类型为无保留意见，说明上市公司财务状况良好。（ ）

15. 财务分析主要运用定量分析，因此只需要收集上市公司会计报表数据，就可以完成财务分析。（ ）

四、业务题

1. 某公司甲产品的本月实际销售收入与预算销售收入的比较数据如表 1-4 所示。

表 1-4 某产品销售收入实际与预算比较表

项 目	本月实际	本月预算	差额
产品销量（件）	800	1 000	
产品单价（元/件）	50	45	
销售收入（元）	40 000	45 000	−5 000

要求：运用因素分析法对该公司销售收入的降低进行分析。

2. 某公司乙产品成本中直接材料费用本年与上年实际数据的有关资料如表 1-5 所示。

表 1-5 直接材料费用本年与上年实际对比表

项 目	本年实际	上年实际	差异
产品产量（台）	100	80	
单位产品消耗量（千克/台）	8	9	
材料单价（元/千克）	22	18	
直接材料费用总额	17 600	12 960	4 640

要求：运用因素分析法对该公司直接材料费用的差异进行分析。

3. 某公司 2012 年利润表简表如表 1-6 所示。

表 1-6　利润表

单位：万元

项　目	2012 年	2011 年
一、营业收入	16 300	15 000
减：营业成本	14 700	13 400
营业税金及附加	150	130
期间费用	1 260	1 230
二、营业利润	190	240
加：营业外收入	200	80
减：营业外支出	15	10
三、利润总额	375	310
减：所得税费用	90	75
四、净利润	285	235

要求：运用水平分析法和垂直分析法，分析该公司利润质量。

4. 请读者选一个感兴趣的或者比较熟悉的行业，在此行业中选择一家上市公司作为分析对象，后续章节均可以把该公司作为分析标的，借此对真实的上市公司进行财务分析。

要求：

（1）收集该公司的相关信息和资料，如招股说明书、年度报告等；

（2）对该上市公司进行战略分析，运用 PEST 法进行一般宏观环境分析，用五力模型分析该公司所处行业的盈利水平，并用 SWOT 法分析该公司自身的优势、劣势以及面临的机会和威胁，并分析该公司是否具有明确的竞争战略；

（3）查看该上市公司的审计报告。

第二章 附注分析

通过企业战略分析，可以了解企业所处的经营环境和盈利水平。通过审计报告的阅读，可以在整体上对企业财务会计报告的质量作出初步判断。而在对企业进行财务分析时，应从阅读附注开始。通过本章学习，了解附注的内容。理解附注的概念及作用。掌握附注重点内容的分析，即会计政策和会计估计变更以及差错更正说明、或有事项、资产负债表日后事项以及关联方关系及其交易对财务分析的影响。

开篇案例

为什么要学习附注分析？

同学小王对财务分析这门课很感兴趣，刚上完课就从网上下载了某上市公司最新年度的财务报告，兴冲冲地准备学习了，但是看到这份年报居然有200多页，刚看了几页头就疼了，学习的热情也减了许多。

同学小王阅读财报的经历，估计许多财务分析者也是经历过的。面对最少几十页，一般上百页，甚至几百页的财报，我们应该首先看什么？阅读的重点在哪里？

财务报告是年度报告的重要组成部分，财务报告中会计报表仅有资产负债表、利润表、现金流量表和所有者权益变动表这四张报表，这几张表加起来也就几页纸，所以财务报告中绝大部分都是附注的内容。

因此，不了解附注的内容，不明白附注的阅读重点，也就无法做好财务分析。

第一节　附注概述

一、附注的概念及作用

（一）附注的概念

附注是对在资产负债表、利润表、现金流量表和所有者权益变动表等报表中列示项目的文字描述或明细资料，以及对未能在这些报表中列示项目的说明等。附注是财务报表的重要组成部分。

（二）附注的作用

通过阅读附注，可以了解企业财务报表的编制基础、采用的重要会计政策和会计估计以及报表重要项目的说明等信息，有利于财务分析主体对企业财务状况和经营成果的了解。具体而言，附注的作用主要有：

1. 可以提高会计信息的信息含量

由于会计报表格式统一、项目统一，只能提供定量的会计信息，那些不能列入会计报表但是又对企业有重要影响的信息，就只能以附注的形式披露。比如，在资产负债表日以后、财务报告批准报出日之前企业作出了利润分配方案，这对于财务报表使用者来说是重要信息，但无法列示在当期报表中，就需要在附注中披露。还有会计报表由于形式的限制，有些项目只能按照大类设置，至于各项目的明细情况往往难以在表内反映。比如，资产负债表中的存货项目只列示了账面价值，至于存货的具体构成、存货的贬值情况无从得知，而这些信息有助于会计信息使用者了解企业存货的质量，所以需要在附注中提供存货的构成以及存货跌价准备的信息。

2. 可以提高会计信息的可理解性

可理解性要求企业提供的会计信息应当清晰明了，便于财务会计报告使用者理解和使用。可是会计报表中只有抽象的数字，不便于使用者理解。而在附注中有文字描述以及对表内数据的解释，将抽象的数字分解为若干明细的项目，更有助于使用者理解相关会计信息。

3. 可以提高会计信息的可比性

企业提供的会计信息应当具有可比性。可比性要求同一企业不同时期发生的相同或者相似的交易或者事项，应当采用一致的会计政策，不得随意变更。如果需要变更，应当说明会计政策变更的性质、内容和原因，受影响的项目名称和调整金额，才有利于会计信息使用者对同一企业进行不同时期的比较，而这些信息只能在附注中披露。可比性还要求不同企业发生的相同或者相似的交易或者事项，应当采用规定的会计政策，确保会计信息口径一致，相互可比。而会计准则在诸多方面规定了多种会计处理方法，因此企业必须说明使用的会计政策，才有利于会计信息使用者对同行业中的不同企业进行相互比较，这些信息也只能在附注中披露。

二、附注的主要内容

企业应当按照规定披露附注信息，主要包括下列内容：

（一）企业的基本情况

1. 企业注册地、组织形式和总部地址。

2. 企业的业务性质和主要经营活动。

3. 母公司以及集团最终母公司的名称。

（二）财务报表的编制基础

企业应当以持续经营为编制基础。

（三）遵循企业会计准则的声明

企业应当声明编制的财务报表符合企业会计准则的要求，真实、完整地反映了企业的财务状况、经营成果和现金流量等有关信息。

（四）重要会计政策和会计估计

企业应当披露采用的重要会计政策和会计估计，不重要的会计政策和会计估计可以不披露。在披露重要会计政策和会计估计时，应当披露重要会计政策的确定依据和财务报表项目的计量基础，以及会计估计中所采用的关键假设和不确定因素。

（五）会计政策和会计估计变更以及差错更正的说明

企业应当按照《企业会计准则第 28 号——会计政策、会计估计变更和差错更正》及其应用指南的规定，披露会计政策和会计估计变更以及差错更正的有关情况。

（六）报表重要项目的说明

企业对报表重要项目的说明，应当按照资产负债表、利润表、现金流量表、所有者权益变动表及其项目列示的顺序，采用文字和数字描述相结合的方式进行披露。报表重要项目的明细金额合计，应当与报表项目金额相衔接。

（七）或有事项

按照《企业会计准则第 13 号——或有事项》第十四条和第十五条的相关规

定进行披露。

（八）资产负债表日后事项

1. 每项重要的资产负债表日后非调整事项的性质、内容，及其对财务状况和经营成果的影响。无法作出估计的，应当说明原因。

2. 资产负债表日后，企业利润分配方案中拟分配的以及经审议批准宣告发放的股利或利润。

（九）关联方关系及其交易

企业应当披露母公司、子公司、合营企业和联营企业的有关信息。与关联方发生交易的，分别说明关联方关系的性质、交易类型及交易要素。

【课堂测试 2-1】

1. 判断财务报表仅指资产负债表、利润表、现金流量表和所有者权益变动表，不包含附注是否正确。

2. 财务报表的编制基础是什么？

3. 为什么说附注可以提高会计信息的可比性？

第二节 附注重点内容分析

一般来说，在对会计报表分析之前，应首先阅读和分析附注。在会计报表分析过程中，也需要经常结合附注来分析会计报表重要项目的明细资料。通过附注分析可以了解企业的背景及主营业务，选用的会计处理方法，或有事项、资产负债表日后事项及关联方交易等信息。下面对附注的重点内容进行分析。

一、会计政策和会计估计变更以及差错更正的说明分析

（一）会计政策变更

1. 会计政策

会计政策，是指企业在会计确认、计量和报告中所采用的原则、基础和会计处理方法。企业应当披露的重要会计政策主要有：

（1）发出存货成本的计量，是指企业确定发出存货成本所采用的会计处理方法。例如，企业发出存货成本的计量是采用先进先出法，还是采用企业会计准则规定的其他计量方法。

（2）长期股权投资的后续计量，是指企业取得长期股权投资后的会计处理。例如，企业对被投资单位的长期股权投资是采用成本法，还是采用权益法核算。

（3）投资性房地产的后续计量，是指企业在资产负债表日对投资性房地产进行后续计量时所采用的会计处理。例如，企业对投资性房地产的后续计量是采用成本模式，还是公允价值模式。

（4）收入的确认，是指收入确认所采用的会计原则。例如，企业确认收入时要同时满足已将商品所有权上的主要风险和报酬转移给购买方、收入的金额能够可靠地计量、相关经济利益很可能流入企业等条件。

（5）借款费用的处理，是指借款费用的会计处理方法，即借款费用是采用资本化还是费用化。

（6）合并政策，是指编制合并财务报表所采用的原则。例如，母公司与子公司的会计年度不一致的处理原则、合并范围的确定原则等。

（7）其他重要会计政策。

2. 会计政策变更

会计政策变更，是指企业对相同的交易或者事项由原来采用的会计政策改用另一会计政策的行为。为保证会计信息的可比性，企业采用的会计政策，在每一会计期间和前后各期应当保持一致，不得随意变更。但是，满足下列条件之一的，可以变更会计政策：

（1）法律、行政法规或者国家统一的会计制度等要求变更。

（2）会计政策变更能够提供更可靠、更相关的会计信息。

3. 会计政策变更的披露

企业应当在附注中披露与会计政策变更有关的下列信息：

（1）会计政策变更的性质、内容和原因。

（2）当期和各个列报前期财务报表中受影响的项目名称和调整金额。

（3）无法进行追溯调整的，说明该事实和原因以及开始应用变更后的会计政策的时点、具体应用情况。

4. 会计政策变更对财务分析的影响

在进行财务分析时必须要考虑会计政策变更的影响。一般来说，对于法律、行政法规或国家统一的会计制度等要求变更，属于不可抗力，企业只能被动地按照有关规定执行。例如，企业发出存货的计价方法采用后进先出法，但是《企业会计准则第 1 号——存货》中排除了这种方法，则企业必须将发出存货的计价方法改为准则规定可以采用的其他发出存货的计价方法。当然，这种条件不会成为企业会计政策变更的经常性原因。

对于会计政策变更能够提供更可靠、更相关的会计信息时也可以变更会计政策，则属于企业在会计政策选择方面的主动行为。这种变更的必要性，是以企业的主观判断为依据的。外部报表使用者是很难对于企业变更会计政策是否真的能够提供更可靠、更相关的会计信息作出判断。有时企业出于粉饰会计报表的动机而变更会计政策，这种可能性应当引起注意。

总之，会计政策变更会给财务分析带来更大的难度。这就要求财务分析时应注意附注中披露的会计政策变更的理由是否充分，变更后对于企业经营业绩的影响是否符合可比性的要求，还可以结合企业的经营背景，判断是否存在粉饰会计报表的动机。

篇中案例 2-1

投资性房地产会计政策变更

某*ST 公司于 2012 年 6 月 15 日发布关于会计政策变更的公告，该公告风险提示中说明：根据《企业会计准则第 3 号——投资性房地产》等相关规定要求，公司本次会计政策变更中涉及的投资性房地产后续计量由成本计量模式变更为公允价值计量模式。本次会计政策变更后，公司投资性房地产后续计量将采用公允价值计量模式，但公司核心项目某某购物广场目前仍处于装修和招商状态，只有在其完工并投入使用后才能对其采用公允价值计量，并对当年年度报告产生影响。

该*ST 公司能否因该会计政策变更而保牌成功呢？该公司于 2013 年 10 月 15 日发布 2013 年前三季度业绩预告。业绩预告中说明该公司下属控股子公司投资开发的在建投资性房地产某某购物广场项目已于 2013 年 9 月 30 日完工，本期涉及的投资性房地产后续计量模式采用公允价值计量模式，会导致对公司所有者权益及净利润等会计指标发生变化，但并不会产生实际现金流，也不会对公司实际盈利能力产生重大影响。

业绩预计情况显示 2013 年前三季度业绩预告类型为同向上升，归属于上市公司股东的净利润上年同期盈利 4 846.92 万元，本报告期盈利约为 240 000 万元～250 000 万元；2013 年第三季度业绩预告类型为扭亏为盈，归属于上市公司股东的净利润上年同期亏损 1 919.46 万元，本报告期盈利约为 244 000 万元～254 000 万元。根据该业绩预告推算，某*ST 公司应该能够保牌成功。

（二）会计估计变更

1. 会计估计

会计估计，是指企业对结果不确定的交易或者事项以最近可利用的信息为基础所作的判断。企业应当披露的重要会计估计主要有：（1）坏账准备的计提；（2）存货可变现净值的确定；（3）固定资产的预计使用寿命和净残值；（4）使用寿命有限的无形资产的预计使用寿命和净残值；（5）预计负债初始计量的最佳估计数的确定等等。

2. 会计估计变更

会计估计变更，是指由于资产和负债的当前状况及预期经济利益和义务发生了变化，从而对资产或负债的账面价值或者资产的定期消耗金额进行调整。

企业据以进行估计的基础发生了变化，或者由于取得新信息、积累更多经验以及后来的发展变化，可能需要对会计估计进行修订。会计估计变更的依据应当真实可靠。

会计估计变更并不意味着以前期间会计估计是错误的，只是由于情况发生变化，或者掌握了新的信息，积累了更多的经验，使得变更会计估计能够更好地反映企业的财务状况和经营成果。会计估计变更应当采用未来适用法处理。如果以前期间的会计估计是错误的，则属于前期差错，按前期差错更正的会计处理方法进行处理。

3. 会计估计变更的披露

企业应当在附注中披露与会计估计变更有关的下列信息：

（1）会计估计变更的内容和原因。

（2）会计估计变更对当期和未来期间的影响数。

（3）会计估计变更的影响数不能确定的，披露这一事实和原因。

4. 会计估计变更对财务分析的影响

显然，会计估计变更是企业的一种主动行为。与会计政策变更相类似，外部报表使用者很难对会计估计变更依据的真实性、可靠性作出判断。有时企业出于粉饰会计报表的动机而变更会计估计，这种可能性应当引起注意。

企业的会计估计变更，会导致不同会计年度的会计信息出现不可比性。因此，在对企业不同年度之间的会计信息进行比较时，应当把这种因会计估计变更而导致的会计信息的不可比性予以剔除。

总之，会计估计变更也会给财务分析带来更大的难度。这就要求财务分析时应仔细阅读附注，判断所披露的会计估计变更的理由是否充分，是否存在利用会计估计调节企业利润的可能性。

篇中案例 2-2

六大钢企调高折旧年限增利超 20 亿

通过调整固定资产折旧年限为公司增利，武钢股份（600005）已经是今年以来第 6 家如法炮制的钢铁企业了。追随着此前新钢股份（600782）、南钢股份（600282）、华菱钢铁（000932）等 5 家钢企，武钢股份不费吹灰之力就为 2012 年增利 5.4 亿元；上述 6 家钢企通过这一简单的会计变更合计为 2012 年业绩增利超过 20 亿元，而他们 2011 年的净利润之和不过 23.16 亿元。

根据武钢股份 2012 年 6 月 29 日发布的公告，此次调整固定资产折旧年限不改变公司各大类固定资产折旧年限范围，仅在折旧年限范围内对房屋建筑物及机器设备类的固定资产折旧年限延长 3 年，固定资产净残值率仍是 5%，调整起始日期为 2012 年 4 月 1 日。仅仅将折旧年限延长 3 年即为武钢股份带来不菲的收益。根据公司预计，调整将使 2012 年度所有者权益及净利润增加不超过 5.4 亿元。

同样在 6 月间，还有两家钢企完成了类似的调整。新钢股份在 6 月 25 日完成了固定资产折旧年限的调整，将通用设备和专用设备的折旧年限从 8—12 年调至 8—14 年和 12—14 年，仅这两项调整就让新钢股份综合折旧率由 2011 年的 8.32％下降到 6.90％，公司预计 2012 年度减少固定资产折旧 1.92 亿元，增加 2012 年度所有者权益及净利润约 1.44 亿元。太钢不锈（000825）6 月 14 日也依靠调整折旧，预计 2012 年度固定资产折旧额减少 6.89 亿元，所有者权益及净利润增加 5.85 亿元。

同样的情况在一季度还发生在南钢股份、华菱钢铁等身上。南钢股份在 3 月 25 日将房屋及建筑物、机器设备、运输设备的折旧年限均做出了上调，上调幅度均在 50%左右。2012 年，公司就此预计固定资产折旧额减少约 6.9 亿元，净利润增加约 5.18 亿元。华菱钢铁在年初也依靠着上调折旧年限，2012 年一季度固定资产折旧额减少 1.43 亿元，所有者权益及净利润增加 1.16 亿元。

因此，有分析认为，2012 年众多钢企从上半年开始就做出会计估计变更，恐怕是在钢价下跌、产量下调的业绩压力下的无奈之举，并体现了钢企对下半年业绩的悲观预期，而更折射钢铁企业的盈利能力改善需要更长的筑底时间。

资料来源：根据“李若馨．六大钢企调高折旧年限增利超 20 亿.中国证券报·中证网. 2012-07-03.”整理

（三）前期差错更正

1. 前期差错

前期差错，是指由于没有运用或错误运用下列两种信息，而对前期财务报表造成省略或错报。

（1）编报前期财务报表时预期能够取得并加以考虑的可靠信息。

（2）前期财务报告批准报出时能够取得的可靠信息。

前期差错通常包括计算错误、应用会计政策错误、疏忽或曲解事实、舞弊产生的影响以及存货、固定资产盘盈等。

2. 前期差错的会计处理

（1）不重要的前期差错的会计处理

不重要的前期差错，是指不足以影响财务报表使用者对企业财务状况、经营成果和现金流量作出正确判断的会计差错。

对于不重要的会计差错，企业不需调整财务报表相关项目的期初数，但应调整发现当期与前期相同的相关项目。属于影响损益的，应直接计入本期与上期相同的净损益项目；属于不影响损益的，应调整本期与前期相同的相关项目。

（2）重要的前期差错的会计处理

重要的前期差错，是指足以影响财务报表使用者对企业财务状况、经营成果和现金流量作出正确判断的会计差错。

企业应当采用追溯重述法更正重要的前期差错，但确定前期差错累积影响数不确实可行的除外。追溯重述法，是指在发现前期差错时，视同该项前期差错从未发生过，从而对财务报表相关项目进行更正的方法。企业应当在重要的前期差错发现当期的财务报表中，调整前期比较数据。

3. 前期差错更正的披露

企业应当在附注中披露与前期差错更正有关的下列信息：

（1）前期差错的性质。

（2）各个列报前期财务报表中受影响的项目名称和更正金额。

（3）无法进行追溯重述的，说明该事实和原因以及对前期差错开始进行更正的时点、具体更正情况。

4. 前期差错更正对财务分析的影响

应该说，在企业的会计实践中，出现前期差错是难以避免的。在分析前期差错更正时，应关注企业披露的前期差错对企业盈亏产生的影响，并对前期差错产生的真实原因进行分析。

不论是会计政策和会计估计的变更还是前期差错的更正，都会影响到会计信息的可比性，在对财务报表进行趋势分析时应注意这些问题。一般来说，会计政策和会计估计的变更、前期差错的更正几乎没有实质经济意义，主要是为了财务报告，对企业的利润会产生影响，而不会形成真正的现金流，也不会对企业的盈利能力产生实质影响，在财务分析时应引起注意。

二、或有事项分析

（一）或有事项的相关概念

或有事项，是指过去的交易或者事项形成的，其结果须由某些未来事项的发生或不发生才能决定的不确定事项。常见的或有事项主要包括：未决诉讼或仲裁、债务担保、产品质量保证（含产品安全保证）、承诺、亏损合同、重组义务、环境污染整治等。

与或有事项相关的义务同时满足下列条件的，应当确认为预计负债：1. 该义务是企业承担的现时义务；2. 履行该义务很可能导致经济利益流出企业；3. 该义务的金额能够可靠地计量。

企业不应当确认或有负债和或有资产。

或有负债，是指过去的交易或者事项形成的潜在义务，其存在须通过未来不确定事项的发生或不发生予以证实；或过去的交易或者事项形成的现时义务，履行该义务不是很可能导致经济利益流出企业或该义务的金额不能可靠计量。

或有资产，是指过去的交易或者事项形成的潜在资产，其存在须通过未来不确定事项的发生或不发生予以证实。

（二）或有事项的披露

企业应当在附注中披露与或有事项有关的下列信息：

1. 预计负债

（1）预计负债的种类、形成原因以及经济利益流出不确定性的说明。

（2）各类预计负债的期初、期末余额和本期变动情况。

（3）与预计负债有关的预期补偿金额和本期已确认的预期补偿金额。

2. 或有负债（不包括极小可能导致经济利益流出企业的或有负债）

（1）或有负债的种类及其形成原因，包括已贴现商业承兑汇票、未决诉讼、未决仲裁、对外提供担保等形成的或有负债。

（2）经济利益流出不确定性的说明。

（3）或有负债预计产生的财务影响，以及获得补偿的可能性；无法预计的，应当说明原因。

3. 或有资产

企业通常不应当披露或有资产。但或有资产很可能会给企业带来经济利益的，应当披露其形成的原因、预计产生的财务影响等。

（三）或有事项对财务分析的影响

谨慎性要求企业对交易或者事项进行确认、计量和报告应当保持应有的谨慎，不应高估资产或者收益、低估负债或者费用。企业通常不确认或有资产，也不在报表附注中披露。因或有事项确认的预计负债在资产负债表中单独列示，对预计负债的分析详见资产负债表预计负债项目的分析。因此，对于或有事项的分析主要是对或有负债的分析。

或有负债对于财务分析的主要影响是偿债能力分析。对企业进行偿债能力分析时，主要是利用报表上的数字计算各种偿债能力比率。可是或有负债并未体现在资产负债表的负债中，而是在附注中披露。因此，如果企业存在或与负债，这些或有负债一旦成为事实上的负债，将会增加企业的偿债负担，从而削弱企业的偿债能力。

三、资产负债表日后事项分析

（一）资产负债表日后事项的概念及分类

资产负债表日后事项，是指资产负债表日至财务报告批准报出日之间发生的有利或不利事项。财务报告批准报出日，是指董事会或类似机构批准财务报告报出的日期。资产负债表日后事项包括资产负债表日后调整事项和资产负债表日后非调整事项。

1. 调整事项

资产负债表日后调整事项，是指对资产负债表日已经存在的情况提供了新的或进一步证据的事项。企业发生的资产负债表日后调整事项，应当调整资产负债表日的财务报表。通常包括下列各项：

（1）资产负债表日后诉讼案件结案，法院判决证实了企业在资产负债表日已经存在现时义务，需要调整原先确认的与该诉讼案件相关的预计负债，或确认一项新负债。

（2）资产负债表日后取得确凿证据，表明某项资产在资产负债表日发生了减值或者需要调整该项资产原先确认的减值金额。

（3）资产负债表日后进一步确认了资产负债表日前购入资产的成本或售出资产的收入。

（4）资产负债表日后发现了财务报表舞弊或差错。

2. 非调整事项

资产负债表日后非调整事项，是指表明资产负债表日后发生的情况的事项。企业发生的资产负债表日后非调整事项，不应当调整资产负债日的财务报表。但有的非调整事项对财务报告使用者具有重大影响，如不加以说明，将不利于财务报告使用者作出正确估计和决策。因此，企业应当在附注中披露每项重要的资产负债表日后非调整事项的性质、内容，及其对财务状况和经营成果的影响。无法作出估计的，应当说明原因。企业发生的资产负债表日后非调整事项，通常包括下列各项：

（1）资产负债表日后发生重大诉讼、仲裁、承诺。

（2）资产负债表日后资产价格、税收政策、外汇汇率发生重大变化。

（3）资产负债表日后因自然灾害导致资产发生重大损失。

（4）资产负债表日后发行股票和债券以及其他巨额举债。

（5）资产负债表日后资本公积转增资本。

（6）资产负债表日后发生巨额亏损。

（7）资产负债表日后发生企业合并或处置子公司。

资产负债表日后，企业利润分配方案中拟分配的以及经审议批准宣告发放的股利或利润，不确认为资产负债表日的负债，但应当在附注中单独披露。

（二）资产负债表日后事项对财务分析的影响

资产负债表日后调整事项，已经调整了报表相关项目，对于企业财务状况和经营成果的影响，已经体现在财务报表中。资产负债表日后非调整事项，虽然不影响当期的财务报表，但是对企业未来发展具有重要影响。财务分析时应当对其给予足够的重视，应当考虑这些非调整事项对企业未来财务状况和经营成果的影响，从而作出正确地估计和决策。

四、关联方关系及其交易分析

（一）关联方

一方控制、共同控制另一方或对另一方施加重大影响，以及两方或两方以上同受一方控制、共同控制或重大影响的，构成关联方。

控制，是指有权决定一个企业的财务和经营政策，并能据以从该企业的经营活动中获取利益。

共同控制，是指按照合同约定对某项经济活动所共有的控制，仅在与该项经济活动相关的重要财务和经营决策需要分享控制权的投资方一致同意时存在。

重大影响，是指对一个企业的财务和经营政策有参与决策的权利，但并不能够控制或者与其他方一起共同控制这些政策的制定。

下列各方构成企业的关联方：

1. 该企业的母公司。

2. 该企业的子公司。

3. 与该企业受同一母公司控制的其他企业。

4. 对该企业实施共同控制的投资方。

5. 对该企业施加重大影响的投资方。

6. 该企业的合营企业。

7. 该企业的联营企业。

8. 该企业的主要投资者个人及与其关系密切的家庭成员。主要投资者个人，是指能够控制、共同控制一个企业或者对一个企业施加重大影响的个人投资者。

9. 该企业或其母公司的关键管理人员及与其关系密切的家庭成员。关键管理人员，是指有权利并负责计划、指挥和控制企业活动的人员。与主要投资者个人或关键管理人员关系密切的家庭成员，是指在处理与企业的交易时可能影响该个人或受该个人影响的家庭成员。

10. 该企业主要投资者个人、关键管理人员或与其关系密切的家庭成员控制、共同控制或施加重大影响的其他企业。

仅与企业存在下列关系的各方，不构成企业的关联方：

1. 与该企业发生日常往来的资金提供者、公用事业部门、政府部门和机构。

2. 与该企业发生大量交易而存在经济依存关系的单个客户、供应商、特许商、经销商或代理商。

3. 与该企业共同控制合营企业的合营者。

仅仅同受国家控制而不存在其他关联方关系的企业，不构成关联方。

（二）关联方交易

关联方交易，是指关联方之间转移资源、劳务或义务的行为，而不论是否收取价款。

关联方交易的类型通常包括下列各项：

1. 购买或销售商品。

2. 购买或销售商品以外的其他资产。

3. 提供或接受劳务。

4. 担保。

5. 提供资金（贷款或股权投资）。
6. 租赁。
7. 代理。
8. 研究与开发项目的转移。
9. 许可协议。
10. 代表企业或由企业代表另一方进行债务结算。
11. 关键管理人员薪酬。

篇中案例 2-3

江泉实业侠义担保

依托持有江泉实业（600212）18.25%的股权和其担保能力，江泉集团无论是贷款开办无缝钢管管坯项目，还是发债募投36万吨肉制品加工项目，资金总显得源源不断。

近年来，江泉集团在传统产业领域急剧扩张，主要是因为2009年以来公司不断加大对外投资力度，扩大投资及产能规模，包括无缝钢管项目、肉制品加工项目及余热项目等，投资支出相对较大。

2012年3月，江泉集团公布发行债券募集说明书，在10万吨产能的肉制品加工项目基础上，还拟在临沂沈泉庄工业园建设年产36万吨肉制品加工项目，项目的总投资为11.34亿元，而发债募集资金是8亿元，其中用于制品加工项目的是6.4亿元，其余的则用于流动资金。

之后，江泉实业发布了为华盛江泉担保的公告，担保的理由很明确：因公司生产经营所需的贷款全部是由控股股东江泉集团提供担保，现应江泉集团请求，公司同意为江泉集团贷款、承兑提供4.1亿元担保额度，授权公司总经理自本议案批准后的12个月内可签署上述担保额度内的合同或协议。

江泉实业想要对外表明，江泉集团是江泉实业的缔造者，也为江泉实业的经营贷款提供过担保，那么现在江泉集团资金正缺，江泉实业总该礼尚往来，救人于水火！

因此2012年4月24日，5月3日和6月30日，江泉实业连续发布了三个为江泉集团担保的公告，对应的担保金额为2 000万元、4 100万元和6 500万元，截至目前，江泉实业对外担保的金额已经达到了29 425万元，而公司2012年一季报净资产为105 156万元，江泉实业的担保金额占净资产的28%。其实江泉实业为大股东的担保不是今天开始，而是始于2004年，然而就是从2004年起，江泉实业再也没有实行过一次现金分红，至今投资

> 者仍怨言一片。
>
> 资料来源：根据“田运昌，许洁．上下游业务均遭关联企业‘掣肘’江泉实业自甘配角．中国资本证券网．2012-07-06．”整理

（三）关联方关系及其交易的披露

企业无论是否发生关联方交易，均应当在附注中披露与母公司和子公司有关的下列信息：

1. 母公司和子公司的名称。

母公司不是该企业最终控制方的，还应当披露最终控制方名称。

母公司和最终控制方均不对外提供财务报表的，还应当披露母公司之上与其最相近的对外提供财务报表的母公司名称。

2. 母公司和子公司的业务性质、注册地、注册资本（或实收资本、股本）及其变化。

3. 母公司对该企业或者该企业对子公司的持股比例和表决权比例。

企业与关联方发生关联方交易的，应当在附注中披露该关联方关系的性质、交易类型及交易要素。交易要素至少应当包括：

1. 交易的金额。

2. 未结算项目的金额、条款和条件，以及有关提供或取得担保的信息。

3. 未结算应收项目的坏账准备金额。

4. 定价政策。

关联方交易应当分别关联方以及交易类型予以披露。类型相似的关联方交易，在不影响财务报表阅读者正确理解关联方交易对财务报表影响的情况下，可以合并披露。

企业只有在提供确凿证据的情况下，才能披露关联方交易是公平交易。

（四）关联方交易对财务分析的影响

关联方关系及其交易的信息披露越来越引人注目，主要原因在于：由于关联方之间存在着密切的关联关系，完全可以在不依赖正常市场交易的条件下，通过内部操纵而完成关联交易。因此，关联方交易中滋生了不等价交易、甚至是虚假交易来粉饰财务报表，损害了大量中小投资者的利益。

财务分析时应对关联方关系及其交易予以足够的重视，判断关联方交易的实质，关联方交易对企业财务状况和经营成果的影响。如果企业来源于关联方的营业收入占比较高，企业与关联方之间的往来款项占比较大，说明企业在较大程度上依赖关联方。财务分析时应特别关注关联方交易的定价政策、关联方

交易发生的时间以及关联方交易发生的目的等，从而判断企业的利润来源是否稳定，是否存在不合理的交易价格，是否存在利润操纵的可能性。

【课堂测试 2-2】

1. 请对或有事项相关的概念进行辨析，包括或有事项、预计负债、或有负债和或有资产。

2. 简述能够成为企业关联方的主体有哪些。

本章小结

附注是对在资产负债表、利润表、现金流量表和所有者权益变动表等报表中列示项目的文字描述或明细资料，以及对未能在这些报表中列示项目的说明等。附注是财务报表的重要组成部分。财务分析时应对附注的重点内容进行分析。

会计政策，是指企业在会计确认、计量和报告中所采用的原则、基础和会计处理方法。会计估计，是指企业对结果不确定的交易或者事项以最近可利用的信息为基础所作的判断。前期差错，是指由于没有运用或错误运用两种信息，而对前期财务报表造成省略或错报。一是编报前期财务报表时预期能够取得并加以考虑的可靠信息。二是前期财务报告批准报出时能够取得的可靠信息。

不论是会计政策和会计估计的变更还是前期差错的更正，都会影响到会计信息的可比性。一般来说，会计政策和会计估计的变更、前期差错的更正几乎没有实质经济意义，主要是为了财务报告，对企业的利润会产生影响，而不会形成真正的现金流，也不会对企业的盈利能力产生实质影响，在财务分析时应引起注意。

或有事项，是指过去的交易或者事项形成的，其结果须由某些未来事项的发生或不发生才能决定的不确定事项。或有负债对于财务分析的主要影响是偿债能力分析。

资产负债表日后事项，是指资产负债表日至财务报告批准报出日之间发生的有利或不利事项。资产负债表日后调整事项，已经调整了报表相关项目。而资产负债表日后非调整事项，虽然不影响当期的报表，但是对企业未来发展具有重要影响。

一方控制、共同控制另一方或对另一方施加重大影响，以及两方或两方以上同受一方控制、共同控制或重大影响的，构成关联方。关联方交易，是指关联方之间转移资源、劳务或义务的行为，而不论是否收取价款。财务分析时应对关联方关系及其交易予以足够的重视，判断关联方交易的实质，关联方交易对企业财务状况和经营成果的影响。

篇后案例

魔鬼在细节中

如果认真阅读万福生科的2012年半年报，尤其是其中的会计报表附注，还是能够发现不少异常现象的。其中最明显的是现金流量表补充资料，“存货的减少”、“经营性应收项目的减少”和“经营性应付项目的增加”这三个主要项目本期金额均为零，而这是正常经营企业几乎不可能发生的事情。除此之外，根据该公司2011年年报和2012年半年报“在建工程”项目附注整理出的部分在建工程项目工程进度表（如表2-1所示）也存在异常。

表2–1 部分在建工程进度表

单位：万元

项 目	2011年报		2012半年报	
	工程进度	期末金额	工程进度	期末金额
供热车间改造工程	80%	5 439	90%	7 369
淀粉糖扩改工程	90%	208	30%	2 809
污水处理工程	50%	201	50%	4 201

对比一下万福生科2011年年报和2012年半年报中对在建工程以上三个项目的陈述，可以发现颇多前后矛盾之处。尤其是淀粉糖扩改工程，在投入金额增长了12.5倍后，工程进度反而降低了。污水处理工程也很有意思，在投入资金增加了4 000万元后，工程进度仍为50%。从半年报中的信息来看，污水处理工程应为非募集项目，因为其资金来源为“自筹”而非“募集资金”，而从招股说明书披露的内容来看，万福生科的募集项目全部由募集资金投入。然而，半年报中披露的信息表明，污水处理工程的投资预算高达8 000万元。万福生科在招股说明书中披露，“截至本招股说明书签署之日（2011年8月24日），公司未来可预见的重大资本性支出计划为公司目前在建工程中尚未完工的项目和本次发行募集资金运用项目。”而从招股说明书中披露的2011年1-6月的在建工程的情况来看，并没有污水处理工程这一项目。那么，半年报中这个项目的真实性就很值得怀疑。

魔鬼在细节中，因此，不能只看报表，还要多看、细看报表附注。附注披露的信息越详尽，造假露出的马脚就有可能越多。对不肯按相关规定披露足够信息的上市公司，要敬而远之。

资料来源：根据“孙旭东．万福生科：如何从半年报中发现造假迹象．证券市场周刊第 43 期．2012-12-03．”整理

核心概念

附注（notes）
会计政策（accounting policies）
会计估计（accounting estimates）
前期差错（prior year’s error）
或有事项（contingencies）
资产负债表日后事项（events after the balance sheet date）
调整事项（adjusting event）
非调整事项（unadjusting event）
关联方（related party）

思考题

1. 简述附注的概念和作用。
2. 简述会计政策和会计估计变更对财务分析的影响。
3. 简述与或有事项有关的概念及对财务分析的影响。
4. 简述关联方交易对财务分析的影响。

练习题

一、单选题

1. 企业财务报表的编制基础是（　　）。
   A. 会计主体　　B. 持续经营
   C. 会计分期　　D. 货币计量
2. 下列项目中，属于会计政策的是（　　）。
   A. 坏账准备的计提
   B. 存货可变现净值的确定
   C. 收入的确认
   D. 预计负债初始计量的最佳估计数的确定
3. 下列交易或事项中，属于会计政策变更的是（　　）。
   A. 发出存货的计量由先进先出法改为加权平均法

B. 固定资产的预计使用寿命由 10 年变更为 15 年

C. 一年内到期的应收账款，坏账准备的计提由 3%变更为 1%

D. 固定资产盘盈

4. 下列项目中，属于会计估计的是（　　）。

A. 坏账准备的计提　　B. 发出存货所采用的会计处理方法

C. 借款费用的处理　　D. 应用会计政策错误

5. 下列交易或事项中，属于会计估计变更的是（　　）。

A. 舞弊产生的影响

B. 发出存货所采用的会计处理方法由加权平均法变更为个别计价法

C. 固定资产的预计使用寿命由 20 年变更为 30 年

D. 应用会计政策错误

6. 重要的前期差错的会计处理方法，为（　　）。

A. 追溯调整法　　B. 追溯重述法

C. 未来适用法　　D. 个别计价法

7. 有关或有事项的披露中，通常不需要披露的是（　　）。

A. 或有事项　　B. 或有资产

C. 或有负债　　D. 预计负债

8. 过去的交易或者事项形成的潜在资产，其存在须通过未来不确定事项的发生或不发生予以证实的项目，被称为（　　）。

A. 或有事项　　B. 或有资产

C. 或有负债　　D. 资产

9. 下列事项中，应当确认的是（　　）。

A. 或有事项　　B. 或有资产

C. 或有负债　　D. 预计负债

10. 下列事项中，属于资产负债表日后调整事项的是（　　）。

A. 资产负债表日后发生重大诉讼

B. 资产负债表日后进一步确认了资产负债表日前售出资产的收入

C. 资产负债表日后因自然灾害导致资产发生重大损失

D. 资产负债表日后发行股票

11. 下列事项中，属于资产负债表日后非调整事项的是（　　）。

A. 资产负债表日后取得确凿证据，表明某项资产在资产负债表日需要调整该项资产原先确认的减值金额

B. 资产负债表日后进一步确认了资产负债表日前购入资产的成本

C. 资产负债表日后发现了财务报表舞弊或差错

D. 资产负债表日后发生企业合并

12. 下列各方，构成企业关联方的是（　　）。

A. 该企业的合营企业

B. 与该企业发生日常往来的政府部门

C. 与该企业共同控制合营企业的合营者

D. 与该企业发生大量交易而存在经济依存关系的供应商

13. 或有负债对于财务分析的主要影响是（　　）。

A. 偿债能力分析　　B. 营运能力分析

C. 盈利能力分析　　D. 财务综合分析

14. 投资性房地产的后续计量由成本模式变更为公允价值模式，属于（　　）。

A. 会计政策变更　　B. 会计估计变更

C. 前期差错更正　　D. 资产负债表日后调整事项

15. 固定资产的预计使用寿命变更，属于（　　）。

A. 会计政策变更　　B. 会计估计变更

C. 前期差错更正　　D. 资产负债表日后事项

二、多选题

1. 附注的主要内容，包括（　　）。

A. 财务报表的编制基础　　B. 重要会计政策和会计估计

C. 报表重要项目的说明　　D. 或有事项

E. 资产负债表日后事项

2. 下列项目中，属于会计政策的是（　　）。

A. 投资性房地产的后续计量　　B. 收入的确认

C. 坏账准备的计提　　D. 合并政策

E. 存货可变现净值的确定

3. 下列交易或事项中，属于会计政策变更的是（　　）。

A. 企业对被投资单位的长期股权投资由权益法核算变更为成本法核算

B. 投资性房地产的后续计量由成本模式变更为公允价值模式

C. 一到两年的应收账款，坏账准备的计提由10%变更为20%

D. 发出存货成本的计量由后进先出法，变更为先进先出法

E. 固定资产的预计净残值由3%变更为5%

4. 下列项目中，属于会计估计的是（　　）。

A. 固定资产的预计使用寿命
B. 使用寿命有限的无形资产的净残值
C. 坏账准备的计提
D. 合并政策
E. 存货可变现净值的确定

5. 下列交易或事项中，属于会计估计变更的是（　　）。
A. 固定资产的预计使用寿命由 8 年变更为 10 年
B. 投资性房地产的后续计量由成本模式变更为公允价值模式
C. 三年以上的应收账款，坏账准备的计提由 50%变更为 100%
D. 存货盘盈
E. 固定资产的预计净残值由 3%变更为 5%

6. 前期差错，通常包括（　　）。
A. 计算错误　　B. 疏忽或曲解事实
C. 应用会计估计错误　　D. 舞弊产生的影响
E. 固定资产盘盈

7. 常见的或有事项，主要包括（　　）。
A. 未决诉讼　　B. 债务担保
C. 产品质量保证　　D. 亏损合同
E. 重组义务

8. 与或有事项相关的义务应当确认为预计负债，需同时满足的条件包括（　　）。
A. 该义务是企业承担的现时义务
B. 该义务是企业承担的潜在义务
C. 履行该义务很可能导致经济利益流出企业
D. 履行该义务会导致经济利益流出企业
E. 该义务的金额能够可靠地计量

9. 下列事项中，属于资产负债表日后调整事项的是（　　）。
A. 资产负债表日后进一步确认了资产负债表日前购入资产的成本
B. 资产负债表日后发生报告年度的销售退回
C. 资产负债表日后发生重大诉讼
D. 资产负债表日后发现了财务报表舞弊或差错
E. 资产负债表日后发生企业合并

10. 下列事项中，属于资产负债表日后非调整事项的是（　　）。
A. 资产负债表日后税收政策发生重大变化
B. 资产负债表日后发生巨额亏损
C. 资产负债表日后发生重大诉讼
D. 资产负债表日后发现了财务报表舞弊或差错
E. 资产负债表日后资本公积转增资本

11. 下列各方，构成关联方的是（　　）。
A. 该企业的子公司　　B. 该企业的合营企业
C. 该企业的联营企业　　D. 该企业的总经理
E. 与该企业受同一母公司控制的其他企业

12. 关联方交易的类型，通常包括（　　）。
A. 购买或销售商品　　B. 担保
C. 提供资金　　D. 研究与开发项目的转移
E. 关键管理人员薪酬

13. 或有负债的种类及其形成原因，主要有（　　）。
A. 已贴现商业承兑汇票　　B. 未决诉讼
C. 未决仲裁　　D. 发现财务报表舞弊
E. 对外提供担保

14. 下列关于关联方关系及其交易的披露的说法中，正确的是（　　）。
A. 企业无论是否发生关联方交易，均应当在附注中披露母公司和子公司的名称
B. 企业与关联方发生关联方交易的，应当在附注中披露交易的金额
C. 企业与关联方发生关联方交易的，应当在附注中披露定价政策
D. 没有收取价款的关联方交易，无需披露
E. 关联方交易应当分别关联方以及交易类型予以披露

15. 附注重点内容的分析，主要包括（　　）。
A. 资产负债表分析　　B. 或有事项分析
C. 资产负债表日后事项分析　　D. 关联方关系及其交易分析
E. 会计政策和会计估计变更以及差错更正的说明分析

三、判断题

1. 附注不属于财务报表的内容。（　　）

2. 可比性要求同一企业不同时期发生的相同或者相似的交易或者事项，应当采用一致的会计政策，不得变更。（　　）

3. 报表重要项目的明细金额合计，应当与报表项目金额相衔接。（ ）

4. 资产负债表日后，企业利润分配方案中拟分配的以及经审议批准宣告发放的股利或利润，属于资产负债表日后调整事项。（ ）

5. 会计估计，是指企业在会计确认、计量和报告中所采用的原则、基础和会计处理方法。（ ）

6. 收入的确认属于重要会计政策。（ ）

7. 企业发生会计政策变更，不仅影响了企业的利润，而且影响了企业的现金流量。（ ）

8. 会计估计变更应当采用追溯调整法处理。（ ）

9. 所有的前期差错都应采用追溯重述法予以更正。（ ）

10. 或有事项，是指过去的交易或者事项形成的，其结果须由某些未来事项的发生或不发生才能决定的不确定事项。（ ）

11. 企业应当确认或有负债和或有资产。（ ）

12. 或有资产，是指过去的交易或者事项形成的现实资产，其存在须通过未来不确定事项的发生或不发生予以证实。（ ）

13. 资产负债表日后非调整事项，是指对资产负债表日已经存在的情况提供了新的或进一步证据的事项。（ ）

14. 仅仅同受国家控制而不存在其他关联方关系的企业，不构成关联方。（ ）

15. 不收取价款的关联方之间转移资源、劳务或义务的行为，不构成关联方交易。（ ）

第三章　资产负债表分析

通过阅读报表附注，可以了解企业采用的主要会计政策，判断会计政策、会计估计变更和前期差错更正、或有事项、资产负债表日后事项以及关联方交易对企业财务状况的影响。而资产负债表是反映企业财务状况的报表。通过本章学习，了解资产负债表的格式和构成项目。理解资产负债表的概念及作用。掌握资产负债表的水平分析法和垂直分析法，以及对资产负债表重点项目的分析方法，通过对资产负债表的分析能够对企业的财务状况作出评价。

开篇案例

资产负债表的重要性

发现财务造假,关注资产负债表可能比关注利润表更有效。利润的虚增，一般采用收入虚增或费用虚减或二者兼有的方法,而无论是虚增收入还是虚减费用最终都会体现在资产负债表中，不是虚增资产，就是虚减负债，且时间越长，累积效应越大，资产负债表也就越异常。以万福生科为例，其选择虚增的资产项目就是“预付账款”和“在建工程”。而其他虚增利润的公司，也都会在资产负债表上留下痕迹。比如中小板上市的绿大地曾因虚增资产、虚增收入等多项违法违规行为,最终于2013年5月13日受到了证监会的行政处罚。

第一节　资产负债表概述

一、资产负债表的概念及作用

（一）资产负债表的概念

资产负债表是指反映企业在某一特定日期的财务状况的会计报表。某一特定日期一般是指月末、季末、半年末或者年末，反映的是时点信息，因此资产负债表属于静态报表。财务状况是指企业资产、负债、所有者权益的总额及其构成情况。

资产是指企业过去的交易或者事项形成的、由企业拥有或者控制的、预期会给企业带来经济利益的资源。企业过去的交易或者事项包括购买、生产、建造行为或其他交易或者事项。预期在未来发生的交易或者事项不形成资产。由企业拥有或控制，是指企业享有某项资源的所有权，或者虽然不享有某项资源的所有权，但该资源能被企业所控制。预期会给企业带来经济利益，是指直接或者间接导致现金和现金等价物流入企业的潜力。符合资产定义的资源，在同时满足以下条件时，确认为资产：一是与该资源有关的经济利益很可能流入企业；二是该资源的成本或者价值能够可靠地计量。符合资产定义和资产确认条件的项目，应当列入资产负债表。

负债是指企业过去的交易或者事项形成的、预期会导致经济利益流出企业的现时义务。现时义务是指企业在现行条件下已承担的义务。未来发生的交易或者事项形成的义务，不属于现时义务。符合负债定义的义务，在同时满足以下条件时，确认为负债：一是与该义务有关的经济利益很可能流出企业；二是未来流出的经济利益的金额能够可靠地计量。符合负债定义和负债确认条件的项目，应当列入资产负债表。

所有者权益是指企业资产扣除负债后由所有者享有的剩余权益。公司的所有者权益又称为股东权益。所有者权益金额取决于资产和负债的计量。所有者权益项目应当列入资产负债表。

（二）资产负债表的作用

资产负债表的作用主要体现在以下几个方面：

1. 可以反映企业所拥有或控制的经济资源总额及其构成情况

资产负债表左方反映了企业资产总额及其构成情况，可据此分析企业的规模及资源分布的合理性。

2. 可以反映企业资金来源及其构成情况

资产负债表右方反映了企业负债和所有者权益的总额及其构成情况，可据此分析企业资本结构的合理性，未来需要用多少资产或劳务清偿债务及清偿的时间，和资本保值增值的情况。

3. 可以反映企业财务状况的变动情况

资产负债表分别列示期末余额和年初余额，通过将两期数据或连续多期数据进行比较，可据此分析企业财务状况的变动情况，预测企业发展趋势。

4. 可以提供财务比率分析的基本资料

资产负债表还可以提供财务比率分析的基本资料，如将负债与资产进行比较，计算出资产负债率，将流动资产与流动负债进行比较，计算出流动比率等，可据此分析企业的偿债能力。与利润表相结合，计算各种周转率，可分析企业的资产管理能力。

二、资产负债表的格式

编制资产负债表的理论依据是会计恒等式，即“资产＝负债＋所有者权益”。资产负债表的格式有账户式和报告式两种。账户式资产负债表是左右结构，左方列示资产，右方列示负债和所有者权益。报告式资产负债表是上下结构，上方列示资产，下方列示负债和所有者权益。资产和负债应当分别流动资产和非流动资产、流动负债和非流动负债列示。账户式资产负债表格式如表 3-1 所示。

表 3-1 资产负债表

会企 01 表

编制单位： ______年___月___日 单位：元

资　　产	期末余额	年初余额	负债和所有者权益（或股东权益）	期末余额	年初余额
流动资产：			流动负债：		
货币资金			短期借款		
交易性金融资产			交易性金融负债		
应收票据			应付票据		
应收账款			应付账款		
预付款项			预收款项		
应收利息			应付职工薪酬		
应收股利			应交税费		
其他应收款			应付利息		
存货			应付股利		
一年内到期的非流动资产			其他应付款		
其他流动资产			一年内到期的非流动负债		
流动资产合计			其他流动负债		
非流动资产：			流动负债合计		
可供出售金融资产			非流动负债：		
持有至到期投资			长期借款		
长期应收款			应付债券		
长期股权投资			长期应付款		
投资性房地产			专项应付款		
固定资产			预计负债		

续表

资　产	期末余额	年初余额	负债和所有者权益（或股东权益）	期末余额	年初余额
在建工程			递延所得税负债		
工程物资			其他非流动负债		
固定资产清理			非流动负债合计		
生产性生物资产			负债合计		
油气资产			所有者权益（或股东权益）:		
无形资产			实收资本（或股本）		
开发支出			资本公积		
商誉			减：库存股		
长期待摊费用			盈余公积		
递延所得税资产			未分配利润		
其他非流动资产			所有者权益（或股东权益）合计		
非流动资产合计					
资产总计			负债和所有者权益（或股东权益）总计		

【课堂测试 3-1】

1. 资产负债表的概念和作用是什么？
2. 资产负债表的格式有几种？分别是什么？

第二节　资产负债表项目解读与分析

资产负债表包括资产、负债和所有者权益三大部分，资产和负债应当分别流动资产和非流动资产、流动负债和非流动负债列示。对资产负债表进行分析，首先应了解资产负债表各项目的经济含义，以及分析时应注意的问题，这是分析企业财务状况的前提。

一、流动资产项目解读与分析

资产满足下列条件之一的，应当归类为流动资产：预计在一个正常营业周期中变现、出售或耗用；主要为交易目的而持有；预计在资产负债表日起一年内变现；自资产负债表日起一年内，交换其他资产或清偿负债的能力不受限制的现金或现金等价物。流动资产包括货币资金、交易性金融资产、应收票据、应收账款、预付款项、其他应收款、存货等。

（一）货币资金

1. 货币资金解读

货币资金包括企业的库存现金，存入银行或其他金融机构的各种款项以及银行汇票存款、银行本票存款、信用卡存款、信用证保证金存款、存出投资款、外埠存款等其他货币资金。货币资金项目应根据“库存现金”、“银行存款”、“其他货币资金”账户的期末借方余额合计数填列。企业保持一定的货币资金，主要是为满足交易性需要、预防性需要和投机性需要。如果企业缺乏必要的现金，将不能应付业务开支，比如无法及时购买原材料、无法按时支付职工薪酬、债权人要求清偿而无力支付等，由此使企业蒙受损失。而如果企业保有过量的现金，又会因这些资金不能投入使用而遭受收益性方面的损失。因此，现金不足和现金过量都会给企业带来损失。一般来说，流动性强的资产，其收益性较低，这意味着企业应当尽可能少地保有现金，避免资金闲置或用于低收益资产。企业应明确现金管理的目标，在资产的流动性和收益性之间做出抉择，确定最佳现金持有量，做好现金收支管理。

2. 货币资金分析

（1）货币资金规模分析

企业内部管理者可以按照现金管理的目标，确定最佳现金持有量。而外部报表使用者则可以通过与同行业的比较，来判断企业货币资金的规模是否适当，因为行业特征制约着货币资金的规模。此外，还需要考虑外部的金融环境，企业是否存在近期偿债或支付股利的需要等，来判断货币资金规模的合理性。

（2）货币资金构成分析

结合附注货币资金项目的说明，分析货币资金的构成，查看库存现金、银行存款和其他货币资金占货币资金总额的比重。由于国家对使用库存现金有较为严格的具体规定，用于满足日常零星开支，占比不应太多；银行存款是企业存入银行或其他金融机构的货币资金，企业收入的款项或支出的款项一般都是通过银行办理转账结算，因此银行存款应是占比最多的货币资金；而其他货币资金因具有特殊用途，占比也不应太多。此外，还需查看受限制的货币资金规模，如信用证保证金存款、银行承兑汇票保证金存款等，来分析其对于货币资金流动性的影响。

（3）结合现金流量表分析

资产负债表货币资金项目只有年初数和期末数，要了解货币资金的变动原因，还可以结合现金流量表分析企业经营活动、投资活动和筹资活动对现金变动的影响。

（4）筹资能力以及运用货币资金能力分析

一般来说，若企业的筹资能力强，筹资渠道广，能够迅速筹集到所需资金，则没有必要持有大量现金。若企业运用货币资金能力强，将货币资金用于投资活动，会产生较高收益，也没有必要持有大量现金。也就是说，如果企业货币资金过高，可能意味着企业投资机会较少，管理人员生财无道。

（二）交易性金融资产

1. 交易性金融资产解读

交易性金融资产反映企业为交易目的而持有的债券投资、股票投资、基金投资等交易性金融资产的公允价值，是企业为了近期内出售而持有的金融资产。交易性金融资产项目应根据“交易性金融资产”账户的期末余额填列。

2. 交易性金融资产分析

（1）交易性金融资产规模分析

企业持有交易性金融资产的目的是利用闲置资金投资于有价证券，从而获得高于银行存款利率的超额收益；同时又可以保持高度的变现性，在企业急需资金时，可以将其及时出售变现。但应注意的是，如果企业持有交易性金融资产规模过大，势必影响企业的正常生产经营活动。

（2）交易性金融资产构成分析

结合附注中报表重要项目的说明，分析交易性金融资产的构成，判断企业持有交易性金融资产的风险水平。一般来说，交易性债券投资风险较小，交易性权益工具投资风险较大，衍生金融资产风险可能更大。

（3）结合“公允价值变动收益”和“投资收益”分析

交易性金融资产是以公允价值计量的，企业在持有交易性金融资产期间，其公允价值变动应计入公允价值变动损益；取得的利息或现金股利，应当确认为投资收益。企业在处置交易性金融资产时，其公允价值与初始入账金额之间的差额应确认为投资收益，同时调整公允价值变动损益。因此，对于交易性金融资产的分析可以结合利润表项目“公允价值变动收益”和“投资收益”进行分析。结合利润表“公允价值变动收益”项目附注，了解企业持有交易性金融资产所形成的损益；结合“投资收益”项目附注，分析企业持有的交易性金融资产获取的利息和股利收益，以及处置交易性金融资产的盈利高低。

（三）应收票据

1. 应收票据解读

应收票据反映企业因销售商品、提供劳务等而收到的商业汇票，包括银行承兑汇票和商业承兑汇票。应收票据项目应根据“应收票据”账户的期末余额减去“坏账准备”账户中有关应收票据计提的坏账准备期末余额后的金额填列。商业汇票是出票人签发的，委托付款人在指定日期无条件支付确定的金额给收款人或者持票人的票据。持票人可以将未到期的商业汇票背书转让给其他人或者向银行申请贴现。需要注意的是，在银行开立存款账户的法人以及其他组织之间，必须具有真实的交易关系或债权债务关系，才能使用商业汇票。出票人不得签发无对价的商业汇票用以骗取银行或者其他票据当事人的资金。

2. 应收票据分析

（1）应收票据构成分析

应收票据包括银行承兑汇票和商业承兑汇票，银行承兑汇票由于承兑人是银行，企业不能收回债权的风险较低，而商业承兑汇票的承兑人是企业，不能收回债权的风险相对大些。因此，通过应收票据的构成分析，可以判断企业商业债权的安全性。

（2）应收票据转为应收账款分析

企业若有因出票人无力履约而将票据转为应收账款的票据，应关注该债权的可收回性。对于到期的应收票据，因付款人无力支付或其他原因而发生拒付，企业应按应收票据的账面余额转入“应收账款”账户，此时该商业债权由有期限变为无期限，降低了该项目的变现性。

（3）应收票据贴现及背书情况分析

由于票据具有追索权，即如果票据承兑人到期不能兑付，背书人负有连带的付款责任。对企业而言，已背书的商业票据形成了企业的或有负债。若数额过大，对企业的财务状况会产生较大影响。因此，在分析时应关注附注相关披露，了解企业是否存在已贴现的商业汇票，来判断对企业偿债能力的影响。

（四）应收账款

1. 应收账款解读

应收账款反映企业因销售商品、提供劳务等经营活动应收取的款项。应收账款项目应根据“应收账款”和“预收账款”账户所属各明细账户的期末借方余额合计，减去“坏账准备”账户中有关应收账款计提的坏账准备期末余额后的金额填列。企业发生应收账款的主要原因是为了扩大销售，从而增强企业的竞争力。企业应制定适合自身的信用政策，如果放宽信用政策，会刺激销售，增加债权，但发生坏账的可能性也越高；而缩紧信用政策，则会制约销售。企业在制定信用政策时，应考虑该政策所增加的盈利与成本，在二者之间进行权衡，只有增加的盈利超过所增加的成本时，才应当选择该信用政策。应收账款发生后，企业应采取各种措施，尽量争取按期收回账款，减少坏账损失。

应收账款按账龄结构披露的格式如表3-2所示，应收账款按客户类别披露的格式如表3-3所示。

表3-2 应收账款按账龄结构披露的格式

账龄结构	期末账面余额	年初账面余额
1年以内（含1年）		
1年至2年（含2年）		
2年至3年（含3年）		
3年以上		
合 计		

注：有应收票据、预付账款、长期应收款、其他应收款的，比照应收账款进行披露。

表3-3 应收账款按客户类别披露的格式

客户类别	期末账面余额	年初账面余额
客户1		
……		
其他客户		
合 计		

注：有应收票据、预付账款、长期应收款、其他应收款的，比照应收账款进行披露。

2. 应收账款分析

（1）应收账款规模分析

判断应收账款规模的合理性，应结合企业所处的行业进行分析。一般来说，同行业中的企业商业模式大体相同，采用的销售方式也较为相似。如果以赊销为主，应收账款规模较大；如果大多采用现销方式，则应收账款规模不应太大。当然，企业扩大应收账款的规模，主要是为了扩大销售，增加盈利。因此，可以通过应收账款与营业收入的对比分析，判断应收账款的合理性。如果二者增长比率相差过大，则应提高警惕，分析其原因。

（2）应收账款账龄分析

应收账款的账龄分析是对企业现有债权按照欠账期限进行分类，一般来说，未过信用期或已过信用期但拖欠时间较短的债权发生坏账的可能性较小，而拖欠时间越久发生坏账的可能性也越大。在财务报表附注中，应收账款的账龄分为1年以内（含1年）、1年至2年（含2年）、2年至3年（含3年）以及3年以上。在应收账款规模合理的情况下，企业1年以内的应收账款所占比例越大，企业应收账款质量越高。

（3）债务人构成分析

在附注应收账款项目的详细说明中，会披露应收账款前五名客户情况、应收关联方的款项，是否存在持本公司 5%以上（含 5%）表决权股份的股东欠款等。如果应收账款集中度较高，应关注主要客户的信息，判断是否存在不真实的客户或者存在客户经营效益较差、偿债能力不强的情况，从而影响企业应收账款的质量。

如果应收关联方的款项所占比例较大，或者存在持本公司 5%以上（含 5%）表决权股份的股东欠款，财务分析者应对此予以足够的重视。由于关联方之间的债权债务操纵性较强，难有真实的现金流入，应关注企业是否存在利用关联方交易调节利润的可能。

（4）应收账款坏账准备分析

企业应当对应收账款进行减值测试并计提坏账准备，由于坏账准备的计提具有较强的主观判断，因此不能排除企业利用坏账准备的计提和转回调节利润的可能性。财务分析时，应关注坏账准备方面的信息披露，结合相关会计政策和会计估计进行分析，判断应收账款坏账准备计提方法、计提比例的合理性。

篇中案例 3-1

工程机械行业应收账款增长 三一重工会计估计变更

工程机械行业的冬天远未过去，市场需求依然低迷。而工程机械企业在营收减少、净利下滑的情况下，应收账款不降反升，依然保持大幅增长。

三一重工、中联重科、徐工机械、柳工、山推股份、厦工股份和山河智能是工程机械行业具有代表性的上市公司。2012 年三季度数据显示，整体来看应收账款增势依然强劲。

2012 年 10 月 20 日，三一重工公告称对应收款项坏账准备计提比例会计估计进行变更。变更后未到合同款日、1 年以内、1～2 年、2～3 年以及 3～4 年应收款计提比例分别为 1%、1%、6%、15%和 40%，而变更前分别为 2%、5%、10%、20%和 50%。预计 1—9 月归属于上市公司股东的净利润约增加 4.7 亿元。

经过这一变更，三一应收账款坏账计提比例全面降低，实现与中联有关账务处理政策“持平”。会计处理方式的调整，给企业的账面数据化了一次彩妆。中联重科早在去年四季度就用过这一利器，调低 1 年以内（包括 1 年）和 1～2 年账龄的计提比例，当期因会计变更就“增加”净利润 1.61 亿元。

然而，为何在需求低迷、营收萎缩的前提下应收账款依然大涨难止？应收账款增长一般基于两个原因，一个是增速的提高，与销售量有关，另一个是应收款占主营业务收入比重，这个与销售策略有关。

三季度数据显示，除中联重科外，六家上市公司全部出现业绩下降。

三一重工 9 月末应收较年初增幅最高，对此公司也承认，宏观环境影响导致了销售回款有所延后。不过，从应收账款占营业收入比重的增速来看，三一重工的销售策略或也有调整。去年末应收账款占营业收入 27%，而 9 月末这一数据达到 51%。

此外厦工股份、徐工机械、山河智能都表示，分期付款方式增加、信用销售策略调整，是应收账款增长的原因。

资料来源：根据“杜卿卿．工程机械龙头应收账款激增 三一‘调账’，应对．第一财经日报．2012-11-01.”整理

（五）预付款项

1. 预付款项解读

预付款项反映企业按照购货合同规定预付给供应单位的款项等。预付款项项目应根据“预付账款”和“应付账款”账户所属各明细账户的期末借方余额合计，减去“坏账准备”账户中有关预付款项计提的坏账准备期末余额后的金额填列。预付款项包括预付货款和预付工程款等。预付账款与应收账款都属于公司的债权，但两者产生的原因不同，应收账款是公司应收的销货款，通常是用货币清偿的，而预付账款是预付给供货单位的购货款或预付给施工单位的工程价款和材料款，通常是用商品、劳务或完工工程来清偿的，不会直接带来现金流入。

2. 预付款项分析

对预付款项的分析，应结合市场环境分析，如果企业所采购的商品处于卖方市场且供不应求，企业的议价能力较差，发生预付账款的可能性会增加。预付款项是供应商无偿占用企业的资金，变现能力较差，一般来说，预付账款越少越好，该项目不应构成流动资产的主体部分。

如果预付款项较多，可能是企业向有关单位提供贷款的信号。预付款项通常会按照合同约定转化为存货，其账龄不会太长，应在 1 年以内。如果通过阅读报表附注发现企业存在账龄超过 1 年的预付款项就应当警惕。这种情况的发生往往表示企业的资金以预付款项的名义被他方转移占用。

（六）其他应收款

1. 其他应收款解读

其他应收款反映企业除应收票据、应收账款、预付账款、应收股利、应收利息等以外的其他各种应收及暂付款项。其他应收款项目应根据“其他应收款”账户的期末余额，减去“坏账准备”账户中有关其他应收款计提的坏账准备期末余额后的金额填列。

2. 其他应收款分析

如果企业生产经营活动正常，其他应收款不应该接近于或大于应收账款。若其他应收款数额过大，则属于不正常现象。财务分析时，应仔细阅读报表附注关注其他应收款的具体构成、内容和发生时间，特别要注意那些金额较大、时间较长和来自关联方的款项。警惕企业是否存在利用其他应收款粉饰利润、让大股东无偿占用资金及转移销售收入偷逃税款等情况。

（七）存货

1. 存货解读

存货，是指企业在日常活动中持有以备出售的产成品或商品、处在生产过程中的在产品、在生产过程或提供劳务过程中耗用的材料和物料等。存货项目应根据“在途物资”、“原材料”、“生产成本”、“库存商品”等账户的期末余额合计，减去“存货跌价准备”账户期末余额后的金额填列。企业出自保证生产或销售的需要以及价格的考虑，总有储存存货的需要。而存货占用资金是有成本的，企业要进行存货管理，在各种存货成本与存货效益之间做出权衡，达到两者的最佳结合。

企业会计准则规定，资产负债表日，存货应当按照成本与可变现净值孰低计量。存货成本高于其可变现净值的，应当计提存货跌价准备，计入当期损益。

可变现净值，是指在日常活动中，存货的估计售价减去至完工时估计将要发生的成本、估计的销售费用以及相关税费后的金额。

资产负债表日，企业应当确定存货的可变现净值。以前减记存货价值的因素已经消失的，减记的金额应当予以恢复，并在原已计提的存货跌价准备金额内转回，转回的金额计入当期损益。

【例 3-1】甲公司为一生产大型机械的企业，2012 年 12 月 31 日该公司生产的 A 型机器的账面成本为 400 万元，但由于 A 型机器的市场价格下跌，预计可变现净值为 300 万，由此需要计提减值准备 100 万元。

会计分录为：

借：资产减值损失——存货减值损失　1 000 000

　　贷：存货跌价准备　　　　　　　　　1 000 000

2013 年 6 月 30 日，该 A 型机器的市场价格有所回升，使得预计可变现净值变为370万元。由于A型机器的市场价格上升，A型机器的可变现净值有所恢复，应计提的存货跌价准备为30（400-370）万元，则当期应冲减已计提的存货跌价准备70（100-30）万元，且小于已计提的存货跌价准备（100万元），因此，应转回的存货跌价准备为70万元。

会计分录为：

借：存货跌价准备　　　　　　　　　　700 000

　贷：资产减值损失——存货减值损失　700 000

2013年12月31日，A型机器的市场价格进一步上升，预计A型机器的可变现净值为450万元。由于存货应当按照成本与可变现净值孰低计量，因此，应转回的存货跌价准备为30万元（即以将对A型机器已计提的"存货跌价准备"余额冲减至零为限）。

会计分录为：

借：存货跌价准备　　　　　　　　　　300 000

　贷：资产减值损失——存货减值损失　300 000

存货及存货跌价准备的披露格式见表3-4，3-5所示。

表3-4　存货的披露格式

存货种类	年初账面余额	本期增加额	本期减少额	期末账面余额
1. 原材料				
2. 在产品				
3. 库存商品				
4. 周转材料				
5. 消耗性生物资产				
……				
合　计				

表3-5　存货跌价准备的披露格式

存货种类	年初账面余额	本期计提额	本期减少额		期末账面余额
			转回	转销	
1. 原材料					
2. 在产品					
3. 库存商品					
4. 周转材料					
5. 消耗性生物资产					
……					
合　计					

2. 存货分析

（1）存货规模分析

存货的规模受行业特点、供求关系、采购方式等多个因素的影响。存货应保持合理的规模，存货规模如果过大，会占用大量资金，而且毁损变质的风险也会增大；存货规模如果过小，可能无法满足生产经营的正常进行。

一般来说，存货占总资产的比重前后各期不应出现较大幅度的变化。一般来说，当企业营业收入增加时相应的存货规模也会增加。但是如果存货的增幅与营业收入的增幅不一致，前者大于后者，则企业有可能存在存货积压。此时存货跌价的风险加大，存货的变现能力受到影响。

篇中案例 3-2

13 只白酒股存货年增 73 亿 陈酒未必更香

在白酒行业曾经的“黄金十年”里，酒企特别是名牌酒企曾以高库存为荣。但在白酒行业遭遇“寒冬”的当下，随着高端白酒价格显著下滑，库存高不再成为酒企炫耀的资本，“酒是陈的香”已然成为白酒企业的尴尬。曾几何时，其他行业头疼的库存问题，对白酒行业根本不是问题。因为白酒自身的特殊性，决定了这种产品只存在最佳饮用期而不存在所谓的保质期。对于像茅台这样的著名品牌来说，曾经公司的库存还成为衡量企业价值的重要标准。

但是，从 2012 年开始，特别是党的十八大之后，限制三公消费，“八项规定”以及军队“禁酒令”等一系列政策相继出台，白酒需求尤其是高端白酒的需求大大减弱。

如此情形之下，白酒上市公司的库存不断攀升。根据 A 股 13 家白酒企业的财报统计数据，2012 年底 13 家白酒上市公司的存货总额较 2012 年中报时增长 21.51%，13 家白酒上市公司无一例外出现存货增长，其中洋河股份(002304)以 49.87%的存货增幅居首。

对比白酒上市公司 2013 年中报和 2012 年中报的数据，13 家白酒上市公司中存货增长的有 11 家，13 家公司今年中报披露的存货总额较去年同期增长 26.89%，增长额度达到 73.06 亿元。其中洋河股份的存货增幅仍然是最高的，为 70.09%。贵州茅台（600519）存货增长了 33%，存货金额达到 103.39 亿元。

伴随着白酒企业库存不断攀升的，是高端白酒的价格显著下跌。53 度的飞天茅台日前在电商平台的活动价达到 1099 元，较 2011 年最高时超过 2000

元一瓶，价格已被“腰斩”。52度五粮液2011年也曾卖到1100元以上，而目前在酒仙网上的报价为659元，价格也大跌超过四成。

业内人士表示，高端白酒终端销售价格下跌，而其出厂价因为厂家的控制相对稳定，令高端白酒市场一度出现“价格倒挂”的情况。销售商以前不怕库存，因为白酒每年都涨价，一涨价库存就升值。但现在不同了，高端白酒终端价格大幅下滑令经销商不愿意再进行大规模囤货。这也是白酒企业库存增加的原因之一。

资料来源：周蓓．13只白酒股存货年增73亿 陈酒未必更香．全景网．2013-09-04.

（2）存货构成分析

存货主要由原材料、在产品和库存商品构成。各类存货在企业生产经营过程中的作用是不同的。原材料是保证企业生产的必要物质基础，其规模应保证生产活动的顺利进行。企业有时出于原料涨价的预期，可能会多储备些原材料，此时应结合宏观环境进行分析。在产品是保证生产正常进行的存货，企业的生产规模和生产周期决定了在产品的规模，在产品应保持在一个稳定的比例。而库存商品是存在于流通领域的存货，不是保证生产过程持续进行的必要存货，因此，必须要压缩到最低限度。

企业在正常情况下，存货构成应保持相对稳定。任何存货比重的剧烈变动，都表明企业生产经营过程中有异常情况发生，应深入分析其原因，以便判断存货构成的合理性。

（3）存货计价方法分析

企业会计准则规定，企业应当采用先进先出法、加权平均法或者个别计价法确定发出存货的成本。存货计价方法一经确定，不应随意变更。存货计价方法的变更，属于会计政策变更，财务分析时应考虑此项会计政策变更的合理性，是否存在利用不同的存货计价方法，来实现操纵利润的目的，以及对企业财务状况和经营成果的影响。如果期末存货计价过低，相应的当期利润可能会因此减少；如果期末存货计价过高，相应的当期利润可能会因此增加。比如，当物价持续上升时，将存货的计价方法由加权平均法改为先进先出法，能够提高期末存货价值，使营业成本降低，进而增加企业当期利润。

（4）存货跌价准备分析

存货跌价准备的计提和转回，虽然在准则中有明确规定，但是实际操作中却需要人为估计。存货跌价准备的计提，会减少存货的价值，当期利润也会因此相应减少；存货跌价准备的转回，会增加存货的价值，当期利润也会因此相应增加。对于存货跌价准备的分析应结合报表附注，仔细研读计提和转回的原因，判断企业是否存在利用存货跌价准备操纵利润的可能。

篇中案例 3-3

S 食品公司 6.7 亿存货零计提引争议 会计处理被指比较激进

尽管 2011 年末细菌门事件席卷 S 食品公司，然而 2 月 28 日披露的 2012 年报显示，细菌门事件对 S 食品公司造成的影响在财报毫无体现，此外，消费者对速冻食品生产保质期较为敏感，而 S 食品公司对 6.7 亿元巨额存货跌价零计提处理方式引来争议。

2013 年 2 月 28 日，S 食品公司发布 2012 年年报，2012 年实现营业收入 26.8 亿元，同比增长 2.06%，实现利润总额 1.56 亿元，同比增长 0.41%，实现净利润 1.40 亿元，同比增加 1.55%。

S 食品公司主要从事速冻汤圆、速冻水饺、速冻粽子、速冻面点等速冻米面食品和常温方便食品的生产和销售。

S 食品公司 2012 年销售量为 26.9 万吨，比去年下降 1.67%，库存量为 8.1 万吨，同比增加 13.44%。而值得注意的是，对于 2012 年年末占总资产比例 21.3%高达 6.7 亿元的存货，S 食品公司并没有计提任何跌价准备，这引来投资者质疑。

“对 S 食品公司营销和股价造成严重冲击的细菌门事件，居然在财报上一点痕迹都没有留下，真是神奇。那些因细菌门召回销毁和滞销产生的库存都跑到哪里去了呢？”有投资者质疑表示。

S 食品公司招股书介绍，公司产品属速冻消费产品，保质期为 12 个月。而近年来由于居民生活水平的提高，消费者越来越关注健康饮食、食品安全及食品新鲜度等问题，根据公司产品的终端销售情况得知，大多消费者倾向于购买距生产日期在 6 个月以内的速冻食品。

由此可知，大多数消费者由于注重食品安全等问题，更倾向于购买 6 个月以内速冻食品。那么，S 食品公司能否保证 6.7 亿元存货中，占大多数库存的商品如速冻水饺、汤圆以及原材料都在 6 个月内迅速消化吗？而此前细菌门事件对水饺的影响为何没有任何痕迹?

根据S食品公司招股书,其中列举了会计政策供参考的同行业上市公司,如双汇发展、贵糖股份等。其中，双汇发展在2012年半年报中，对13.8亿元存货计提了2 756万元跌价准备；贵糖股份在2012年半年报中，也对5.92亿元包括原材料和库存商品的存货计提了3 065万元跌价准备。类似于S食品公司这种食品类公司，原材料和库存商品，6个月之内还能打折卖出去，但过了12个月就需要计提了，一分存货不计提比较激进。

资料来源：根据“胡飞军．S食品公司6.7亿存货零计提引争议 会计处理被指比较激进.财经网.2013-03-04.”整理

二、非流动资产项目解读与分析

流动资产以外的资产应当归类为非流动资产，包括可供出售金融资产、持有至到期投资、长期股权投资、投资性房地产、固定资产、在建工程、无形资产等。

（一）可供出售金融资产

1. 可供出售金融资产解读

可供出售金融资产，是指初始确认时即被指定为可供出售的非衍生金融资产，以及除下列各类资产以外的金融资产：贷款和应收款项、持有至到期投资、以公允价值计量且其变动计入当期损益的金融资产。可供出售金融资产反映企业持有的以公允价值计量的可供出售的股票投资、债券投资等金融资产。该项目应根据“可供出售金融资产”账户的期末余额，减去“可供出售金融资产减值准备”账户期末余额后的金额填列。

2. 可供出售金融资产分析

可供出售金融资产和交易性金融资产的会计处理既有相似之处，也有不同之点。二者都是按照公允价值计量。最大的不同点在于资产负债表日，交易性金融资产的公允价值变动计入“公允价值变动损益”，直接影响企业的利润；而可供出售金融资产的公允价值变动计入“资本公积——其他资本公积”，影响企业的净资产。

正是由于这种会计处理的区别，有的企业为了达到粉饰业绩的目的，对金融资产进行了不当的分类。将投资风险较小的金融资产划分为交易性金融资产，将公允价值变动计入当期损益以提高利润；而将投资风险较大的金融资产划分

为可供出售金融资产，将公允价值变动计入资本公积避免对当期利润造成较大影响。当然准则中关于金融资产重分类的规定也限制了企业利用金融资产重分类来调节利润的行为。即企业在初始确认时将某项金融资产划分为交易性金融资产后，不能重分类为其他类金融资产；其他类金融资产也不能重分类为交易性金融资产。因此，在进行财务分析时应关注可供出售金融资产的分类是否合规合理。

（二）持有至到期投资

1. 持有至到期投资解读

持有至到期投资，是指到期日固定、回收金额固定或可确定，且企业有明确意图和能力持有至到期的非衍生金融资产。该项目反映企业持有至到期投资的摊余成本，应根据“持有至到期投资”账户期末借方余额减去“持有至到期投资减值准备”账户期末余额后的金额填列。如有将在资产负债表日起一年内到期的持有至到期投资，应从中扣除。

2. 持有至到期投资分析

（1）持有至到期投资盈利性分析

持有至到期投资主要是债券投资，包括国债、企业债券等。持有至到期投资的目的主要是通过定期收取利息来获取长期稳定的收益，而且到期能收回本金也降低了投资风险。一般来说，持有至到期投资的收益率应高于同期银行存款利率，通过该投资给企业带来的投资收益分析，可以判断该项投资的盈利性。

（2）持有至到期投资的重分类分析

企业应当在资产负债表日对持有意图和能力进行评价。如果企业没有可利用的财务资源持续地为该金融资产投资提供资金支持，或受法律、行政法规的限制，或是其他情况存在表明企业没有能力将具有固定期限的金融资产投资持有至到期。如果企业将尚未到期的某项持有至到期投资提前出售或重分类表明企业违背了将该项投资持有至到期的意图。准则中规定，企业将尚未到期的某项持有至到期投资在本会计年度内出售或重分类为可供出售金融资产的金额，相对于该类投资在出售或重分类前的总额较大时，应当将该类投资的剩余部分重分类为可供出售金融资产。因此，在财务分析时如果发现企业将持有至到期投资重分类为可供出售金融资产，应结合附注仔细分析重分类的原因，到底是企业的主观原因还是外部的客观原因导致企业没有意图或能力持有至到期。

（三）长期股权投资

1. 长期股权投资解读

长期股权投资反映企业持有的采用成本法和权益法核算的长期股权投资。

长期股权投资项目应根据“长期股权投资”账户的期末借方余额减去“长期股权投资减值准备”账户期末余额后填列。

长期股权投资包括：（1）企业持有的能够对被投资单位实施控制的权益性投资，即对子公司的投资。（2）企业持有的能够与其他合营方一同对被投资单位实施共同控制的权益性投资，即对合营企业投资。（3）企业持有的能够对被投资单位施加重大影响的权益性投资，即对联营企业的投资。（4）企业对被投资单位不具有控制、共同控制或重大影响，且在活跃市场中没有报价、公允价值不能可靠计量的权益性投资。

对于第一种和第四种情形，采用成本法核算；第二种和第三种情形采用权益法核算。长期股权投资采用成本法核算的，被投资单位宣告分派的现金股利或利润，应确认为当期投资收益。长期股权投资采用权益法核算的，应当按照应享有或应分担的被投资单位实现的净损益的份额，确认投资损益并调整长期股权投资的账面价值；投资企业按照被投资单位宣告分派的利润或现金股利计算应分得的部分，相应减少长期股权投资的账面价值；投资企业对于被投资单位除净损益以外所有者权益的其他变动，应当调整长期股权投资的账面价值并计入所有者权益。

投资企业应当在附注中披露与长期股权投资有关的下列信息：子公司、合营企业和联营企业清单，包括企业名称、注册地、业务性质、投资企业的持股比例和表决权比例。合营企业和联营企业当期的主要财务信息，包括资产、负债、收入、费用等合计金额等信息。

2. 长期股权投资分析

（1）长期股权投资规模分析

长期股权投资通常投资金额大、投资期限长，对企业的财务状况和经营成果影响较大。对于企业来说，进行长期股权投资意味着相当数额的资金在较长时间内无法收回，风险较大。投资失败，会给企业带来重大的、长期的损失和负担，甚至是致命的打击。当然，如果投资成功，投资收益也相对较高。

因此，在财务分析时，应注意长期股权投资的规模是否与企业的风险承受能力相匹配。如果企业资金不是十分充裕，或者缺乏足够的筹集和调动资金的能力，那过多的长期股权投资可能会使企业处于资金紧张状态，甚至陷入财务困境。

（2）长期股权投资构成分析

通过长期股权投资的构成分析可以判断企业对外投资的目的。企业对外投资的目的多种多样，有的是出于未来发展战略考虑，控股或参股供应商或销售商；有的是出于多元化经营而降低经营风险的需要；也有的是为了单纯获取投资收益。结合附注可以了解企业的投资对象、投资规模、持股比例以及被投资单位的业务性质，年度内是否新增长期股权投资，是否收回或转让某些长期股权投资等信息，据此可以判断企业对外投资的意图，以及是否存在战略转型的可能。

（3）长期股权投资的投资收益分析

长期股权投资的核算方法有成本法和权益法。长期股权投资采用成本法核算，所确认的投资收益与收到的现金是一致的。而在权益法下，只要被投资单位有利润，无论是否分配现金股利，投资方均按持股比例确认投资收益，这就出现确认的投资收益与收到的现金流不一致的情况，通常前者会大于后者。财务分析时，应关注权益法核算的长期股权投资所确认的投资收益是否会给企业带来现金流以及现金流的大小。

（4）长期股权投资核算方法转换分析

如果从持股比例来说，企业对子公司的投资，持股比例通常超过 50%；对合营企业的投资，通常持股比例为 50%；对联营企业的投资，持股比例通常在 20%到 50%之间（含 20%）；持股比例如果小于 20%，通常不会对被投资单位形成控制、共同控制或重大影响。企业对合营企业和联营企业的投资，采用权益法核算；其他两种情况，采用成本法核算。投资企业还应当将子公司纳入合并财务报表的合并范围。

长期股权投资在持有期间，因各方面情况的变化，可能会对被投资单位追加投资或减少投资，而导致核算方法从成本法转换为权益法，或是从权益法转换成成本法核算。财务分析时，应关注核算方法转换的合理性，是否存在利用核算方法转换来调节利润的可能。

（5）长期股权投资减值准备分析

企业会计准则规定，长期股权投资减值准备一经计提，以后期间不得转回，这在一定程度上避免了企业利用长期股权投资减值准备的转回来操纵利润的可能性。因此，通过长期股权投资减值准备的分析，可以判断企业长期股权投资的质量。如果企业对某项投资计提了大量的减值准备，也意味着该项投资是失败的。

（四）投资性房地产

1. 投资性房地产解读

投资性房地产是指为赚取租金或资本增值，或两者兼有而持有的房地产，包括已出租的土地使用权、持有并准备增值后转让的土地使用权、已出租的建筑物。企业通常应当采用成本模式对投资性房地产进行后续计量，也可采用公允价值模式对投资性房地产进行后续计量。

只有存在确凿证据表明投资性房地产的公允价值能够持续可靠取得的，才可以采用公允价值模式计量。采用公允价值模式计量的，不对投资性房地产计提折旧或进行摊销，应当以资产负债表日投资性房地产的公允价值为基础调整其账面价值，公允价值与原账面价值之间的差额计入当期损益。企业对投资性房地产的计量模式一经确定，不得随意变更。已采用公允价值模式计量的投资性房地产，不得从公允价值模式转为成本模式。

投资性房地产项目（成本模式）应根据“投资性房地产”账户的期末借方余额减去“投资性房地产累计折旧”、“投资性房地产累计摊销”和“投资性房地产减值准备”账户期末余额后填列。投资性房地产项目（公允价值模式）应根据“投资性房地产”账户的期末借方余额填列。

企业采用成本模式进行后续计量的，应当披露的信息见表 3-6 所示。

表 3-6 投资性房地产的披露格式（成本模式）

项　目	年初账面余额	本期增加额	本期减少额	期末账面余额
一、原价合计				
1. 房屋、建筑物				
2. 土地使用权				
二、累计折旧和累计摊销合计				
1. 房屋、建筑物				
2. 土地使用权				
三、投资性房地产减值准备累计金额合计				
1. 房屋、建筑物				
2. 土地使用权				
四、投资性房地产账面价值合计				
1. 房屋、建筑物				
2. 土地使用权				

企业采用公允价值模式进行后续计量的，应当披露投资性房地产公允价值的确定依据及公允价值金额的增减变动情况。如有房地产转换的，应当说明转

换的原因及其影响。

2. 投资性房地产分析

（1）投资性房地产构成项目分析

企业持有投资性房地产的目的是为了赚取租金或资本增值，或两者兼有。在财务分析时应注意投资性房地产的盈利性，企业是否将自用房地产，即为生产商品、提供劳务或者经营管理而持有的房地产和作为存货的房地产当作投资性房地产进行核算。企业是否将投资性房地产与固定资产、无形资产的界限做了正确的区分。

（2）投资性房地产计量模式分析

企业通常应当采用成本模式对投资性房地产进行后续计量，计提折旧或摊销，如果存在减值迹象的，还应该计提减值准备。不论是计提折旧或摊销还是计提减值准备，都会使费用增加，利润减少。可见，企业采用成本模式计量是比较稳健的。

采用公允价值模式计量的，一方面，不对投资性房地产计提折旧或进行摊销，不会增加费用而减少企业的利润；另一方面，应当以资产负债表日投资性房地产的公允价值为基础调整其账面价值，公允价值与原账面价值之间的差额计入当期损益。在当今房地产价格上涨的背景下，如果企业采用公允价值模式计量，其业绩将大幅提升。因此，不乏一些上市公司为了调高企业的盈利、实现扭亏为盈的目的，而将投资性房地产的计量模式由成本模式变更为公允价值模式的情况。需要注意的是，这种变更对企业实际的生产经营并不产生实质影响，所形成的利润也是一种低质量的利润。

（五）固定资产

1. 固定资产解读

固定资产，是指同时具有下列特征的有形资产：（1）为生产商品、提供劳务、出租或经营管理而持有的；（2）使用寿命超过一个会计年度。固定资产是企业非常重要的内部投资，具有投资数额大，周转时间长等特点，是企业资产管理的重点。固定资产项目应根据“固定资产”账户期末借方余额，减去“累计折旧”和“固定资产减值准备”账户期末余额后填列。

固定资产的披露格式如表 3-7 所示。

表 3-7 固定资产的披露格式

项 目	年初账面余额	本期增加额	本期减少额	期末账面余额
一、原价合计				
其中：房屋、建筑物				
机器设备				
运输工具				
……				
二、累计折旧合计				
其中：房屋、建筑物				
机器设备				
运输工具				
……				
三、固定资产减值准备累计金额合计				
其中：房屋、建筑物				
机器设备				
运输工具				
……				
四、固定资产账面价值合计				
其中：房屋、建筑物				
机器设备				
运输工具				
……				

2. 固定资产分析

（1）固定资产规模分析

企业固定资产的规模受行业特点和生产经营规模的制约。在进行固定资产规模分析时，应将固定资产规模与同行业中的其他企业相比较，看是否存在较大差距。如果企业固定资产规模相对较小，可能意味着企业生产能力较差。如果企业固定资产规模相对较大，表明企业具有较大的经营风险或存在虚增资产的嫌疑。

（2）固定资产构成分析

结合财务报表附注，可以分析固定资产中房屋及建筑物、机器设备、运输工具等占固定资产的比重及其变化，判断企业固定资产的配置是否合理。

（3）固定资产折旧分析

会计准则规定，企业应当根据固定资产的性质和使用情况，合理确定固定资产的使用寿命和预计净残值。应当根据与固定资产有关的经济利益的预期实现方式，合理选择固定资产折旧方法。可选用的折旧方法包括年限平均法、工作量法、双倍余额递减法和年数总和法等。固定资产的使用寿命、预计净残值和折旧方法一经确定，不得随意变更。

但是，企业至少应当于每年年度终了，对固定资产的使用寿命、预计净残值和折旧方法进行复核。使用寿命预计数与原先估计数有差异的，应当调整固定资产使用寿命。预计净残值预计数与原先估计数有差异的，应当调整预计净残值。与固定资产有关的经济利益预期实现方式有重大改变的，应当改变固定资产折旧方法。

可见，无论是使用寿命、预计净残值的估计还是折旧方法的确定都带有主观判断的成分。而这些变化，都会使企业计提的折旧出现改变，进而影响企业的损益。财务分析时，应结合固定资产折旧的会计估计变更，判断对企业当期及未来财务状况和经营成果的影响。

【例 3-2】甲公司 2010 年 12 月购入某项设备，原价为 120 万元，预计使用寿命为 5 年，预计净残值率为 4%，分别采用年限平均法、双倍余额递减法和年数总和法计算折旧额。

①采用年限平均法

年折旧率为：（1-4%）/5＝19.2%

2011～2015 年，每年计提的折旧额为：120×19.2%＝23.04 万元。

②采用双倍余额递减法

年折旧率为：2/5×100%＝40%

2011 年应计提的折旧额为：120×40%＝48（万元）

2012 年应计提的折旧额为：（120-48）×40%＝28.8（万元）

2013 年应计提的折旧额为：（120-48-28.8）×40%＝17.28（万元）

从 2014 年起改按年限平均法计提折旧，2014 年和 2015 年应计提的折旧额为：

（120-48-28.8-17.28-120×4%）÷2＝10.56（万元）

③采用年数总和法

计提基数为：120×（1-4%）＝115.2（万元）

2011 年折旧率为 5/15，折旧额为 115.2×5/15＝38.4（万元）

2012 年折旧率为 4/15，折旧额为 115.2×4/15＝30.72（万元）

2013 年折旧率为 3/15，折旧额为 115.2×3/15＝23.04（万元）

2014 年折旧率为 2/15，折旧额为 115.2×2/15＝15.36（万元）

2015 年折旧率为 1/15，折旧额为 115.2×1/15＝7.68（万元）

由此可以看出，在年限平均法下，固定资产使用期内所计提的折旧额均为 23.04 万元，而在双倍余额递减法和年数总和法下，固定资产使用期限内每年所计提的折旧额则不尽相同，折旧额呈逐年递减趋势，即前期多计费用，后期少计费用，从而影响不同期间的利润情况。此外，即使折旧方法不变，而预计使用寿命或预计净残值改变，也会影响到计提的折旧额，从而影响企业的利润。

（4）固定资产减值准备分析

会计准则规定，固定资产的减值准备一经计提，不得转回，这在一定程度上避免了企业利用固定资产减值准备的转回来操纵利润的可能性。应当注意的是，企业是否存在由于技术进步等原因已不能使用的固定资产，却不提或少提减值准备的情况，这样不但虚增了企业的固定资产，还虚增了利润。因此，对固定资产减值准备的分析，应重点关注其计提的充分性。

（六）在建工程

1. 在建工程解读

在建工程核算企业基建、更新改造等在建工程发生的支出，反映企业尚未达到预定可使用状态的在建工程的成本。在建工程项目应根据“在建工程”账户期末借方余额，减去“在建工程减值准备”账户期末余额后填列。

2. 在建工程分析

在建工程本质上是形成中的固定资产，企业不应为了“在建”而在建，最终应转为企业的固定资产。因此，对于在建工程的分析应关注工期的长短、工程的进度等，及时发现问题。

作为在建工程，企业不需要计提折旧，而且相关的借款费用和利息可以资本化计入在建工程的成本。而一旦在建工程达到预定可使用状态，应当转入固定资产。作为固定资产，企业不仅需要计提折旧，而且相关的借款利息只能费用化计入财务费用，从而减少企业的利润。正因为如此，一些企业往往利用在建工程尚未达到预定可使用状态为借口，迟迟不将在建工程转为固定资产，比如项目还处于试生产阶段，仍需安装调试等，来达到虚增企业利润的目的。

篇中案例 3-4

YH 公司被疑虚增利润

2013 年 12 月 6 日，YH 公司分别发布了关于董事长和总裁辞职的公告，巧合的是，在董事长与总裁双双辞职之前，YH 公司刚刚被媒体质疑有虚增利润之嫌。报道称，YH 公司早已投产的“百万吨钾肥综合利用一期工程”，至今仍有11.14亿元的余额挂在“在建工程”科目，涉嫌延迟转固虚增利润。

据了解，YH公司“百万吨钾肥综合利用一期工程”投资预算45亿元，包括年产6万吨氢氧化钾、7.2万吨碳酸钾、10万吨PVC、10万吨甲醇、33万吨尿素、燃煤供热中心以及配套的工程设施。

该工程始建于2005年9月份，此后，有当地报道称，2010年10月16日，青海YH集团举行100万吨钾肥产品综合利用项目一期工程投料试车，该项目的建成投产，将改变青海省乃至西北地区没有大型聚氯乙烯生产装置的现状。

值得注意的是，在2010年10月试车并早该投产的项目至今已经过去三年多的时间，直到2013年6月末，该项目仍被公司划归于“在建工程”一栏，并且挂着11.14亿元的余额没有转固计提折旧。这种不合常理的现象遭到业内人士的质疑，并怀疑公司有虚增利润的嫌疑。

按照行业惯例，化工设备折旧年限一般10年左右。照此计算，公司每年少计提折旧费用1.1亿元。一位上市公司注册会计师向记者分析，在建工程不转固，就不提折旧，可能存在虚增利润的嫌疑。

对于上述质疑，YH公司向公司股东澄清称，公司综合利用化工一期项目建设完成，但是合成氨装置在去年底尚不能达到设计要求，不能生产合格产品，设备未达到预定可使用状态，报道不属实。

此外，YH公司证券事务代表还向记者解释道：“在建工程并不一定是在工程完工的时候转固，要能达到一定使用状态才能转固。”当记者询问，该工程何时才能达到一定使用状态时，该证券事务代表表示不能向记者透露。

资料来源：根据“娇月.YH公司被疑虚增利润 董事长总裁‘掐点离职’引猜测.证券日报.2013-12-10.”整理

（七）无形资产

1. 无形资产解读

无形资产是指企业拥有或控制的没有实物形态的可辨认非货币性资产。无形资产主要包括专利权、非专利技术、商标权、著作权、土地使用权、特许权等。

企业内部研究开发项目的支出，应当区分研究阶段支出与开发阶段支出。研究阶段的支出，应当于发生时计入当期损益。开发阶段的支出，同时满足下列条件的，才能确认为无形资产：（1）完成该无形资产以使其能够使用或出售在技术上具有可行性；(2) 具有完成该无形资产并使用或出售的意图；(3) 无形资产产生经济利益的方式，包括能够证明运用该无形资产生产的产品存在市场或无形资产自身存在市场，无形资产将在内部使用的，应当证明其有用性；(4) 有足够的技术、财务资源和其他资源支持，以完成该无形资产的开发，并有能力使用或出售该无形资产；(5) 归属于该无形资产开发阶段的支出能够可靠地计量。

企业应当于取得无形资产时分析判断其使用寿命。使用寿命有限的无形资产，其应摊销金额应当在使用寿命内系统合理摊销。使用寿命不确定的无形资产不应摊销，但每年都应当进行减值测试。无形资产项目应根据"无形资产"账户期末借方余额，减去"累计摊销"和"无形资产减值准备"账户的期末余额填列。

各类无形资产的披露格式如表 3-8 所示。

表 3-8 无形资产的披露格式

项 目	年初账面余额	本期增加额	本期减少额	期末账面余额
一、原价合计				
1.				
……				
二、累计摊销额合计				
1.				
……				
三、无形资产减值准备累计金额合计				
1.				
……				
四、无形资产账面价值合计				
1.				
……				

2. 无形资产分析

(1) 无形资产价值分析

尽管无形资产没有实物形态，但随着科技进步特别是知识经济的到来，无形资产对企业生产经营活动的影响越来越大。一般来说，企业拥有和控制的无形资产越多，其可持续发展能力和竞争能力越强。

但是无形资产的价值，很难在资产负债表中体现。企业外购的无形资产，可以按照购买价款、相关税费等确认成本。而企业自创的商誉以及内部产生的品牌、报刊名等，不能确认为无形资产。作为无形资产重要组成部分的人力资源价值也不在资产负债表中体现，而往往越是这些表外无形资产越能够给企业带来超额收益。因此，对无形资产的价值分析，要详细阅读报表附注及其他相关信息了解企业无形资产的类别、性质来判断其价值以及对企业的贡献。

（2）内部研究开发形成无形资产的分析

企业内部研究开发项目，应当区分研究阶段与开发阶段两个部分分别进行核算。研究阶段的支出全部费用化，计入当期损益（管理费用）；开发阶段的支出符合条件的才能资本化，最终计入无形资产。

虽然在准则中对企业的研究阶段和开发阶段的定义进行了区分，但是在实际操作中，由于无形资产研发业务非常复杂、风险较大，很难对这两个阶段进行严格区分。在分析时，要注意企业是否存在利用研究和开发阶段的划分来操纵利润的行为。

此外，通过阅读报表附注中关于开发支出的说明，可以了解企业有哪些正在研发的项目，年度内开发支出的增减额，哪些开发支出转入无形资产等信息。通过对企业开发支出的规模和项目的分析，可以了解企业的研发实力和对于自主研发的重视程度，据此可以预测对企业未来发展的影响。

三、流动负债项目解读与分析

负债满足下列条件之一的，应当归类为流动负债：预计在一个正常营业周期中清偿；主要为交易目的而持有；自资产负债表日起一年内到期应予以清偿；企业无权自主地将清偿推迟至资产负债表日后一年以上。流动负债包括短期借款、应付票据、应付账款、预收款项、应付职工薪酬、应交税费等。

（一）短期借款

1. 短期借款解读

短期借款是指企业向银行或其他金融机构等借入的期限在一年以下（含一年）的各种借款。企业为了满足生产经营的正常周转或是解决由于临时性、季节性等原因而出现的临时资金周转困难问题，会向银行举借短期借款。和长期借款相比，短期借款通常期限短、利率低、借款程序相对简单。但是短期借款，必须在短期内归还，企业的还债压力较大，对企业形成了较高的财务风险。短期借款项目应根据“短期借款”账户的期末贷方余额填列。

2. 短期借款分析

由于企业举借短期借款主要是为了解决流动资金的不足，因此短期借款要与流动资产相关项目相适应。一般来说，短期借款应当小于流动资产的数额。

如果短期借款大大超过流动资产，企业可能存在利用短期借款为长期资产筹集资金的情况，此时应关注偿债风险。

（二）应付票据和应付账款

1. 应付票据和应付账款解读

应付票据核算企业购买材料、商品和接受劳务供应等开出、承兑的商业汇票，包括银行承兑汇票和商业承兑汇票，反映企业尚未到期的商业汇票的票面金额。应付票据项目应根据“应付票据”账户的期末贷方余额填列。

应付账款反映企业因购买材料、商品和接受劳务等经营活动应支付的款项。应付账款项目应根据“应付账款”和“预付账款”账户所属各明细账户的期末贷方余额合计填列。

2. 应付票据和应付账款分析

应付票据和应付账款都是由于赊购产生的，二者都代表了企业利用商业信用而从供应商处获得的短期融资。应付票据以票据的形式确定下来，同应付账款相比更具有约束性。应付票据如果到期不能支付，不仅会影响企业的商业信誉，影响企业以后的资金筹集，而且还会遭到银行的处罚。应付账款一般不需要支付利息，但是企业也不能故意拖欠供应商货款。因为如果不按期偿还应付账款，不仅不能利用现金折扣优惠，而且会严重影响企业信誉，供应商可能会因此提出更严苛的付款条件。一旦引起法律诉讼，可能会使企业遭受更大损失，甚至破产。

在财务分析时，可以对应付票据和应付账款的增减变化进行分析。如果企业销售规模扩大，将增加存货的需求，应付款项规模也会增加，反之亦然。如果应付款项的增加大大超过存货或营业收入的增加，可能存在企业任意拖欠供应商货款的情况，说明企业信用观念较差，或者是由于存在支付能力问题而无力偿债。

由于应付票据更具有强制性，在流动负债中如果应付票据增加而应付账款相应减少，则可能意味着企业信用状况下降。如果应付账款增加而应付票据减少，则表明企业在商业谈判中地位上升，信用状况较好。

（三）预收款项

1. 预收款项解读

预收款项反映企业按合同规定预收的款项。该项目应根据“预收账款”和“应收账款”账户所属各明细账户的期末贷方余额合计填列。

2. 预收款项分析

预收账款是卖方企业在交付货物之前向买方预先收取部分或全部货款的

信用形式。一般来说，企业的预收账款越多越好。对于卖方来讲，预收账款相当于向买方融入资金，在提供商品或劳务之前可以无偿使用，在提供商品或提供劳务之后可以转为企业的营业收入；也表明企业销售的产品适销对路，供不应求，企业相较于买方处于有利地位。

一般来说，预收款项是按照合同价款的一定比例预交的，因此通过预收款项的变化，可以预测企业未来营业收入的变动。与应收账款相结合，可以分析企业的销售方式。如果企业预收款项逐年减少，而应收账款逐年增加，可能意味着企业的产品供大于求，产品销路不畅，企业应对产品结构做出调整。

企业收取预收账款，应按合同规定按期以商品或劳务清偿，不可能长期挂账。如果发现企业存在长期挂账的预收款项应对其重点关注。分析企业是否存在为逃避税收而不将预收账款不转作营业收入处理的情况或是存在关联方为企业提供贷款的嫌疑。

（四）应付职工薪酬

1. 应付职工薪酬解读

职工薪酬，是指企业为获得职工提供的服务而给予各种形式的报酬以及其他相关支出。职工薪酬包括：职工工资、奖金、津贴和补贴；职工福利费；医疗保险费、养老保险费、失业保险费、工伤保险费和生育保险费等社会保险费；住房公积金；工会经费和职工教育经费；非货币性福利；因解除与职工的劳动关系给予的补偿；其他与获得职工提供的服务相关的支出。应付职工薪酬项目反映企业应付未付的职工薪酬。该项目应根据“应付职工薪酬”账户的期末贷方余额填列。

应付职工薪酬的披露格式如表 3-9 所示。

表 3-9　应付职工薪酬的披露格式

项　目	年初账面余额	本期增加额	本期支付额	期末账面余额
一、工资、奖金、津贴和补贴				
二、职工福利费				
三、社会保险费				
其中：1. 医疗保险费				
2. 基本养老保险费				
3. 年金缴费				
4. 失业保险费				
5. 工伤保险费				
6. 生育保险费				
四、住房公积金				

续表

项　目	年初账面余额	本期增加额	本期支付额	期末账面余额
五、工会经费和职工教育经费				
六、非货币性福利				
七、因解除劳动关系给予的补偿				
八、其他				
其中：以现金结算的股份支付				
合　计				

2. 应付职工薪酬分析

应付职工薪酬是企业欠职工的负债，需要按时清偿，才能保证职工的利益，使企业长远发展。在企业职工人数、薪酬体系变化不大的情况下，应付职工薪酬前后期不应相差很大。当然随着营业收入和利润水平的上升，应付职工薪酬可能也会有所上升。

还可以结合附注信息，分析应付职工薪酬的本期增加额和本期支付额。一般来说，应付职工薪酬的增加额即企业计提的薪酬，支付额或减少额是企业发放的薪酬，二者不应相差过多。如果发现企业本期增加额大大超过本期减少额，从而导致应付职工薪酬期末账面余额大大高于年初账面余额，则说明企业可能出现资金短缺，存在拖欠职工薪酬的现象；或者是企业出于少交所得税的目的，而故意多计提职工薪酬，从而减少当期利润。

（五）应交税费

1. 应交税费解读

应交税费核算企业按照税法等规定计算应交纳的各种税费，包括增值税、消费税、营业税、所得税、资源税、土地增值税、城市维护建设税、房产税、土地使用税、车船使用税、教育费附加、企业代扣代交的个人所得税等。应交税费项目应根据“应交税费”账户的期末贷方余额填列，反映企业尚未交纳的税费；如“应交税费”账户为期末借方余额，以“－”填列，反映企业多交或尚未抵扣的税费。

2. 应交税费分析

应交税费反映企业应向国家缴纳的税费，是企业应向国家和社会承担的义务，具有强制性，企业必须按时足额缴纳。应交税费应与企业的营业收入和利润水平相匹配。通过附注可以了解企业需要缴纳的各种税项，是否存在税收优惠等信息。值得一提的是，随着营业税改征增值税试点方案的推出，营业税可能会慢慢地退出历史舞台。

四、非流动负债项目解读与分析

流动负债以外的负债应当归类为非流动负债，包括长期借款、应付债券、长期应付款、预计负债等。

（一）长期借款

1. 长期借款解读

长期借款是指企业向银行或其他金融机构借入的期限在一年以上（不含一年）的各项借款。长期借款项目应根据“长期借款”账户的期末贷方余额填列。如有将在一年内到期的长期借款，应从中扣除。

借款的披露格式如表 3-10 所示。

表 3-10　借款的披露格式

项　目	短期借款		长期借款	
	期末账面余额	年初账面余额	期末账面余额	年初账面余额
信用借款				
抵押借款				
质押借款				
保证借款				
合　计				

2. 长期借款分析

（1）长期借款规模分析

由于长期借款的期限长、风险大，金融机构对企业发放长期贷款有着严格的规定。如果企业能够举借长期借款，可以从侧面说明企业具有一定的经济实力。

（2）长期借款构成分析

长期借款按照有无担保以及担保类型，可分为信用借款、抵押借款、质押借款和保证借款，根据借款类型可以了解企业的信用状况。如果企业信用借款占比较大，说明企业信用良好。如果企业抵押或质押借款占比较大，可能说明企业信用状况欠佳，需要用资产来担保。

（3）长期借款利率分析

长期借款的利息率通常高于短期借款，但信誉好或抵押品流动性强的借款企业，仍然可以争取到较低的长期借款利率。通过长期借款利率的高低，可以分析企业筹资的能力。

（二）应付债券

1. 应付债券解读

应付债券反映企业尚未偿还的长期债券摊余成本。应付债券项目应根据“应付债券”账户期末贷方余额填列。如有将在一年内到期的应付债券，应从中扣除。和长期借款筹资相比，债券筹资具有筹资规模较大、期限长、发行成本以及信息披露成本较高等特点。

2. 应付债券分析

（1）应付债券规模分析

根据《证券法》规定，公开发行公司债券的公司必须具有以下条件：股份有限公司的净资产不低于人民币 3 000 万元；累计债券余额不超过公司净资产的 40%；最近 3 年平均可分配利润足以支付公司债券 1 年的利息；所筹集资金的投向符合国家产业政策等。因此，企业若具有发行债券的资格，间接说明企业经济实力较强，财务状况、经营成果符合规定。

（2）应付债券评级分析

公开发行的债券通常需要由债券评级机构评定等级。债券评级可以度量违约风险即还本付息的可靠程度。通过债券评级，可以分析企业的信用状况。

（三）长期应付款

1. 长期应付款解读

长期应付款反映企业除长期借款和应付债券以外的其他各种长期应付款项，包括应付融资租入固定资产的租赁费、以分期付款方式购入固定资产等发生的应付款项等。长期应付款项目应根据“长期应付款”账户的期末贷方余额，减去“未确认融资费用”账户期末借方余额填列。如有将在一年内到期的长期应付款，应从中扣除。

2. 长期应付款分析

企业采用融资租赁方式，相当于在获得固定资产的同时融入一笔资金，可以迅速形成生产能力，此后以租赁费的方式分期偿还，减轻了企业即时支付压力。采用这种方式进行融资说明企业的融资方式和手段较为灵活，但也形成了企业的一项长期债务负担。在财务分析时，应关注长期应付款金额的变动，判断以此方式取得的固定资产对企业规模和实力的影响以及对未来发展的影响。

（四）预计负债

1. 预计负债解读

预计负债来源于或有事项。或有事项，是指过去的交易或者事项形成的，其结果须由某些未来事项的发生或不发生才能决定的不确定事项。常见的或有事项主要包括：未决诉讼或仲裁、债务担保、产品质量保证（含产品安全保证）、承诺、亏损合同、重组义务、环境污染整治等。

与或有事项相关的义务同时满足下列条件的，应当确认为预计负债：（1）该义务是企业承担的现时义务；（2）履行该义务很可能导致经济利益流出企业；（3）该义务的金额能够可靠的计量。

预计负债应当按照履行相关现时义务所需支出的最佳估计数进行初始计量。企业在确定最佳估计数时，应当综合考虑与或有事项有关的风险、不确定性和货币时间价值等因素。

企业应当在资产负债表日对预计负债的账面价值进行复核。有确凿证据表明该账面价值不能真实反映当前最佳估计数的，应当按照当前最佳估计数对账面价值进行调整。

2. 预计负债分析

根据会计准则有关预计负债的规定，可以看出一项或有事项是否会被确认为预计负债以及计量的金额大小，在很大程度上取决于人为的主观判断。这就使得一些企业利用预计负债的多提、少提、转回或补提来操纵利润。财务分析时，需要仔细阅读有关或有事项的说明、预计负债项目的明细以及其他相关信息资料，了解预计负债产生的原因，判断企业计提的预计负债是否充分，是否存在利用该项目调节利润的可能性。

篇中案例 3-5

预计负债的玄机

B 公司的主营产品为电梯，包括自动扶梯和直梯，此类产品在销售过程中必然存在了质保条款和保修条款，并作为售后服务的一部分。

根据相关会计核算制度，产品质量保证，通常指销售商或制造商在销售产品或提供劳务后，对客户提供服务的一种承诺。在约定期内（或终身保修），若产品或劳务在正常使用过程中出现质量或与之相关的其他属于正常范围的问题，企业负有更换产品、免费或只收成本价进行修理等责任。按照权责发生制的要求，上述相关支出符合确认条件就应在收入实现时确认相关预计负债，并计入当期销售费用中。

对此，B 公司招股说明书中也阐述道："公司预计负债按每年发生的、具有产品质量保证义务的电梯台数乘以每台电梯预计质保费用计算得出，每台电梯预计质保费用根据历史经验估计为公司每台电梯销售计提 500 元人民币，”由此导致该公司2011年末预计负债期末余额102.45万元。但是问题在于这个预计负债计提水平并不公允，涉嫌少提费用、虚增利润的行为。

预计负债余额显然与实现营业收入正相关，因为销售的商品越多，未来所承担的保修承诺也就越多。但就B公司来说，2011年实现营业收入金额14.88亿元，同比2010年实现营业收入13.4亿元增加了11.04%。但2011年末预计负债余额却仅有102.45万元，同比2010年末余额120.62万元还减少了18.17万元，这显然有失公允。

更何况从预计负债余额占同期营业收入比例来看，相比同行业公司也有较大差距。以B公司2011年末预计负债余额102.45万元，对应同期营业收入148 780.95万元，占比仅为0.07%。但同属于电梯制造类上市公司的K公司，其2011年末预计负债余额就高达1 008.76万元，占该公司同期营业收入160 273.76万元的0.63%，计提水平约是B公司的10倍。而如果B公司按照这一水平计提预计负债，将导致该公司2011年净利润下降833.97万元。

从这个角度来看，B公司计提的预计负债金额，显然不够谨慎。直接结果便是在报告期内各年度实际发生的质保费用，始终高于同期预计负债确认金额。

资料来源：根据“宗章.预计负债的利润操纵.证券市场红周刊.2012-3-11.”整理

五、所有者权益项目解读与分析

所有者权益的来源包括所有者投入的资本、直接计入所有者权益的利得和损失、留存收益等。所有者权益项目包括：实收资本（股本）；资本公积；盈余公积；未分配利润等。所有者权益属于所有者享有的剩余权益，因此其金额取决于资产和负债的计量。

（一）实收资本（股本）

1. 实收资本（股本）解读

实收资本（股本）是投资者投入资本形成法定资本的价值。所有者向企业投入的资本，在一般情况下无需返还给投资者，可以长期周转使用。企业应当设置“实收资本”账户，核算企业接受投资者投入的在注册资本范围内的实际出资额；股份有限公司应改为“股本”，核算实际发行股票的面值。实收资本（股本）项目应根据“实收资本（股本）”账户的期末贷方余额填列。

2. 实收资本（股本）分析

实收资本是企业最稳定的资金来源，除企业增资、减资等情况，实收资本（股本）一般不发生变动。该项目变动情况较少，分析起来较为容易。对于上市公司来说，股本变动的方式主要有发行新股、送股、公积金转股等。

值得一提的是，国务院总理李克强于 2013 年 10 月 25 日主持召开国务院常务会议，部署推进公司注册资本登记制度改革，降低创业成本，激发社会投资活力。这次注册资本登记制度改革力度是空前的，体现在放宽注册资本登记条件上，除法律、法规另有规定外，取消有限责任公司最低注册资本 3 万元、一人有限责任公司最低注册资本 10 万元、股份有限公司最低注册资本 500 万元的限制；不再限制公司设立时股东（发起人）的首次出资比例和缴足出资的期限。公司实收资本不再作为工商登记事项。在抓紧完善相关法律法规的基础上，实行由公司股东（发起人）自主约定认缴出资额、出资方式、出资期限等，并对缴纳出资情况真实性、合法性负责的制度。相信日后企业资本不到位或者抽逃资本的情况将会大大减少。

（二）资本公积

1. 资本公积解读

资本公积是企业收到投资者出资额超出其在注册资本或股本中所占份额的部分，以及直接计入所有者权益的利得和损失。资本公积包括资本溢价（或股本溢价）和直接计入所有者权益的利得和损失。

利得是指由企业非日常活动所形成的、会导致所有者权益增加的、与所有者投入资本无关的经济利益的流入。损失是指由企业非日常活动所形成的、会导致所有者权益减少的、与向所有者分配利润无关的经济利益的流出。直接计入所有者权益的利得和损失，是指不应计入当期损益、会导致所有者权益发生增减变动的、与所有者投入资本或向所有者分配利润无关的利得或者损失。

资本公积应当分别“资本溢价（股本溢价）”、“其他资本公积”进行明细核算。资本公积项目应根据“资本公积”账户的期末贷方余额填列。

2. 资本公积分析

对资本公积进行分析时，应注意资本公积的构成。资本溢价（或股本溢价）是企业收到投资者的超出其在企业注册资本（或股本）中所占份额的投资，其原因有溢价发行股票、投资者超额缴入资本等，因此可以作为转增资本的来源。而直接计入所有者权益的利得和损失形成原因包括，采用权益法核算的长期股权投资、可供出售金融资产公允价值变动等。而由此形成的资本公积不具有稳定性，因此，其他资本公积不得直接转增资本。

（三）盈余公积

1. 盈余公积解读

盈余公积是指企业按照规定从净利润中提取的各种积累资金。盈余公积分为法定盈余公积和任意盈余公积。公司制企业的法定公积金按照税后利润的10%提取，公司法定公积金累计额为公司注册资本的50%以上时，可以不再提取法定公积金。公司从税后利润中提取法定公积金后，经股东会或者股东大会决议，还可以从税后利润中提取任意公积金。盈余公积可以用于弥补亏损、转增资本、扩大企业生产经营。盈余公积项目应根据“盈余公积”账户期末贷方余额填列。

2. 盈余公积分析

盈余公积属于企业获得净利润后留存在企业中的资金，是非常重要的自有资金来源，一般来说，盈余公积越多表明企业财务状况和经营成果越好、自我发展的能力越强。分析盈余公积的构成可以了解企业的意图，如任意盈余公积所占比重较大，说明企业意图加强积累，主要依靠自有资金谋求发展。盈余公积可以用于转增资本，但应注意所留存的法定公积金不得少于转增前注册资本的25%。

（四）未分配利润

1. 未分配利润解读

未分配利润是企业留待以后年度进行分配的结存利润，相对于所有者权益的其他部分来讲，企业对于未分配利润的使用分配有较大的自主权。从数量上讲，未分配利润是期初未分配利润，加上本期实现的净利润，减去提取的各种盈余公积和分出利润后的余额。根据规定，企业当年实现的净利润，一般应当按照如下顺序进行分配：提取法定公积金；提取任意公积金；向投资者分配利润或股利。未分配利润项目应根据“本年利润”账户和“利润分配”账户的期末余额计算填列，如为未弥补的亏损，在本项目内以“－”号填列。

2. 未分配利润分析

通过未分配利润报表附注分析，可以了解企业的利润分配政策。盈余公积和未分配利润统称为留存收益。留存收益是企业历年实现的净利润中提取或形成的留存于企业的内部积累。通过留存收益占所有者权益的比重分析，可以了解企业的资本保值增值能力以及未来的利润分配潜力。

【课堂测试 3-2】

你认为资产负债表中哪些项目是分析的重点，对这些重点项目如何进行分析？

第三节　资产负债表分析

资产负债表是企业对外提供的反映企业财务状况的最重要的财务报表。通过资产负债表的水平和垂直分析，可以了解企业财务状况变动的原因，资产结构和资本结构的合理性；在资产负债表水平和垂直分析基础上，可以发现变动幅度较大或对资产总额影响较大的项目，从而对资产负债表重点项目进行深入分析。

一、资产负债表水平分析

资产负债表水平分析，是指将两期或连续数期资产负债表相同项目进行对比，确定其增减变动的方向、金额和幅度，据以判断企业财务状况变动趋势的分析方法。

通过资产负债表水平分析，可以了解企业资产、负债和所有者权益的变动情况，并分析其变动产生的原因。

二、资产负债表垂直分析

资产负债表垂直分析，又称为资产负债表结构分析，是指将资产负债表各项目与资产总额或负债和所有者权益总额相比，计算出各项目占总体的比重，形成共同比资产负债表的分析方法。这种方法在一定程度上消除了规模差异的影响，因此既可用于同一企业不同时期的比较，也可用于同一行业不同企业之间的比较。

通过资产负债表垂直分析，可以了解企业资产结构和资本结构的变动情况，并分析其合理性。

（一）资产结构分析

资产结构是指企业资产的具体构成及其组成部分之间的相互关系。企业的资产结构主要由企业投资决定，资产结构是否合理，决定了企业资金能否顺畅周转，决定了资金使用效率，从而在某种程度上也决定了企业经济效益的高低。

1. 流动资产比重分析

流动资产在总资产中所占的比重越大，企业资产的流动性即变现能力越强，企业的偿债能力和承担风险的能力也越强。但是，流动资产的收益性较差。确定合理的流动资产比重实质上是在资产的流动性和收益性之间作出权衡。因此，判断企业流动资产比重是否合理，并没有绝对标准。因此，对于流动资产比重的分析必须结合企业所处的行业特征、企业自身的经营状况而定。通过与同行业的平均水平或先进水平比较，再结合营业收入的变动情况进行分析，可以判断流动资产比重的合理性。

此外，还可以对流动资产的内部结构进行分析，通过货币资金、应收账款、存货等项目占流动资产的比重，分析流动资产内部各项目发生了哪些变化，判断各项目构成的合理性。

2. 金融资产比重分析

金融资产主要包括交易性金融资产、可供出售金融资产和持有至到期投资等。对于一般企业而言，主要的经营活动是销售商品或提供劳务，而不是金融业务。企业利用闲置资金进行一些短期理财活动，无可厚非，毕竟其收益性要好于货币资金。但是如果企业金融资产所占的比重过高，由于金融资产价值的波动性较大，则可能会使得企业经营业绩的稳定性较差，甚至会使主业受到冲击。

3. 固定资产比重分析

固定资产是企业生产经营不可或缺的物质条件。与流动资产相比，固定资产投入资金多、回收时间长、能在企业生产经营中长期发挥作用，其收益性较强而流动性较差。企业应根据所处的行业和自身经营特征决定一个合理的固定资产比重。

还可以通过固定资产与流动资产的结构比例来判断固定资产比重是否合理。如果固定资产比重较大，则正常的生产能力不能充分发挥，造成固定资产的部分闲置或生产能力利用不足；如果流动资产比重过大，又会造成流动资产闲置，影响企业的盈利能力。固定资产与流动资产应保持怎样的结构比例，主要取决于行业特点、经营规模以及企业家对风险的态度。

4. 长期股权投资比重分析

长期股权投资属于企业对外投资。对外投资与对内投资相比，投资收益可能较高，但是投资风险较大。判断长期股权投资比重是否合理，首先应看对外投资是否影响企业内部生产经营的资金周转，是否能够获得较高收益。还可以看长期股权投资的内部构成，分析企业的投资方向。企业是投资于与自身业务相关的领域，还是由于内部发展受到限制，目前产业或产品利润率较低，而寻找新的发展目标，实现企业转型，从而判断未来发展趋势。

5. 无形资产比重分析

无形资产比重的高低，可以在一定程度上说明企业注重知识产权、开发创新的程度以及可持续发展的潜力及综合竞争能力的强弱。随着科技进步和社会经济的发展，无形资产的比重可能会越来越高。

（二）资本结构分析

广义的资本结构，即财务结构，是指企业全部资金的来源、组成及相互关系，即资产负债表右方负债和所有者权益的所有内容的组合结构。狭义的资本结构是指企业各种长期资本来源的构成和比例关系，指的是长期债务资本和权益资本构成，不包含短期负债。通过资本结构的分析，可以了解企业的资金来源、资本成本、财务风险以及财务杠杆水平。

1. 总体资本结构分析

企业资金来源按性质可以分为负债和所有者权益两大部分，负债资金和权益资金相比，资本成本低、财务风险大，负债和所有者权益占企业总资金的不同比重决定了企业资本成本的高低和财务风险大小。通过总体资本结构的分析，可以了解企业负债是否适度、是否充分运用财务杠杆以及企业长期偿债能力的强弱。

2. 负债结构分析

负债又进一步分为流动负债和非流动负债，一般来说，流动负债所占比重越高，说明企业对短期资金的依赖性越强，企业偿债压力和财务风险越大，要求企业资金周转的速度也越快。但流动负债占总负债的比重越大，企业付出的资金成本会较低，收益性较好。还可以将负债划分为无息负债和有息负债，从而分析企业的资金成本。

3. 所有者权益结构分析

所有者权益可以分为实收资本、资本公积、盈余公积和未分配利润。实收资本是所有者投入企业的资金；资本公积由两部分构成，一部分是资本溢价，另一部分是其他资本公积，其他资本公积波动性较强；盈余公积和未分配利润统称为留存收益，是由企业盈利引起的，留存在企业的部分。如果企业能够持续地为股东创造价值，盈余公积和未分配利润在所有者权益中的比重应该越来越大，这样投资者投入的资本不仅得到保值还得到了增值。

三、资产负债表案例分析

下面以 ABC 股份有限公司 2012 年 12 月 31 日资产负债表及其相关资料为例，进行资产负债表分析。

ABC 股份有限公司资产负债表如表 3-11 所示。

表 3-11 资产负债表

编制单位：ABC 股份有限公司　　2012 年 12 月 31 日　　单位：元

项目	年末余额	年初余额
流动资产：		
货币资金	3 533 201 206.73	2 853 680 235.63
交易性金融资产	0.00	0.00
应收票据	395 755 465.67	590 101 730.06
应收账款	1 965 862 041.85	1 852 485 665.87
预付款项	419 326 010.37	53 015 219.35
应收利息	0.00	0.00
应收股利	7 789 894.95	6 902 551.45
其他应收款	99 057 732.26	60 263 246.05
存货	335 338 593.14	376 713 935.49
一年内到期的非流动资产	0.00	0.00
其他流动资产	0.00	0.00
流动资产合计	6 756 330 944.97	5 793 162 583.90
非流动资产：		
可供出售金融资产	235 501 869.83	179 149 912.08
持有至到期投资	0.00	0.00
长期应收款	0.00	0.00
长期股权投资	2 477 064 190.81	2 332 687 239.08
投资性房地产	0.00	0.00
固定资产	11 279 871 142.35	10 975 918 357.11
在建工程	1 098 642 073.13	221 266 384.01
工程物资	0.00	0.00
固定资产清理	0.00	0.00
生产性生物资产	0.00	0.00
油气资产	0.00	0.00
无形资产	3 544 320 551.04	3 169 255 227.66
开发支出	0.00	0.00
商誉	0.00	0.00
长期待摊费用	6 255 928.52	8 590 543.35
递延所得税资产	125 095 820.82	92 875 851.67
其他非流动资产	0.00	0.00
非流动资产合计	18 766 751 576.50	16 979 743 514.96
资产总计	25 523 082 521.47	22 772 906 098.86
流动负债：		
短期借款	1 664 000 000.00	1 364 200 000.00

续表

项目	年末余额	年初余额
交易性金融负债	0.00	0.00
应付票据	631 876 423.41	79 439 278.65
应付账款	1 860 417 731.36	1 813 402 652.73
预收款项	677 523 225.74	447 688 033.17
应付职工薪酬	68 381 946.06	62 001 223.99
应交税费	99 258 317.78	57 767 197.27
应付利息	2 110 880.00	50 325.00
应付股利	233 493 512.87	28 546 703.45
其他应付款	127 863 110.22	104 845 717.00
一年内到期的非流动负债	336 785 000.00	904 623 879.95
其他流动负债	0.00	0.00
流动负债合计	5 701 710 147.44	4 862 565 011.21
非流动负债：		
长期借款	3 911 678 244.92	3 423 617 730.81
应付债券	0.00	0.00
长期应付款	0.00	0.00
专项应付款	0.00	0.00
预计负债	0.00	0.00
递延所得税负债	57 554 942.31	43 466 952.87
其他非流动负债	825 948.35	825 948.35
非流动负债合计	3 970 059 135.58	3 467 910 632.03
负债合计	9 671 769 283.02	8 330 475 643.24
所有者权益（或股东权益）：		
实收资本（或股本）	1 674 769 120.00	1 674 769 120.00
资本公积	3 600 391 210.64	3 574 999 532.63
减：库存股	0.00	0.00
盈余公积	970 332 341.99	862 518 579.42
未分配利润	5 690 032 149.94	4 969 686 332.08
归属于母公司股东权益合计	11 935 524 822.57	11 081 973 564.13
少数股东权益	3 915 788 415.88	3 360 456 891.49
所有者权益合计	15 851 313 238.45	14 442 430 455.62
负债和所有者权益总计	25 523 082 521.47	22 772 906 098.86

（一）ABC 股份有限公司资产负债表水平分析

ABC 股份有限公司资产负债表水平分析表如表 3-12 所示。

表 3-12 资产负债表水平分析表

单位：元

项目	期末余额	年初余额	变动额	变动率（%）
流动资产：				
货币资金	3 533 201 206.73	2 853 680 235.63	679 520 971.10	23.81
交易性金融资产	0.00	0.00	0.00	
应收票据	395 755 465.67	590 101 730.06	-194 346 264.39	-32.93
应收账款	1 965 862 041.85	1 852 485 665.87	113 376 375.98	6.12
预付款项	419 326 010.37	53 015 219.35	366 310 791.02	690.95
应收利息	0.00	0.00	0.00	
应收股利	7 789 894.95	6 902 551.45	887 343.50	12.86
其他应收款	99 057 732.26	60 263 246.05	38 794 486.21	64.38
存货	335 338 593.14	376 713 935.49	-41 375 342.35	-10.98
一年内到期的非流动资产	0.00	0.00	0.00	
其他流动资产	0.00	0.00	0.00	
流动资产合计	6 756 330 944.97	5 793 162 583.90	963 168 361.07	16.63
非流动资产：				
可供出售金融资产	235 501 869.83	179 149 912.08	56 351 957.75	31.46
持有至到期投资	0.00	0.00	0.00	
长期应收款	0.00	0.00	0.00	
长期股权投资	2 477 064 190.81	2 332 687 239.08	144 376 951.73	6.19
投资性房地产	0.00	0.00	0.00	
固定资产	11 279 871 142.35	10 975 918 357.11	303 952 785.24	2.77
在建工程	1 098 642 073.13	221 266 384.01	877 375 689.12	396.52
工程物资	0.00	0.00	0.00	
固定资产清理	0.00	0.00	0.00	
生产性生物资产	0.00	0.00	0.00	
油气资产	0.00	0.00	0.00	
无形资产	3 544 320 551.04	3 169 255 227.66	375 065 323.38	11.83
开发支出	0.00	0.00	0.00	
商誉	0.00	0.00	0.00	
长期待摊费用	6 255 928.52	8 590 543.35	-2 334 614.83	-27.18
递延所得税资产	125 095 820.82	92 875 851.67	32 219 969.15	34.69
其他非流动资产	0.00	0.00	0.00	
非流动资产合计	18 766 751 576.50	16 979 743 514.96	1 787 008 061.54	10.52
资产总计	25 523 082 521.47	22 772 906 098.86	2 750 176 422.61	12.08
流动负债：				
短期借款	1 664 000 000.00	1 364 200 000.00	299 800 000.00	21.98
交易性金融负债	0.00	0.00	0.00	
应付票据	631 876 423.41	79 439 278.65	552 437 144.76	695.42
应付账款	1 860 417 731.36	1 813 402 652.73	47 015 078.63	2.59
预收款项	677 523 225.74	447 688 033.17	229 835 192.57	51.34
应付职工薪酬	68 381 946.06	62 001 223.99	6 380 722.07	10.29

续表

项目	期末余额	年初余额	变动额	变动率（%）
应交税费	99 258 317.78	57 767 197.27	41 491 120.51	71.82
应付利息	2 110 880.00	50 325.00	2 060 555.00	4 094.50
应付股利	233 493 512.87	28 546 703.45	204 946 809.42	717.94
其他应付款	127 863 110.22	104 845 717.00	23 017 393.22	21.95
一年内到期的非流动负债	336 785 000.00	904 623 879.95	-567 838 879.95	-62.77
其他流动负债	0.00	0.00	0.00	
流动负债合计	5 701 710 147.44	4 862 565 011.21	839 145 136.23	17.26
非流动负债：				
长期借款	3 911 678 244.92	3 423 617 730.81	488 060 514.11	14.26
应付债券	0.00	0.00	0.00	
长期应付款	0.00	0.00	0.00	
专项应付款	0.00	0.00	0.00	
预计负债	0.00	0.00	0.00	
递延所得税负债	57 554 942.31	43 466 952.87	14 087 989.44	32.41
其他非流动负债	825 948.35	825 948.35	0.00	0.00
非流动负债合计	3 970 059 135.58	3 467 910 632.03	502 148 503.55	14.48
负债合计	9 671 769 283.02	8 330 475 643.24	1 341 293 639.78	16.10
所有者权益（或股东权益）：				
实收资本（或股本）	1 674 769 120.00	1 674 769 120.00	0.00	0.00
资本公积	3 600 391 210.64	3 574 999 532.63	25 391 678.01	0.71
减：库存股	0.00	0.00	0.00	
盈余公积	970 332 341.99	862 518 579.42	107 813 762.57	12.50
未分配利润	5 690 032 149.94	4 969 686 332.08	720 345 817.86	14.49
归属于母公司股东权益合计	11 935 524 822.57	11 081 973 564.13	853 551 258.44	7.70
少数股东权益	3 915 788 415.88	3 360 456 891.49	555 331 524.39	16.53
所有者权益合计	15 851 313 238.45	14 442 430 455.62	1 408 882 782.83	9.76
负债和所有者权益总计	25 523 082 521.47	22 772 906 098.86	2 750 176 422.61	12.08

通过资产负债表水平分析，可以发现 ABC 股份有限公司财务状况变化主要表现在以下几个方面：

1. 该公司 2012 年资产规模有所扩大，从年初的 22 772 906 098.86 元增加到年末的 25 523 082 521.47 元，增长额为 2 750 176 422.61 元，增长率为 12.08%。其中，流动资产增长额为 963 168 361.07 元，增长率为 16.63%。非流动资产增加 1 787 008 061.54 元，增幅为 10.52%。流动资产增长率略高于非流动资产增长率。

该公司资产规模的扩大，来源于负债和所有者权益的增加。其中，流动负债增长额为 839 145 136.23 元，增长率为 17.26%，流动负债的增加基本满足流动资产的增加，不足部分以长期资金来源提供；非流动负债增加额为 502 148

503.55 元，增长率为 14.48%；所有者权益增加了 1 408 882 782.83 元，增长率为 9.76%。

2. 流动资产中，货币资金增长额为 679 520 971.10 元，增长率达到 23.81%，对此应结合现金流量表分析货币资金增长的原因。应收票据减少了 194 346 264.39 元，下降率为 32.93%，应收账款增加了 113 376 375.98 元，增长率为 6.12%。应收票据和应收账款是由企业赊销产生的，对于回款来说，应收票据的质量要好于应收账款，此时应关注企业货款的回收情况。

预付款项从年初的 53 015 219.35 元增加到年末的 419 326 010.37 元，增长额为 366 310 791.02 元，增长率高达 690.95%。而预付款项变现性较差，应对其重点关注，对其增加的必要性进行论证。

其他应收款增长率为 64.38%，但从增长额来看增加并不是太多。存货下降了 41 375 342.35 元，下降率为 10.98%。结合利润表分析，存货的下降，并没有使营业收入减少，说明企业存货管理能力增强。

3. 非流动负债中，可供出售金融资产增加了 56 351 957.75 元，增长率为 31.46%，从财务报表附注来看增长原因为可供出售金融资产市值增加，并没有增加金融资产的投资。长期股权投资增加了 144 376 951.73 元，增长率为 6.19%。固定资产增加了 303 952 785.24 元，增长率为 2.77%。在建工程从年初的 221 266 384.01 元增加到年末的 1 098 642 073.13，增长额为 877 375 689.12 元，增长率高达 396.52%。长期股权投资属于对外投资，而固定资产和在建工程属于对内投资，说明该公司关注于主业，在建工程的增加说明未来固定资产的规模将扩大。

无形资产增加了 375 065 323.38 元，增长率为 11.83%。从无形资产附注来看，无形资产的增加主要是土地使用权增加所致。长期待摊费用减少了 2 334 614.83 元，对于正常经营的企业来说，长期待摊费用规模一般也是呈减少趋势的。

4. 流动负债中，短期借款增加了 299 800 000.00 元，增长率为 21.98%，可以用于补充流动资金的不足。应付票据从年初的 79 439 278.65 元，增加到年末的 631 876 423.41 元，增加了 552 437 144.76 元，增长率高达 695.42%。附注显示应付票据全部为银行承兑汇票，而开具银行承兑汇票必须向银行存入保证金，此时会降低资产的流动性，在货币资金项目附注中显示，货币资金中有 250 000 000.00 元的银行存款作为开具应付票据的存入保证金也说明了这一点。应付账款变化率不大，仅为 2.59%。对于应付账款和应付票据的分析，应关注企业是否能增强对供应商的谈判能力，从而减少应付票据，而相应增加应付账款。

预收款项增加了 229 835 192.57 元，增长率为 51.34%。预收款项属于购买商提前支付给企业的货款，可以预示企业未来营业收入的增加，一般来说，预收款项越多越好。应付职工薪酬前后变化不大，增幅为 10.29%。应交税费增加了 41 491 120.51 元，增长率为 71.82%，附注中显示主要是由于应交企业所得税和增值税增加，通过税项的分析，所得税增加可能源于部分税收优惠降低或到期所致，而增值税的增加源于营业税改征增值税的政策。

应付利息增长率高达 4 094.50%，但其增长额及所占总资产的比重并不大。应付股利增加额为 204 946 809.42 元，增长率为 717.94%，说明企业注重现金分红。一年内到期的非流动负债减少了 567 838 879.95 元，降幅为 62.77%，说明企业偿还了部分一年内到期的非流动负债。

5. 非流动负债中，长期借款增加了 488 060 514.1 元，增长率为 14.26%，是非流动负债增加的最重要原因，结合附注可以看出长期借款均为信用借款，说明企业信用状况良好。

6. 所有者权益中，实收资本没有变化，说明所有者权益的增加并不是靠投资者追加投资引起的。资本公积变化不大，增长率仅为 0.71%，盈余公积增加额为 107 813 762.57 元，增长率为 12.50%，未分配利润增加了 720 345 817.86 元，增长率为 14.49%。说明所有者权益的增加主要依靠盈余公积和未分配利润的增加，而这两者的增加都是由企业盈利引起的，说明该公司所有者权益质量良好，所有者投入的资本不仅得到了保值，还得到了增值。少数股东权益也增加了 16.53%，说明少数股东的权益也得到了保障。

7. 总之，从资产负债表的水平分析来看，该公司注重自身主业的发展，资金来源主要靠内部积累以及长短期借款，财务状况较好，但是需要关注一下与上下游企业之间的谈判能力。

（二）ABC 股份有限公司资产负债表垂直分析

ABC 股份有限公司资产负债表垂直分析表，如表 3-13 所示。

表 3-13 资产负债表垂直分析表

单位：元

项目	期末余额	年初余额	结构（%）		
			期末	年初	差异
流动资产：					
货币资金	3 533 201 206.73	2 853 680 235.63	13.84	12.53	1.31
交易性金融资产	0.00	0.00	0.00	0.00	0.00

续表

项目	期末余额	年初余额	结构（%）		
			期末	年初	差异
应收票据	395 755 465.67	590 101 730.06	1.55	2.59	−1.04
应收账款	1 965 862 041.85	1 852 485 665.87	7.70	8.13	−0.43
预付款项	419 326 010.37	53 015 219.35	1.64	0.23	1.41
应收利息	0.00	0.00	0.00	0.00	0.00
应收股利	7 789 894.95	6 902 551.45	0.03	0.03	0.00
其他应收款	99 057 732.26	60 263 246.05	0.39	0.26	0.12
存货	335 338 593.14	376 713 935.49	1.31	1.65	−0.34
一年内到期的非流动资产	0.00	0.00	0.00	0.00	0.00
其他流动资产	0.00	0.00	0.00	0.00	0.00
流动资产合计	6 756 330 944.97	5 793 162 583.90	26.47	25.44	1.03
非流动资产：					
可供出售金融资产	235 501 869.83	179 149 912.08	0.92	0.79	0.14
持有至到期投资	0.00	0.00	0.00	0.00	0.00
长期应收款	0.00	0.00	0.00	0.00	0.00
长期股权投资	2 477 064 190.81	2 332 687 239.08	9.71	10.24	−0.54
投资性房地产	0.00	0.00	0.00	0.00	0.00
固定资产	11 279 871 142.35	10 975 918 357.11	44.19	48.20	−4.00
在建工程	1 098 642 073.13	221 266 384.01	4.30	0.97	3.33
工程物资	0.00	0.00	0.00	0.00	0.00
固定资产清理	0.00	0.00	0.00	0.00	0.00
生产性生物资产	0.00	0.00	0.00	0.00	0.00
油气资产	0.00	0.00	0.00	0.00	0.00
无形资产	3 544 320 551.04	3 169 255 227.66	13.89	13.92	−0.03
开发支出	0.00	0.00	0.00	0.00	0.00
商誉	0.00	0.00	0.00	0.00	0.00
长期待摊费用	6 255 928.52	8 590 543.35	0.02	0.04	−0.01
递延所得税资产	125 095 820.82	92 875 851.67	0.49	0.41	0.08
其他非流动资产	0.00	0.00	0.00	0.00	0.00
非流动资产合计	18 766 751 576.50	16 979 743 514.96	73.53	74.56	−1.03
资产总计	25 523 082 521.47	22 772 906 098.86	100.00	100.00	0.00
流动负债：					
短期借款	1 664 000 000.00	1 364 200 000.00	6.52	5.99	0.53
交易性金融负债	0.00	0.00	0.00	0.00	0.00
应付票据	631 876 423.41	79 439 278.65	2.48	0.35	2.13
应付账款	1 860 417 731.36	1 813 402 652.73	7.29	7.96	−0.67
预收款项	677 523 225.74	447 688 033.17	2.65	1.97	0.69

续表

项目	期末余额	年初余额	结构（%）		
			期末	年初	差异
应付职工薪酬	68 381 946.06	62 001 223.99	0.27	0.27	0.00
应交税费	99 258 317.78	57 767 197.27	0.39	0.25	0.14
应付利息	2 110 880.00	50 325.00	0.01	0.00	0.01
应付股利	233 493 512.87	28 546 703.45	0.91	0.13	0.79
其他应付款	127 863 110.22	104 845 717.00	0.50	0.46	0.04
一年内到期的非流动负债	336 785 000.00	904 623 879.95	1.32	3.97	−2.65
其他流动负债	0.00	0.00	0.00	0.00	0.00
流动负债合计	5 701 710 147.44	4 862 565 011.21	22.34	21.35	0.99
非流动负债：					
长期借款	3 911 678 244.92	3 423 617 730.81	15.33	15.03	0.29
应付债券	0.00	0.00	0.00	0.00	0.00
长期应付款	0.00	0.00	0.00	0.00	0.00
专项应付款	0.00	0.00	0.00	0.00	0.00
预计负债	0.00	0.00	0.00	0.00	0.00
递延所得税负债	57 554 942.31	43 466 952.87	0.23	0.19	0.03
其他非流动负债	825 948.35	825 948.35	0.00	0.00	0.00
非流动负债合计	3 970 059 135.58	3 467 910 632.03	15.55	15.23	0.33
负债合计	9 671 769 283.02	8 330 475 643.24	37.89	36.58	1.31
所有者权益（或股东权益）：					
实收资本（或股本）	1 674 769 120.00	1 674 769 120.00	6.56	7.35	−0.79
资本公积	3 600 391 210.64	3 574 999 532.63	14.11	15.70	−1.59
减：库存股	0.00	0.00	0.00	0.00	0.00
盈余公积	970 332 341.99	862 518 579.42	3.80	3.79	0.01
未分配利润	5 690 032 149.94	4 969 686 332.08	22.29	21.82	0.47
归属于母公司股东权益合计	11 935 524 822.57	11 081 973 564.13	46.76	48.66	−1.90
少数股东权益	3 915 788 415.88	3 360 456 891.49	15.34	14.76	0.59
所有者权益合计	15 851 313 238.45	14 442 430 455.62	62.11	63.42	−1.31
负债和所有者权益总计	25 523 082 521.47	22 772 906 098.86	100.00	100.00	0.00

通过资产负债表垂直分析，可以发现 ABC 股份有限公司资产结构和资本结构的变动主要表现在以下几个方面：

1. 资产结构分析

流动资产所占比重从年初的 25.44%上升为年末的 26.47%，非流动资产所占比重从年初的 74.56%下降为 73.53%，变化幅度不大。

流动资产比重的上升主要由货币资金和预付款项的上升引起，货币资金由年初的 12.53%上升到 13.84%，货币资金的增加应结合现金流量表进行分析；预付款项从年初的 0.23%上升到 1.64%，而预付款项的变现能力较差，因此应对预付款项加强管理。应收账款和应收票据在流动资产中的比重都有所降低，分别下降了 0.43%和 1.04%，与水平分析有一些差异。存货也下降了 0.34%，说明企业加强了存货管理。

该公司的金融资金仅有可供出售金融资产，且所占比重仅有 0.92%，说明企业更加注重自身的发展，并不依靠金融市场的投机行为获利。

固定资产所占比重年初为 48.2%，年末为 44.19%，固定资产是占总资产比重最高的资产，可能是与企业所处的行业特点有关。固定资产的比重有所下降，表明该公司用在固定资产上的投资尚未形成新的生产经营能力，从在建工程的增加上进一步得到印证，在建工程比重从年初的 0.97%上升到 4.3%，上升了 3.33%。

长期股权投资所占比重从年初的 10.24%下降到 9.71%，说明该公司更加注重内部投资。

无形资产所占比重虽然绝对额有所上升，但比重从年初的 13.92%下降了 0.03%，变化不大。

总之，从该公司的资产结构来看，该公司是一家注重自身主业发展的公司，而且发展比较稳定。需要注意的是预付账款增加的必要性。

2. 资本结构分析

负债所占比重从年初的 36.58%上升到 37.89%，变动幅度不大，但也提高了财务杠杆水平。其中，流动负债比重从年初的 21.35%上升到 22.34%，上升了 0.99%，虽然有小幅度上升，但由于流动资产也相应提高，短期偿债压力不大。应注意的是应付票据比重从年初的 0.35%上升到 2.48%，上升了 2.13%，而应付账款所占比重略有下降，下降了 0.67%，建议该公司增强对供应商的谈判能力，减少开具应付票据，与水平分析结论一致。

非流动负债主要是长期借款，所占比重从年初的 15.03%上升到 15.33%，变化不大。

从归属于母公司的所有者权益内部结构来看，实收资本和资本公积所占比重都有所下降，分别下降了 0.79%和 1.59%，而盈余公积从年初的 3.79%上升到 3.80%，未分配利润所占比重从 21.82%，上升到 22.29%。盈余公积和未分配利润比重的上升，说明企业依靠自身积累为股东创造了价值，股东的投资得到了保值增值。少数股东权益也上升了 0.59%，说明少数股东的权益也得到了保障。

总之，该公司资本结构具有一定的稳定性。企业的资金来源主要依靠内部积累，资金不足部分依靠银行长短期借款，可以说明企业信用状况较好。需要注意的是应付票据所占比重的提高。

通过对 ABC 股份有限公司资产负债表的分析可以看出，水平分析和垂直分析得出的结论是基本一致的，因此在分析时往往将两种分析方法结合起来，以避免重复。

【课堂测试 3-3】

计算分析题，甲公司 2012 年资产负债表简表如表 3-14 所示。

表 3-14　资产负债表（简表）

编制单位：甲公司　　2012 年 12 月 31 日　　单位：万元

项　目	期末数	年初数
流动资产	140	100
非流动资产	70	40
资产总计	210	140
流动负债	100	80
非流动负债	20	10
所有者权益	90	50
负债和所有者权益总计	210	140

要求：运用水平分析法和垂直分析法，简要分析该公司的财务状况。

本章小结

资产负债表是指反映企业在某一特定日期的财务状况的会计报表。资产负债表的作用主要有：一是可以反映企业所拥有或控制的经济资源总额及其构成情况；二是可以反映企业资金来源及其构成情况；三是可以反映企业财务状况的变动情况；四是可提供财务比率分析的基本资料。

资产负债表包括资产、负债和所有者权益，资产分为流动资产和非流动资产，负债分为流动负债和非流动负债。对资产负债表进行分析，首先应了解资产负债表各项目的经济含义，以及分析时应注意的问题。应重点掌握以下项目的解读与分析：流动资产中的货币资金、交易性金融资产、应收及预付款项和存货；非流动资产中的可供出售金融资产、持有至到期投资、长期股权投资、投资性房地产、固定资产、在建工程和无形资产；流动负债中的短期借款、应付及预收款项、应付职工薪酬和应交税费；非流动负债中的长期借款、应付债券和长期应付款；所有者权益中的实收资本、资本公积、盈余公积和未分配利润。

资产负债表水平分析，是指将两期或连续数期资产负债表相同项目进行对比，确定其增减变动的方向、金额和幅度，据以判断企业财务状况变动趋势的分析方法。通过资产负债表水平分析，可以了解企业资产、负债和所有者权益的变动情况，并分析其变动产生的原因。

资产负债表垂直分析，又称为资产负债表结构分析，是指将资产负债表各项目与资产总额或负债和所有者权益总额相比，计算出各项目占总体的比重，形成共同比资产负债表的分析方法。这种方法在一定程度上消除了规模差异的影响，因此既可用于同一企业不同时期的比较，也可用于同一行业不同企业之间的比较。通过资产负债表垂直分析，可以了解企业资产结构和资本结构的变动情况，并分析其合理性。

篇后案例

绿大地造假上市

云南绿大地生物科技股份有限公司始建于1996年，2001年完成股份制改造，2007年12月21日，公司公开发行股票并在深圳证券交易所挂牌上市，一举成为国内绿化行业第一家上市公司，云南省第一家民营上市企业。

随着绿大地欺诈上市案的判决，骗局内幕也逐渐被揭露出来。回望整个案件，令人深思。翻看绿大地自上市以来的公告：频繁的业绩预告修正、高管数次离奇离职、三度更换审计机构。绿大地欺诈上市案件花样繁多堪称造假上市标本，但实际上并不高明，造假手段之拙劣、虚增金额之庞大，着实让人触目惊心。

其中，在上市前的2004年至2007年6月间，绿大地使用虚假的合同、财务资料，虚增马龙县旧县村委会960亩荒山使用权、马龙县马鸣乡3 500亩荒山使用权以及马鸣基地围墙、灌溉系统、土壤改良工程等项目的资产共计7 011.4万元。绿大地还采用虚假苗木交易销售，编造虚假会计资料，或通过绿大地控制的公司将销售款转回等手段，虚增营业收入总计2.96亿元。具体而言，

虚增一：2004年2月，绿大地购买马龙县旧县村委会土地960亩，金额为955.20万元，虚增土地成本900.20万元。

虚增二：2005年4月，绿大地购买马龙县马鸣土地四宗，共计3 500亩，金额为3 360.00万元，虚增土地成本3 190.00万元。

虚增三：截至2007年6月30日，绿大地在马龙县马鸣基地灌溉系统、灌溉管网等项目上价值虚增797.20万元。

虚增四：2007 年 1 至 3 月，绿大地对马鸣乡基地土壤改良价值虚增 2 124.00 万元。

2007 年，绿大地会计报告披露，对马鸣乡基地实施的土壤改良，合计投入 2 529.13 万元，经鉴定确认马鸣乡基地土壤改良价值虚增 2 124.00 万元。

虚增五：绿大地在招股说明书披露 2004 年至 2007 年 1～6 月累计收入为 62 629.51 万元，虚增收入 29 610.29 万元。

资料来源：根据中国会计视野网站.“绿大地欺诈上市案”专题中相关内容整理

核心概念

资产负债表（balance sheet）

资产（assets）

流动资产（current assets）

无形资产（intangible assets）

负债（liabilities）

所有者权益（owners'equity）

实收资本、股本（paid-in capital，capital stock）

资本公积（capital surplus）

留存收益（retained earnings）

资本结构（capital structure）

思考题

1. 资产负债表的作用有什么？
2. 分析存货计价方法的改变对企业财务状况和经营成果的影响。
3. 长期股权投资的核算方法有几种，分别适用什么情况？
5. 分析企业固定资产折旧的会计估计变更对企业利润的影响。
6. 与或有事项相关的义务同时满足哪些条件时应当确认为预计负债。
7. 如何对资产负债表进行水平分析？
8. 如何对资产负债表进行垂直分析？

练习题

一、单选题

1. 资产负债表不能提供的信息是（　　）。

A. 企业资产状况　　B. 企业的债务情况

C. 企业的利润情况　　D. 企业的自有资金

2. 企业在持有交易性金融资产期间，其公允价值变动应计入（　　）。

A. 公允价值变动损益　　B. 盈余公积

C. 资本公积　　D. 营业外收入

3. 已贴现的商业汇票，会形成企业的（　　）。

A. 负债　　B. 或有负债

C. 预计负债　　D. 资本公积

4. 企业在持有可供出售金融资产期间，其公允价值变动应计入（　　）。

A. 公允价值变动损益　　B. 盈余公积

C. 资本公积　　D. 营业外收入

5. 下列项目属于流动资产的是（　　）。

A. 可供出售金融资产　　B. 持有至到期投资

C. 长期股权投资　　D. 交易性金融资产

6. 按照我国现行会计准则的规定，确定发出存货成本时不可以采用的方法是（　　）。

A. 先进先出法　　B. 后进先出法

C. 加权平均法　　D. 个别计价法

7. 根据会计准则，与或有事项相关的义务满足一定条件，才能确认为预计负债。下列不属于确认预计负债条件的是（　　）。

A. 与或有事项相关的义务是企业承担的现时义务

B. 该义务的发生无法预料

C. 该义务的金额能够可靠计量

D. 履行该义务很可能导致经济利益流出企业

8. 企业可以作为持有至到期投资的资产是（　　）。

A. 股票投资　　B. 债券投资

C. 基金投资　　D. 期货投资

9. 投资者投入资本形成法定资本的价值，应计入（　　）。

A. 实收资本　　B. 资本公积

C. 盈余公积　　D. 未分配利润

10. 企业收到投资者出资额超出其在注册资本或股本中所占份额的部分，应计入（　　）。

A. 实收资本　　B. 资本公积

C. 盈余公积　　D. 未分配利润

11. 公司计提法定公积金的标准是税后利润的（　　）。

A. 5%　　B. 10%

C. 15%　　D. 20%

12. 当法定盈余公积达到注册资本的一定比例时，可以不再提取，该比例是（　　）。

A. 5%　　B. 10%

C. 20%　　D. 50%

13. 投资者在分析所有者权益结构时，希望比重越大越好的是（　　）。

A. 实收资本和资本公积　　B. 资本公积和盈余公积

C. 盈余公积和未分配利润　　D. 实收资本和盈余公积

14. 将两期或连续数期资产负债表相同项目进行对比，确定其增减变动的方向、金额和幅度，据以判断企业财务状况变动趋势的分析方法，为（　　）。

A. 资产负债表水平分析法　　B. 资产负债表垂直分析法

C. 资产负债表因素分析法　　D. 资产负债表结构分析法

15. 资产负债表结构分析，一般作为总体指标的是（　　）。

A. 总资产　　B. 非流动负债

C. 负债　　D. 所有者权益

二、多选题

1. 货币资金项目应根据一些账户的期末借方余额合计数填列，这些账户包括（　　）。

A. 库存现金　　B. 银行存款

C. 交易性金融资产　　D. 其他货币资金

E. 可供出售金融资产

2. 企业保持一定的货币资金，主要是为满足（　　）。

A. 交易性需要　　B. 投资性需要

C. 预防性需要　　D. 获利性需要

E. 投机性需要

3. 应收票据反映企业因销售商品、提供劳务等而收到的商业汇票，包括

（　　）。

A. 银行承兑汇票　　B. 银行本票

C. 商业承兑汇票　　D. 支票

E. 发票

4. 企业会计准则规定，企业确定发出存货成本的方法包括（　　）。

A. 先进先出法　　B. 加权平均法

C. 个别计价法　　D. 年数总和法

E. 账龄分析法

5. 固定资产的折旧方法包括（　　）。

A. 年限平均法　　B. 工作量法

C. 双倍余额递减法　　D. 加权平均法

E. 年数总和法

6. 无形资产是指企业拥有或控制的没有实物形态的可辨认非货币性资产。无形资产主要包括（　　）。

A. 专利权　　B. 非专利技术

C. 商标权　　D. 土地使用权

E. 商业汇票

7. 下列项目中，属于企业流动资产的是（　　）。

A. 应收账款　　B. 应收票据

C. 预收账款　　D. 应收利息

E. 预付账款

8. 下列项目中，属于企业非流动资产的是（　　）。

A. 长期股权投资　　B. 持有至到期投资

C. 可供出售金融资产　　D. 无形资产

E. 交易性金融资产

9. 和长期借款相比，短期借款的特点主要有（　　）。

A. 期限短　　B. 利率低

C. 还债压力较小　　D. 借款程序相对简单

E. 财务风险较低

10. 常见的或有事项主要包括（　　）。

A. 未决诉讼或仲裁　　B. 债务担保

C. 产品质量保证　　D. 承诺

E. 亏损合同

11. 长期借款按照有无担保以及担保类型，可以分为（　　）。

A. 信用借款　　B. 抵押借款

C. 质押借款　　D. 保证借款

E. 贴息借款

12. 下列项目中，属于流动负债的是（　　）。

A. 应收账款　　B. 预收账款

C. 预付账款　　D. 一年内到期的长期借款

E. 短期借款

13. 留存收益包括的项目有（　　）。

A. 实收资本　　B. 资本公积

C. 盈余公积　　D. 未分配利润

E. 库存股

14. 通过资产负债表垂直分析，可以了解企业的（　　）。

A. 资产结构　　B. 负债结构

C. 资本结构　　D. 收入结构

E. 所有者权益结构

15. 固定资产与流动资产应保持怎样的结构比例，主要取决于（　　）。

A. 行业特点　　B. 经营规模

C. 股票价格　　D. 企业家对风险的态度

E. 留存收益的比重

三、判断题

1. 货币资金即企业的库存现金。（　　）

2. 银行承兑汇票持票人不可以将未到期的商业汇票背书转让给其他人。（　　）

3. 对于企业来说，应收账款越低越好。（　　）

4. 资产减值损失，一经计提，不得转回。因此即使减记存货价值的影响因素已经消失，存货计提的资产减值损失也不能转回。（　　）

5. 预付款项变现能力较强，一般来说，预付账款越多越好。（　　）

6. 长期股权投资采用权益法核算的，被投资单位宣告分派的现金股利或利润，应确认为当期投资收益。（　　）

7. 采用公允价值模式计量的投资性房地产，应对其计提折旧或进行摊销。（　　）

8. 固定资产计提的减值准备可以转回。（　　）

9. 采用公允价值模式计量的投资性房地产，不能转为成本模式计量。（ ）

10. 固定资产的使用寿命、预计净残值和折旧方法一经确定，不得变更。（ ）

11. 一般来说，资产的流动性越强，收益性也越强。（ ）

12. 资产负债表日，存货应当按照成本与可变现净值孰低计量。（ ）

13. 在物价持续上升时，企业若想增加当期利润，可以将存货的计价方法由先进先出法改为加权平均法。（ ）

14. 资本公积可以全部用于转增资本。（ ）

15. 留存收益是企业历年实现的净利润中提取或形成的留存于企业的内部积累。（ ）

四、业务题

1. 某公司应收账款账龄分析表如表 3-15 所示。

表 3-15　应收账款账龄分析表

单位：千元

账龄	期末账面余额	期初账面余额
1 年以内	1 339 000	838 000
1-2 年	27 000	9 000
2-3 年	12 000	4 000
3 年以上	1 100	1 000
合计	1 379 100	852 000

要求：运用水平分析法和垂直分析法分析该公司应收账款的质量。

2. 某公司存货构成表如表 3-16 所示。

表 3-16　存货构成表

单位：千元

项目	期末数	期初数
原材料	200 000	180 000
在产品	68 000	62 000
库存商品	750 000	518 000
合计	1 018 000	760 000

要求：运用垂直分析法分析该公司的存货结构，并做出简要评价。

3. 某公司 2012 年 12 月购进一台管理用设备，原始价值为 82 000 元，预计使用寿命为 8 年，净残值为 2 000 元，自 2013 年 1 月 1 日起按直线法计提折旧。2014 年 1 月 1 日，该公司认为由于这台管理用设备保养较好，预计使用寿命延长为 10 年，净残值仍为 2 000 元。该公司适用所得税税率为 25%，假设税法允许按变更后的折旧额在税前扣除。

要求：

（1）分别计算该管理用设备 2013 年的折旧额和 2014 年的折旧额；

（2）分析该项会计估计变更，对企业 2014 年净利润的影响。

4. 某公司资产负债表右方负债和所有者权益资料如表 3-17 所示。

表 3-17　负债和所有者权益表

单位：千元

项目	期末数	期初数
短期借款	30 000	713 000
应付账款	130 000	120 000
应付职工薪酬	100 000	82 000
应交税费	45 000	25 000
其他流动负债	20 000	15 000
长期借款	400 000	100 000
负债合计	725 000	1 055 000
实收资本	516 000	516 000
资本公积	1 643 000	1 643 000
盈余公积	387 000	315 000
未分配利润	1 400 000	1 100 000
所有者权益合计	3 946 000	3 574 000
负债和所有者权益合计	4 671 000	4 629 000

要求：运用垂直分析法分析该公司总体资本结构、负债结构和所有者权益结构，并做出简要评价。

5. J 公司是一家小家电生产企业，该公司 2012 年资产负债表如表 3-18 所示。

表 3-18 资产负债表

编制单位：J 公司　　2012 年 12 月 31 日　　单位：元

项目	期末数	年初数
流动资产：		
货币资金	1 489 224 514.23	1 528 705 728.58
应收票据	811 681 250.98	620 735 252.76
应收账款	105 678 504.60	43 879 744.44
预付款项	18 729 101.39	29 792 361.41
应收利息	4 090 150.63	4 473 562.52
其他应收款	20 416 839.90	12 394 353.24
存货	651 831 980.19	640 704 259.04
其他流动资产	58 513 299.11	49 112.50
流动资产合计	3 160 165 641.03	2 880 734 374.49
非流动资产：		
长期股权投资	38 941 816.92	39 578 252.30
固定资产	590 292 268.56	559 960 417.53
在建工程	155 104 723.87	66 467 099.74
无形资产	286 379 333.73	292 856 317.08
长期待摊费用	564 375.00	595 875.00
递延所得税资产	29 511 913.49	26 877 884.52
非流动资产合计	1 100 794 431.57	986 335 846.17
资产总计	4 260 960 072.60	3 867 070 220.66
流动负债：		
短期借款		
应付票据		
应付账款	881 924 675.45	993 004 746.78
预收款项	215 990 834.70	237 060 689.02
应付职工薪酬	99 646 705.87	77 547 598.84
应交税费	75 278 895.40	−67 669 657.04
其他应付款	32 332 368.46	36 089 296.82
流动负债合计	1 305 173 479.88	1 276 032 674.42
非流动负债：		
长期借款		
应付债券		
预计负债		
递延所得税负债	925 662.45	982 653.74
非流动负债合计	925 662.45	982 653.74
负债合计	1 306 099 142.33	1 277 015 328.16

续表

项目	期末数	年初数
所有者权益（或股东权益）：		
实收资本（或股本）	760 950 000.00	760 950 000.00
资本公积	903 786 364.15	903 786 364.15
盈余公积	397 820 873.71	329 976 578.40
未分配利润	792 254 262.13	503 783 912.56
归属于母公司股东权益合计	2 854 811 499.99	2 498 496 855.11
少数股东权益	100 049 430.28	91 558 037.39
所有者权益合计	2 954 860 930.27	2 590 054 892.50
负债和所有者权益总计	4 260 960 072.60	3 867 070 220.66

要求：

（1）运用水平分析法分析 J 公司资产负债表的变动情况，并做出简要评价；

（2）运用垂直分析法分析 J 公司资产负债表的结构变动情况，并对该公司资产结构和资本结构进行简要评价。

6. 请读者对所选择上市公司的资产负债表进行分析。

要求：运用水平分析法和垂直分析法分析该公司财务状况变动情况，并对变动较大或变动异常的资产负债表项目做出具体分析。

第四章　利润表分析

通过资产负债表的水平分析和垂直分析，以及重点项目的分析可以对企业的财务状况作出评价。而投资者等利益相关者更关心企业的盈利能力。如果没有利润，企业的资产再多、规模再大也是没有用的。而利润表能反映企业收入、费用以及获取利润的情况，通过利润表的分析可以了解企业的获利能力。通过本章学习，理解利润表的概念及作用；掌握利润表的格式和构成项目；掌握利润表的水平分析法和垂直分析法，以及对利润表重点项目的分析方法，能够判断企业盈利的稳定性，对经营成果的质量做出评价。

开篇案例

华锐风电收入确认

2013 年 3 月 7 日，华锐风电（601558）发布《华锐风电科技（集团）股份有限公司关于前期会计差错更正的提示性公告》称：根据公司财务管理制度的规定，公司关于收入确认的具体依据为同时满足以下三项条件：（1）公司已与客户签订销售合同；（2）货到现场后双方已签署设备验收手续；（3）完成吊装并取得双方认可。根据目前自查情况，公司发现 2011 年度确认收入的项目中部分项目设备未到项目现场完成吊装，导致 2011 年度的销售收入及成本结转存在差错。

净利润一直是最为引人注目的利润表项目。事实上，精明的财务分析者在关注净利润的同时，还十分重视营业收入。营业收入的规模及其成长性是评价企业财务业绩的重要指标之一。不论是美国的财务舞弊案，还是中国的财务舞弊案，利用收入确认来操纵利润的案例屡见不鲜。那么，收入如何确认，如何对营业收入进行分析，自然也是我们学习的重点之一。

第一节　利润表概述

一、利润表的概念及作用

(一) 利润表的概念

利润表是指反映企业在一定会计期间的经营成果的会计报表。一定会计期间，一般是指一个月、一个季度、半年或者一年，反映的是时期信息，因此利润表属于动态报表。经营成果，是指企业进行经营活动产生的结果，主要由利润及其构成表示。

利润表包括收入、费用和利润。收入是指企业在日常活动中形成的、会导致所有者权益增加的、与所有者投入资本无关的经济利益的总流入。收入只有在经济利益很可能流入从而导致企业资产增加或者负债减少、且经济利益的流入额能够可靠计量时才能予以确认。符合收入定义和收入确认条件的项目，应当列入利润表。

费用是指企业在日常活动中发生的、会导致所有者权益减少的、与向所有者分配利润无关的经济利益的总流出。费用只有在经济利益很可能流出从而导致企业资产减少或者负债增加，且经济利益的流出额能够可靠计量时才能予以确认。符合费用定义和费用确认条件的项目，应当列入利润表。

利润是指在一定会计期间的经营成果。利润包括收入减去费用后的净额、直接计入当期利润的利得和损失等。直接计入当期利润的利得和损失，是指应当计入当期损益、会导致所有者权益发生增减变动的、与所有者投入资本或者向所有者分配利润无关的利得或者损失。利润金额取决于收入和费用、直接计入当期利润的利得和损失金额的计量。利润项目，应当列入利润表。

(二) 利润表的作用

利润表的作用主要体现在以下几个方面：

1. 可以反映企业的经营成果

通过利润表，可以反映企业一定会计期间收入的实现情况，如实现的营业收入有多少、实现的投资收益有多少、实现的营业外收入有多少等等；可以反映一定会计期间的费用耗费情况，如耗费的营业成本有多少、营业税金及附加有多少及销售费用、管理费用、财务费用各有多少，营业外支出有多少等等；可以反映企业生产经营活动的成果，即净利润的实现情况，据以判断资本保值、增值等情况。

2. 可以反映经营成果的变动情况

利润表分别列示本期金额和上期金额，通过将两期数据或连续多期数据进行比较，可据此分析企业经营成果的变动情况，预测企业发展趋势。

3. 可以提供财务比率分析的基本资料

利润表还可以提供财务比率分析的基本资料，如将净利润与营业收入进行比较，计算出销售净利率；与资产负债表信息相结合，可以计算出各种资产的周转率等，如将营业成本与存货平均余额进行比较，计算出存货周转率；将营业收入与总资产平均余额进行比较，计算出总资产周转率等。据此可以判断企业的盈利能力以及资产管理能力。

二、利润表的格式

编制利润表的理论依据是会计等式，“收入－费用＝利润”。利润表的格式有单步式和多步式两种。单步式利润表是将本期发生的所有收入列在一起，将本期发生的全部成本费用列在一起，两者相减，一次计算出本期的净利润。多步式利润表是将本期发生的收入和费用按照性质进行分类，以利润形成的主要环节列示一些中间性利润指标，分步计算出本期的净利润。多步式利润表的编制步骤主要有三步：第一步，计算出营业利润。以营业收入为基础，减去营业成本、营业税金及附加、销售费用、管理费用、财务费用、资产减值损失，加上公允价值变动收益和投资收益；第二步，计算出利润总额。在营业利润的基础上，加上营业外收入，减去营业外支出；第三步，计算出净利润。在利润总额的基础上，减去所得税费用，计算出净利润。目前我国一般企业的利润表格式（采用多步式）如表 4-1 所示。

表 4-1 利润表

会企 02 表

编制单位： ________年____月 单位：元

项　　目	本期金额	上期金额
一、营业收入		
减：营业成本		
营业税金及附加		
销售费用		
管理费用		
财务费用		
资产减值损失		

续表

项 目	本期金额	上期金额
加：公允价值变动收益（损失以“－”号填列）		
投资收益（损失以“－”号填列）		
其中：对联营企业和合营企业的投资收益		
二、营业利润（亏损以“－”号填列）		
加：营业外收入		
减：营业外支出		
其中：非流动资产处置损失		
三、利润总额（亏损总额以“－”号填列）		
减：所得税费用		
四、净利润（净亏损以“－”号填列）		
五、每股收益：		
（一）基本每股收益		
（二）稀释每股收益		

【课堂测试 4-1】

1. 利润表的概念和作用是什么？

2. 利润表的格式有几种？目前我国一般企业的利润表格式是什么？

第二节 利润表项目解读与分析

利润分为三个层次，即营业利润、利润总额和净利润。对利润表进行分析，首先应了解利润表各主要项目的经济含义，以及分析时应注意的问题，这是分析企业经营成果的前提。

一、营业利润解读与分析

营业利润是企业从营业活动中取得的利润，是利润的主要来源。其计算公式为：

营业利润＝营业收入－营业成本－营业税金及附加－销售费用－管理费用－财务费用－资产减值损失＋公允价值变动收益＋投资收益

以下，对构成营业利润的主要项目做具体分析。

（一）营业收入

1. 营业收入解读

收入在利润表中用“营业收入”项目体现。收入包括销售商品收入、提供劳务收入和让渡资产使用权收入。销售商品收入同时满足下列条件的，才能予以确认：（1）企业已将商品所有权上的主要风险和报酬转移给购货方；（2）企业既没有保留通常与所有权相联系的继续管理权，也没有对已售出的商品实施有效控制；（3）收入的金额能够可靠地计量；（4）相关的经济利益很可能流入企业；（5）相关的已发生或将发生的成本能够可靠地计量。

按照日常活动对企业的重要性，可将收入分为主营业务收入和其他业务收入。主营业务收入反映企业确认的销售商品、提供劳务等主营业务的收入。其他业务收入反映企业确认的除主营业务活动以外的其他经营活动实现的收入，包括出租固定资产、出租无形资产、销售材料等实现的收入。营业收入项目应根据“主营业务收入”和“其他业务收入”账户的发生额分析填列。

营业收入的披露格式如表 4-2 所示。

表 4-2 营业收入的披露格式

项 目	本期发生额	上期发生额
1．主营业务收入		
2．其他业务收入		
合 计		

2. 营业收入分析

（1）营业收入构成分析

①主营业务收入和其他业务收入占营业收入的比重分析

一般来说，主营业务收入应当是构成营业收入的主要来源，其他业务收入比重不应过大。若其他业务收入比重过大，可能是副业冲击主业所致。

②营业收入品种构成分析

大多数企业从事着多种商品或劳务的经营活动。占收入比重大的商品或劳务是企业过去业绩的主要增长点，利用品种构成可以判断企业业绩的持续性，预测企业未来的发展趋势。

③营业收入地区构成分析

占收入比重大的地区是企业过去业绩的主要地区增长点，利用地区构成可以基本看出企业的销售区域，分析出企业营业收入对于地区的依赖性，通过不同地区的市场潜力预测企业未来发展方向。

④主要客户的收入占营业收入的比重分析

通过对企业主要客户的收入占营业收入的比重进行分析，可以判断企业对于大客户的依赖程度。若占比过高，说明企业对大客户的依赖程度较高，此时应对大客户的真实性及财务状况进行分析，看是否存在潜在风险。若占比过低，可能说明企业没有稳定的客户群，也不利于企业发展。

篇中案例 4-1

隆基股份 2012 年业绩修正

2013 年 3 月 23 日，西安隆基硅材料股份有限公司发布 2012 年业绩修正公告。预计公司 2012 年归属于母公司股东的净利润出现亏损约 5 400 万元左右。而修正前预计公司 2012 年年度归属于母公司的净利润约 1 000—2 500 万元。

披露的业绩变动原因为：由于 2013 年 3 月 20 日，无锡市中级人民法院依据《破产法》裁定，对无锡尚德太阳能电力有限公司实施破产重整，公司依据谨慎性原则对尚未收回的无锡尚德太阳能电力有限公司应收款项采取个别认定法追加计提坏账准备 9 077 万元，导致 2012 年年度合并报表净利润为亏损。该公司招股说明书中披露，无锡尚德及其关联方为该公司第一大客户。

资料来源：根据隆基股份在上海证券交易所发布的公告整理

⑤与关联方交易的收入占营业收入的比重分析

关联方交易虽然与会计报表粉饰并不存在必然的联系，但是关联方之间的密切关系，使得关联方之间有可能为了“包装”某个企业而人为制造一些业务，进行所谓的“盈余管理”。若与关联方交易的收入占营业收入的比重过大，应关注交易主体、交易价格、交易时间等因素，判断企业是否依靠关联方来达到粉饰报表的目的。

（2）结合现金流量表项目分析

利润表是按照权责发生制原则编制的，只要满足收入确认的条件即可成为企业的营业收入，但是并不一定能够带来现金流，应结合现金流量表中“销售商品、提供劳务收到的现金”项目进行分析。若“营业收入”增幅很大，而“销售商品、提供劳务收到的现金”不升反降，应关注是否存在企业虚增收入的嫌疑或者是由于收入质量不佳，账款无法收回，导致无法给企业带来相应现金流入的情况。

（二）营业成本

1. 营业成本解读

营业成本是指与营业收入相关的、已经确认了归属期和归属对象的费用，包括主营业务成本和其他业务成本。主营业务成本反映企业确认销售商品、提供劳务等主营业务收入时应结转的成本。其他业务成本反映企业确认的除主营业务活动以外的其他经营活动所发生的支出，包括出租固定资产的折旧额、出租无形资产的摊销额、销售材料的成本等。营业成本项目应根据“主营业务成本”和“其他业务成本”账户的发生额分析填列。

2. 营业成本分析

（1）毛利率分析

营业收入减去营业成本后的余额为毛利，毛利与营业收入的比率为毛利率，反映企业的初始盈利能力。企业应保持一定规模的毛利和毛利率，才能扣减销售费用、管理费用和财务费用等期间费用，使经营活动产生的利润为正。但也不是说毛利率越高越好，应结合企业所处的行业状况、企业自身经营情况等分析毛利率的合理性。一般来说，如果企业处于垄断地位或采用差异化竞争战略，会使得毛利率较高。若非以上原因使得毛利率较高，则应分析企业是否存在通过不当会计处理而调高毛利率的可能性。

若企业毛利率较低，可能是企业盈利能力不高的表现。但是，如果企业采用的是低成本竞争战略，为了在市场竞争中以低价取胜，而使其毛利率控制在一个较低的水平，反而能够说明企业成本控制较好、定价合理。

（2）发出存货计价方法分析

企业应当采用先进先出法、加权平均法和个别计价法确定发出存货的成本。对于已售存货，应当将其成本结转为当期损益。若企业改变存货计价方法，将对营业成本产生影响，进而影响企业的利润。财务分析时，应关注企业是否存在利用存货计价方法的会计政策变更，调节利润的可能性。

（三）销售费用

1. 销售费用解读

销售费用反映企业销售商品和材料、提供劳务的过程中发生的各种费用，包括保险费、包装费、展览费和广告费、商品维修费、预计产品质量保证损失、运输费、装卸费等以及为销售本企业商品而专设的销售机构（含销售网点、售后服务网点等）的职工薪酬、业务费、折旧费等经营费用。销售费用项目应根据“销售费用”账户的发生额分析填列。

2. 销售费用分析

（1）销售费用规模分析

一般来说，在企业的产品结构、销售规模、营销策略等方面变动不大的前提下，企业的销售费用变动不会太大。因为变动性销售费用会随着业务量的增长而增长，而固定性销售费用则不会有太大变化。若企业出现营业收入增长而销售费用下降的情况，应进一步查明原因，关注企业是否存在不当会计处理。此外，将销售费用与营业收入进行配比，可以反映销售费用的有效性；通过该比率与同行业的比较，可以在一定程度上反映企业所面临市场竞争的激烈程度。

（2）销售费用明细分析

结合销售费用明细表，对构成销售费用的各个具体项目进行分析。此时，应关注增减变动幅度较大的项目，对其变动的合理性进行判断。若企业为了控制成本费用，而降低销售人员的职工薪酬或广告费等费用，将影响销售人员的工作积极性或降低企业的知名度，对企业长远发展不利。

（四）管理费用

1. 管理费用解读

管理费用反映企业为组织和管理企业生产经营所发生的管理费用，包括企业在筹建期间内发生的开办费、董事会和行政管理部门在企业的经营管理中发生的或者应由企业统一负担的公司经费、工会经费、董事会费、聘请中介机构费、咨询费、诉讼费、业务招待费、房产税、车船税、土地使用税、印花税、技术转让费、矿产资源补偿费、研究费用、排污费以及企业生产车间和行政管理部门等发生的固定资产修理费用等。管理费用项目应根据“管理费用”账户的发生额分析填列。

2. 管理费用分析

（1）管理费用规模分析

一般来说，在企业的组织结构、管理风格、业务规模等方面变动不大的情况下，管理费用变动不应太大。若企业出现营业收入增长而管理费用下降的情况，应进一步查明原因，关注企业是否存在操纵利润之嫌。此外，将管理费用与营业收入进行配比，可以反映管理费用的合理性；通过该比率与同行业的比较，能够在一定程度上反映企业的管理效率。

（2）管理费用明细分析

结合管理费用明细表，对构成管理费用的各个具体项目进行分析。此时，应关注增减变动幅度较大的项目，对其变动的合理性进行判断。若企业为了控制成本费用，而降低研究与开发费用，将会降低企业竞争实力，对企业长远发展不利。

（五）财务费用

1. 财务费用解读

财务费用反映企业为筹集生产经营所需资金等而发生的筹资费用，包括利息支出（减利息收入）、汇兑损益以及相关的手续费、企业发生的现金折扣或收到的现金折扣等。财务费用项目应根据“财务费用”账户的发生额分析填列。

2. 财务费用分析

（1）利息支出分析

一般来说，企业发生的利息支出构成了财务费用的主体。利息水平的高低取决于企业的筹资规模、筹资期限以及利率三个因素。若利息支出过高，可能存在企业过分依靠借款融资来维持企业经营的情况，企业变成了银行的“打工仔”。此外，需要注意的是，企业是否存在利息资本化问题，即企业为虚增利润将本应费用化计入“财务费用”的利息支出而资本化计入“在建工程”的现象。

（2）利息收入分析

利息收入是利息支出的抵减项。一般来说，银行存款会形成利息收入，而借款会产生利息支出。由于银行存款的收益性较低，企业是不会保有大量银行存款的。因此，一般也不会出现利息收入大于利息支出而导致财务费用为负数的情况。在财务分析时，若发现企业存在财务费用为负数的情况，一方面说明企业资金闲置问题严重，但另一方面也说明了企业不存在偿债问题。

（3）汇兑损益分析

汇兑损益是有外汇业务的企业因汇率变动而引起的损益变动，通过汇兑损益的分析，可以观察外汇市场风险对企业的影响程度、企业对于外币资产和债务的管理能力。

（六）资产减值损失

1. 资产减值损失解读

资产减值损失反映企业计提各项资产减值准备所形成的损失。《企业会计准则第8号——资产减值》规定，企业应当在资产负债表日判断资产是否存在可能发生减值的迹象。

存在下列迹象的，表明资产可能发生了减值：

（1）资产的市价当期大幅度下跌，其跌幅明显高于因时间的推移或者正常使用而预计的下跌。

（2）企业经营所处的经济、技术或者法律等环境以及资产所处的市场在近期或者将在近期发生重大变化，从而对企业产生不利影响。

（3）市场利率或者其他市场投资报酬率在当期已经提高，从而影响企业计算资产预计未来现金流量现值的折现率，导致资产可收回金额大幅度降低。

（4）有证据表明资产已经陈旧过时或者其实体已经损坏。

（5）资产已经或者将被闲置、终止使用或者计划提前处置。

（6）企业内部报告的证据表明资产的经济绩效已经低于或者将低于预期，如资产所创造的净现金流量或者实现的营业利润（或者亏损）远远低于（或者高于）预计金额等。

（7）其他表明资产可能已经发生减值的迹象。

资产存在减值迹象的，应当估计其可收回金额。可收回金额应当根据资产的公允价值减去处置费用后的净额与资产预计未来现金流量的现值两者之间较高者确定。资产的可收回金额低于其账面价值的，应当将资产的账面价值减记至可收回金额，减记的金额确认为资产减值损失，计入当期损益，同时计提相应的资产减值准备。资产减值损失一经确认，在以后会计期间不得转回。因此，新准则的出台，在一定程度上减少了企业利用资产减值转回进行盈余管理的余地。

但是，由于存货、金融工具等资产的减值适用于其他相关准则，就出现了有的资产减值可以转回，有的资产（长期股权投资、固定资产、无形资产等除金融工具以外的非流动资产）减值一经计提，不得转回的情况。如企业计提坏账准备、存货跌价准备、持有至到期投资减值准备等，相关资产的价值又得以恢复的，应在原已计提的减值准备金额内，按恢复增加的金额，借记“坏账准备”、“存货跌价准备”、“持有至到期投资减值准备”等科目，贷记“资产减值损失”科目。资产减值损失项目应根据“资产减值损失”账户的发生额分析填列。

资产减值损失的披露格式如表 4-3 所示。

表 4-3 资产减值损失的披露格式

项 目	本期发生额	上期发生额
一、坏账损失		
二、存货跌价损失		
三、可供出售金融资产减值损失		
四、持有至到期投资减值损失		
五、长期股权投资减值损失		
六、投资性房地产减值损失		
七、固定资产减值损失		
八、工程物资减值损失		
九、在建工程减值损失		
十、生产性生物资产减值损失		
十一、油气资产减值损失		
十二、无形资产减值损失		
十三、商誉减值损失		
十四、其他		
合 计		

2. 资产减值损失分析

（1）资产减值损失规模分析

资产减值损失的确认，本质上属于会计估计问题，受主观因素影响较大，是未实现的损失。虽然在经营活动中出现资产减值是很正常的，但是高水平的企业管理者，会适时增加优质资产，处置或出售不良资产。因此，经常出现大规模资产减值的企业，或者是进行盈余管理的信号，或者是反映了企业在债权管理、存货管理、投资管理或固定资产管理方面存在着管理漏洞或者出现重大决策失误。

（2）资产减值损失构成分析

结合资产减值损失项目附注，可以观察企业资产减值损失的具体构成。再结合相应资产项目，如应收账款、存货、长期股权投资、固定资产等项目的附注说明，分析资产减值的幅度，并对企业当期和未来财务状况和经营成果的影响做出判断。

篇中案例 4-2

一次亏个够 巨额计提为业绩增长埋伏笔

JG 公司 2013 年 4 月 13 日披露 2012 年年报，净利润亏损 1.95 亿元，其中计提减值损失是致亏的最主要原因。去年，由于光伏行业极度低迷，作为光伏设备厂商的 JG 公司 2012 年度计提资产减值损失 1.87 亿元，“计提”成为吞噬公司利润的“元凶”。

像 JG 公司一样，在 2012 年亏损的上市公司中，不少是因为计提了巨额资产减值准备，去年行业整体陷入低谷的钢铁、光伏行业，以及产品价格大幅下降的有色、煤炭等行业表现尤为严峻。

计提资产减值准备大幅拖累当期利润，但业内人士也指出，在会计处理上，对于“计提”的测算程序及时间点并没有硬性规定，因此资产减值准备也成为上市公司调控盈余的“法宝”，在业绩预期普遍不佳的 2012 年，上市公司集中计提进行业绩“大清洗”，将包袱在 2012 年清理干净，也为未来轻装上阵及业绩增长埋下了伏笔。

资料来源：根据“王锦．一次亏个够 巨额计提为今年业绩增长埋伏笔．中国证券报·中证网.2013-4-16.”整理

（七）公允价值变动收益

1. 公允价值变动收益解读

公允价值变动收益（或损失）反映企业交易性金融资产、采用公允价值模式计量的投资性房地产等公允价值变动形成的应计入当期损益的利得或损失。公允价值变动损益是已确认但尚未实现的利得或损失，只有将相应的资产或负债处置时，才能将原来计入公允价值变动损益的金额转入投资收益。公允价值变动收益项目应根据“公允价值变动损益”账户的发生额分析填列。如为净损失，以“－”号填列。

2. 公允价值变动收益分析

由于公允价值变动收益（或损失）是尚未实现的利得或损失，不会为企业带来相应的现金流入或现金流出，是账面上的浮盈浮亏。如果公允价值变动收益占利润的比重过大，则在一定程度上说明企业的主营业务盈利能力较差，业绩较大程度地依赖于资本市场、房地产市场价格的波动，增加了未来发展的不确定性。若要分析企业经营活动的盈利状况，应去掉这一部分对利润的影响。

（八）投资收益

1. 投资收益解读

投资收益（或损失）反映企业以各种方式对外投资所取得的收益（或发生的损失）。投资收益是企业对外投资的结果，包括长期股权投资和投资金融资产所取得的收益。企业对外投资一般基于两个目的：一是出于自身战略发展的要求，希望通过投资控制一些有利于企业长远发展的资源；二是出于理财的目的，利用企业自身闲置资金进行投资取得暂时性的收益。具体来讲，投资收益的来源包括：成本法核算的长期股权投资收益、权益法核算的长期股权投资收益、处置长期股权投资产生的投资收益、持有各种金融资产（交易性金融资产、持有至到期投资、可供出售金融资产等）期间取得的投资收益、处置金融资产取得的投资收益。投资收益项目应根据“投资收益”账户的发生额分析填列。如为投资损失，以“－”填列。

2. 投资收益分析

（1）投资收益规模分析

企业保持适度规模的对外投资，表明企业具备较好的投资理念。若投资收益占利润的比重较高，则在一定程度上说明企业过分依靠被投资单位及资本市场，企业自身主营业务可能会受到影响，此时应关注盈利的可持续性。

（2）投资收益构成分析

投资收益包括长期股权投资和投资金融资产所取得的收益。长期股权投资取得的投资收益是由于被投资单位经营状况较好而带来的投资回报，可持续性较好；持有至到期投资取得的利息收入可持续性也较好。而其他金融资产投资产生的收益，主要依赖于所投资证券价格的变动，投资收益会随着证券市场行情的波动而变化，可持续性较差。

篇中案例 4-3

主业不振狂炒股

说到上市公司炒股，不得不提有着“超级大散户”之称的金陵药业（000919.SZ）。

金陵药业早在2006年就开始炒股，自2007年开始，金陵药业开始大规模投资股票。

从年报数据看，公司2007年就买卖股票约350只，2008年买卖股票214只，2009年买卖了342只。2010年，公司买卖的股票更是超过500只。2011年，金陵药业共投资了1.57亿元买卖300多只股票。2012年公司的炒股热情依然不减，买卖股票数量仍然多达170余只，在整份年报中，有长达5页的股票买入记录。这些股票既有*ST吉药、*ST高陶这样“披星戴帽”的股票，也有万科A这样的大蓝筹股，投资风格复杂多样，投资行业包罗万象。

从财报看，金陵药业2012年在证券类投资中增加了一些投资品种，共买入了2只债券、5只基金，还有170余只股票，“期初”共耗资3 279.77万元，但这些证券类投资全年亏损300余万元。

尽管金陵药业每年重金投资证券市场，且大批量买卖各类股票，但公司近年炒股收益一直很差，并屡次出现亏损。公司2008年炒股亏损约1.29亿元；2009年赚取收益3 000余万元；2010年赚取的收益大降，约为140万元；2011年炒股亏损超过3 400万元。

梳理金陵药业近年来的业绩变化情况，不难发现，其净利润受投资收益影响很大。2007年由于炒股大赚，使得公司在主营业务利润率下降的情况下，投资收益仍带动净利润同比大增四成；2008年由于炒股巨亏，使得公司当年净利润大幅下滑，极速缩水至8000多万元；2009年由于投资收益大增，使得公司全年净利润同比大增167%；2010年由于投资收益同比大降五成，使得公司净利润的增长有了较大的压力。

投资收益高，公司业绩就好；投资收益差，公司净利润就下滑。这几乎成了金陵药业近年来不变的规律。相比之下，主业却成了摆设。

资料来源：根据“赖智慧.金陵药业：主业不振狂炒股.新财经.2013-08-05.”整理

（3）投资收益产生的现金流量分析

成本法核算的长期股权投资，企业按照被投资单位宣告发放的现金股利或利润中归属于企业的部分，确认投资收益，能够带来现金流入。权益法核算的长期股权投资是根据被投资单位实现的净利润计算应享有的份额确认的投资收益，而该投资收益通常会大于所收到的现金。金融资产在持有期间确认的投资收益能够给企业带来相应的现金流入。而对于长期股权投资和金融资产的处置，一般都会带来现金流入。因此，只有权益法核算的长期股权投资会出现确认的投资收益大于产生的现金流入问题。

综上，营业利润的构成项目较多，在财务分析时可以将营业利润分为三个部分，第一部分由营业收入减去营业成本、营业税金及附加、销售费用、管理费用、财务费用形成，可以反映企业日常经营活动产生的利润，应构成企业利润来源的主体。此部分产生的利润，一般具有可持续性，通过趋势分析，可以预测企业未来的经营业绩。第二部分是企业取得的投资收益，反映企业因对外投资而取得的收益，可以说是企业已实现的利得或损失。第三部分是资产减值损失和公允价值变动收益。资产减值损失的确认，本质上属于会计估计，并不是企业真正发生的资产损失；公允价值变动收益反映的是账面上的浮盈浮亏，并不一定给企业带来相应的现金流入或流出。因此，资产减值损失和公允价值变动收益可以说是企业未实现的利得或损失。

财务分析时，应关注这三部分产生的利润对企业营业利润的影响。如果第一部分产生的利润是营业利润的主体，可以说明企业注重自身的经营活动，利润质量良好。如果第二部分或第三部分产生的利润占营业利润的比重较大，应对其盈利的可持续性进行分析。当然，投资收益属于已实现的利得或损失，其质量相较于第三部分产生的利润要好。

二、利润总额解读与分析

利润总额反映了企业实现的税前利润（或亏损），能够全面反映企业一定会计期间的经营成果，不仅包括了营业利润，还包括了直接计入当期损益的利得和损失。其计算公式为：

利润总额＝营业利润＋营业外收入－营业外支出

营业利润在前文已述及，以下对营业外收支进行解读与分析。

（一）营业外收入

1. 营业外收入解读

营业外收入是指企业发生的与日常活动无直接关系的各项利得，主要包括非流动资产处置利得、非货币性资产交换利得、债务重组利得、政府补助、盘盈利得、捐赠利得等。营业外收入项目应根据“营业外收入”账户的发生额分析填列。

营业外收入的披露格式如表 4-4 所示。

表 4-4 营业外收入的披露格式

项 目	本期发生额	上期发生额
1.非流动资产处置利得合计		
其中：固定资产处置利得		
无形资产处置利得		
……		
合 计		

2. 营业外收入分析

营业外收入来自于偶发事件，不具有可持续性。营业外收入与营业外支出不存在配比关系，是企业的纯收入。数额一般不大，若数额较大，则需要结合营业外收入项目附注进一步分析原因，关注企业是否存在利用营业外收入操纵利润之嫌。

篇中案例 4-4

重庆钢铁获封年度进补王

来自地方财政的补贴，年年润色着上市公司财报，对那些连年亏损的公司，财政补贴往往能起到扭转乾坤的作用。相关统计数据显示，截至 4 月中旬，在已发布 2012 年年报的公司中，获得政府补贴的公司占九成，累计额度约 570 亿元，多家公司获补贴超过 10 亿元。其中，重庆钢铁以获得 20.02 亿元的额度暂居 2012 年度“进补王”宝座。

去年前三季亏损 11.7 亿元的重庆钢铁在当地财政的大力庇护之下，成为钢企中的幸运儿。2012 年 12 月 19 日，重庆钢铁宣布收到重庆市长寿区财政局 5 亿补贴资金，5 天之后公司收到一个更大的红包，是来自重庆市财政局的 15 亿元资金。

20 亿元的补贴，覆盖了重庆钢铁的全部亏损，公司随之于今年 1 月 29 日发布了公司将盈利约 1 亿元的业绩预告。也就是说，重庆钢铁从即将被 ST 到全年盈利仅仅用了 6 天时间，公司也一举荣升为 2012 年度 A 股“进补王”。

对 A 股上市公司的补贴依赖症，业内人士认为，出于对企业发展的方向性引导和扶持，采取适当的财政补助本无可厚非，但现在财政补贴明显偏离了预定轨道，尤其在年底集中下发的各种补贴或补助，无法排除为本地上市公司粉饰全年业绩的嫌疑。而滥发补贴和明显的投机性补贴，不仅造成财政资源的配置浪费，也无益于企业发展。

资料来源：摘自"齐雁冰．570 亿政府补贴润色 A 股年报.北青网-北京青年报 2013-4-28."

（二）营业外支出

1. 营业外支出解读

营业外支出是指企业发生的与日常活动无直接关系的各项损失，包括非流动资产处置损失、非货币性资产交换损失、债务重组损失、公益性捐赠支出、非常损失、盘亏损失等。营业外支出项目应根据"营业外支出"账户的发生额分析填列。

营业外支出的披露格式如表 4-5 所示。

表 4-5　营业外支出的披露格式

项　目	本期发生额	上期发生额
1.非流动资产处置损失合计		
其中：固定资产处置损失		
无形资产处置损失		
……		
合　计		

2. 营业外支出分析

营业外支出与日常活动无直接关系，因此数额一般不大，若数额较大，则需要结合营业外支出项目附注进一步查明原因。比如：非流动资产处置损失数额过大，可能是企业前期计提的折旧或摊销较少，等到处置时，清理亏损很大，有虚增前期利润之嫌。非货币性资产交换损失或债务重组损失较大，应关注是否为关联方交易，转移企业资产。经常出现盘亏损失，可能是由于企业管理不善。罚款支出、违约金、滞纳金较大，企业可能存在违法经营行为，如违反经济合同、滞纳税款等。

值得关注的是，企业发生的对外担保损失。在一些亏损公司的年报中发现，因对外担保而确认的营业外支出和预计负债成为导致巨亏的重要因素。更为严重的是，上市公司相互担保，形成了错综复杂的担保网。若其中一家公司的资金链断裂，就有可能出现多米诺骨牌效应，危及担保网中的众多公司。

营业外收支都与企业的日常活动无直接关系，不具有可持续性。若利润总额的构成主要由营业外收支引起，则说明企业利润的质量不佳。

三、净利润解读与分析

净利润反映了企业的最终经营成果，是利润总额减去所得税费用后的余额。所得税费用项目反映企业根据所得税会计准则确认的应当从当期利润总额中扣除的所得税费用。由于会计与税收法规之间的差异，会计上核算的所得税费用与按照税法规定计算出的应交所得税并不相同。在按照资产负债表债务法核算所得税的情况下，利润表中的所得税费用包括当期所得税和递延所得税两个部分。当期所得税是指企业按照税法规定计算确定的针对当期发生的交易和事项，应交纳给税务部门的所得税金额，即当期应交所得税。递延所得税是指按照所得税准则规定当期应予确认的递延所得税资产和递延所得税负债金额，即递延所得税资产及递延所得税负债当期发生额的综合结果，但不包括计入所有者权益的交易或事项的所得税影响。

通过所得税费用与利润总额的比较，可以在一定程度上反映企业所得税税负水平的高低。通过所得税费用的构成，可以了解企业当期交纳的所得税以及预期以后期间可能应交纳（或者抵扣）的所得税金额。

净利润归属于企业的所有者，也是利润分配的源泉。净利润的增加也是企业追求的主要目标。财务分析时，可以结合营业收入的增长予以评价，当净利润增长率高于营业收入增长率时，表明企业盈利能力在不断提高，企业具有良好的发展前景。若净利润增长率不及营业收入增长率，可能表明企业成本控制水平不佳、投资失利或出现其他管理问题。

【课堂测试 4-2】

在进行利润表分析时，最应看重的是哪些报表项目所形成的利润？

第三节 利润表分析

利润表是企业对外提供的反映企业经营成果的重要财务报表。通过利润表的水平和垂直分析，可以发现变动幅度较大或对经营成果影响较大的项目，判断经营成果变动的主要原因，进而分析企业的利润质量。

一、利润表水平分析

利润表水平分析，是指将两期或连续数期利润表相同项目进行对比，确定其增减变动的方向、金额和幅度，据以判断企业经营成果变动趋势的分析方法。

通过利润表水平分析，可以了解企业收入、费用和利润的变动情况，并分析其变动产生的原因，据以判断企业发展趋势。

如果企业的生产经营活动处于稳定健康发展的状态，那么利润表中的各项数据应呈现持续稳定发展的趋势。若利润表中的主要项目数据出现异动，突然大幅度上升，各项目之间出现背离，或者出现恶化趋势，可能表明企业某些方面发生了重大变化，应作为重点分析对象，为判断企业未来发展趋势提供重要线索。

利润表水平分析，应抓住几个关键利润指标的变动情况，如净利润、利润总额和营业利润的变动额和变动率，再逐项分析导致这些利润项目变动的原因。比如，利润总额的增加有可能是营业利润的增加，还有可能是营业外收入的增加，如果是营业利润的增加说明企业利润质量较好，若主要是由于营业外收入的增加，其利润的可持续性较差。再如，营业利润的增加可能由于营业收入的增加、或者是营业成本和期间费用的减少、或者是两者共同作用的结果、甚至还可能是公允价值变动收益的提高等。若营业收入的增加水平低于成本费用的增长时，说明企业成本控制较差，从而导致利润降低。若营业利润的增加主要由公允价值变动收益等引起，应关注其利润的可持续性和稳定性。总之，应对导致利润变动的原因作具体分析。

二、利润表垂直分析

利润表垂直分析，又称为利润表结构分析，是指将利润表各项目与营业收入相比，计算出各项目占总体的比重，形成共同比利润表的分析方法。通过各项目占营业收入的比重分析，可以判断各项目的重要性。这种分析方法既可用于同一企业不同时期的比较，计算各项目的比重变动，分析企业取得的业绩和存在的问题；也可用于同一行业不同企业之间的比较，用以寻找差距、发现问题。

通过利润表垂直分析，以及利润表中各项目之间的相互关系，可以获取大量有用信息。如将营业成本与营业收入比较，可以推算出企业的毛利率；通过各项成本费用占营业收入的比重分析，可以判断企业成本费用控制水平；通过投资收益所占的比重，可以分析企业靠外部投资获取的收益对企业盈利的影响；

若营业外收入或公允价值变动收益等所占比重较大，利润水平则是不稳定、不可靠的。

三、利润表案例分析

下面以ABC股份有限公司2012年度利润表及其相关资料为例，进行利润表分析。

ABC股份有限公司利润表如表4-6所示。

表4-6 利润表

编制单位：ABC股份有限公司 2012年1-12月 单位：元

项目	本期金额	上期金额
一、营业收入	13 493 346 182.55	12 723 112 480.03
减：营业成本	10 338 083 009.15	9 827 306 559.71
营业税金及附加	198 649 193.57	227 791 003.76
销售费用	0.00	0.00
管理费用	1 274 410 205.30	1 188 021 869.68
财务费用	243 688 889.95	198 278 064.77
资产减值损失	9 317 428.17	7 208 101.89
加：公允价值变动收益（损失以“－”号填列）	0.00	0.00
投资收益（损失以“－”号填列）	217 060 221.43	176 225 454.11
其中：对联营企业和合营企业的投资收益	209 505 149.81	167 454 406.21
二、营业利润（亏损以“－”号填列）	1 646 257 677.84	1 450 732 334.33
加：营业外收入	41 434 842.57	76 533 784.99
减：营业外支出	32 805 338.81	37 150 310.42
其中：非流动资产处置损失	2 226 797.58	1 511 970.62
三、利润总额（亏损总额以“－”号填列）	1 654 887 181.60	1 490 115 808.90
减：所得税费用	251 345 194.36	200 995 627.59
四、净利润（净亏损以“－”号填列）	1 403 541 987.24	1 289 120 181.31
归属于母公司所有者的净利润	1 004 106 840.78	929 903 482.45
少数股东损益	399 435 146.46	359 216 698.86
五、每股收益：		
（一）基本每股收益	0.60	0.56
（二）稀释每股收益	0.60	0.56

（一）ABC股份有限公司利润表水平分析

ABC股份有限公司利润表水平分析表如表4-7所示。

表 4-7　利润表水平分析表

单位：元

项　　目	2012 年度	2011 年度	变动额	变动率（%）
一、营业收入	13 493 346 182.55	12 723 112 480.03	770 233 702.52	6.05
减：营业成本	10 338 083 009.15	9 827 306 559.71	510 776 449.44	5.20
营业税金及附加	198 649 193.57	227 791 003.76	−29 141 810.19	−12.79
销售费用	0.00	0.00	0.00	
管理费用	1 274 410 205.30	1 188 021 869.68	86 388 335.62	7.27
财务费用	243 688 889.95	198 278 064.77	45 410 825.18	22.90
资产减值损失	9 317 428.17	7 208 101.89	2 109 326.28	29.26
加：公允价值变动收益（损失以“—”号填列）	0.00	0.00	0.00	
投资收益（损失以“—”号填列）	217 060 221.43	176 225 454.11	40 834 767.32	23.17
其中：对联营企业和合营企业的投资收益	209 505 149.81	167 454 406.21	42 050 743.60	25.11
二、营业利润（亏损以“—”号填列）	1 646 257 677.84	1 450 732 334.33	195 525 343.51	13.48
加：营业外收入	41 434 842.57	76 533 784.99	−35 098 942.42	−45.86
减：营业外支出	32 805 338.81	37 150 310.42	−4 344 971.61	−11.70
其中：非流动资产处置损失	2 226 797.58	1 511 970.62	714 826.96	47.28
三、利润总额（亏损总额以“—”号填列）	1 654 887 181.60	1 490 115 808.90	164 771 372.70	11.06
减：所得税费用	251 345 194.36	200 995 627.59	50 349 566.77	25.05
四、净利润（净亏损以“—”号填列）	1 403 541 987.24	1 289 120 181.31	114 421 805.93	8.88
归属于母公司所有者的净利润	1 004 106 840.78	929 903 482.45	74 203 358.33	7.98
少数股东损益	399 435 146.46	359 216 698.86	40 218 447.60	11.20
五、每股收益：				
（一）基本每股收益	0.60	0.56	0.04	7.14
（二）稀释每股收益	0.60	0.56	0.04	7.14

通过利润表的水平分析，可以看出 ABC 股份有限公司经营成果的变动主要表现在：

1. 净利润分析

净利润反映了企业的最终经营成果，归属于企业的所有者，是利润分配的源泉。ABC 公司 2012 年实现净利润 1 403 541 987.24 元，比上年增长了 114 421 805.93 元，增长率为 8.88%，增幅不是很高，应结合公司所处的行业特点做出进一步分析，到底是由于行业景气度的影响还是企业自身经营原因。净利润的增长源于利润总额的增长，但由于所得税费用也增长了 25.05%，增幅较高，因此净利润的增长幅度未超过利润总额的增幅。

2. 利润总额分析

利润总额是反映企业除交纳企业所得税以外的其他经营活动取得的全部经营成果，不仅包括企业的营业利润，还包括了营业外收支情况。ABC 公司 2012 年实现利润总额 1 654 887 181.60 元，较 2011 年增长了 164 771 372.70 元，增长率为 11.06%。利润总额的增加关键原因在于营业利润的增长，营业利润增长了 195 525 343.51 元，增长率为 13.48%，利润总额的增长幅度未超过营业利润的原因在于，当期营业外收入大幅下降，下降了 35 098 942.42 元，降幅为 45.86%。营业外收入不具有可持续性，其下降对利润质量并无影响。

3. 营业利润分析

营业利润既包括主营业务利润和其他业务利润，又包括公允价值变动净收益和对外投资的净收益，它反映了企业自身正常生产经营活动的经营成果。ABC 公司 2012 年实现营业利润 1 646 257 677.84 元，较上年增加了 195 525 343.51 元，增长率为 13.48%。营业利润的增幅是利润项目中增幅最大的。营业利润的增加是由营业收入的增加、营业成本的控制以及投资收益的增加共同作用引起的。

该公司营业收入增加了 770 233 702.52 元，增长率为 6.05%，增幅并不高，可能由于行业景气度的影响，应结合企业所处的行业特点做出进一步分析。营业成本增长率仅为 5.20%，说明该公司成本控制较好。再看三项期间费用，该公司并没有销售费用；管理费用增加了 86 388 335.62 元，上升了 7.27%，管理费用的上升并不能说明企业费用控制不利，应结合附注及其他相关资料分析管理费用的构成；财务费用增加了 45 410 825.18 元，增长率为 22.9%，结合资产负债表分析，是由于该公司银行借款增加所致，若借款的增加能给企业带来更多的杠杆收益，则无可厚非。

资产减值损失虽然增长率高达 29.26%，但由于增长额仅为 2 109 326.28，对营业利润的影响并不大；该公司没有公允价值变动收益；投资收益增加了 40 834 767.32，增幅为 23.17%，对营业利润的增加也有较大的贡献，由于投资收益大部分来自联营企业和合营企业的投资收益，应结合现金流量表，关注投资收益给企业带来现金流入的情况。

总之，通过 ABC 股份有限公司利润表的水平分析，可以看出该公司注重企业自身经营业务，成本控制较好，对外投资也取得了一定的投资回报。需要注意的是，营业收入增长较慢，而该公司的销售费用一直为零，建议该公司采用一定的营销手段促进营业收入的增长。

（二）ABC 股份有限公司利润表垂直分析

ABC 股份有限公司利润表垂直分析表如表 4-8 所示。

表 4-8 利润表垂直分析表

单位：元

项 目	2012 年度	2011 年度	结构（%）		
			2012 年	2011 年	差异
一、营业收入	13 493 346 182.55	12 723 112 480.03	100.00	100.00	0.00
减：营业成本	10 338 083 009.15	9 827 306 559.71	76.62	77.24	-0.62
营业税金及附加	198 649 193.57	227 791 003.76	1.47	1.79	-0.32
销售费用	0.00	0.00	0.00	0.00	0.00
管理费用	1 274 410 205.30	1 188 021 869.68	9.44	9.34	0.11
财务费用	243 688 889.95	198 278 064.77	1.81	1.56	0.25
资产减值损失	9 317 428.17	7 208 101.89	0.07	0.06	0.01
加：公允价值变动收益（损失以“－”号填列）	0.00	0.00	0.00	0.00	0.00
投资收益（损失以“－”号填列）	217 060 221.43	176 225 454.11	1.61	1.39	0.22
其中：对联营企业和合营企业的投资收益	209 505 149.81	167 454 406.21	1.55	1.32	0.24
二、营业利润（亏损以“－”号填列）	1 646 257 677.84	1 450 732 334.33	12.20	11.40	0.80
加：营业外收入	41 434 842.57	76 533 784.99	0.31	0.60	-0.29
减：营业外支出	32 805 338.81	37 150 310.42	0.24	0.29	-0.05
其中：非流动资产处置损失	2 226 797.58	1 511 970.62	0.02	0.01	0.00
三、利润总额（亏损总额以“－”号填列）	1 654 887 181.60	1 490 115 808.90	12.26	11.71	0.55
减：所得税费用	251 345 194.36	200 995 627.59	1.86	1.58	0.28
四、净利润（净亏损以“－”号填列）	1 403 541 987.24	1 289 120 181.31	10.40	10.13	0.27

通过利润表垂直分析，可以判断企业经营成果的构成情况：

ABC 股份有限公司 2012 年净利润占营业收入的比重为 10.40%，比上年度的 10.13%，上升了 0.27%；利润总额的比重为 12.26%，比上年度的 11.71%，上升了 0.55%；营业利润的比重为 12.20%，比上年度的 11.40%，上升了 0.8%。从利润项目的构成来说，该公司 2012 年盈利能力比上年略有提高。

该公司营业利润的比重上升，主要源于营业成本下降所致，营业成本的比重从上年的 77.24%，下降到 76.62%，下降了 0.62%，是营业利润构成项目中比重变化最大的项目。可以看出该公司成本控制较好，毛利率有一定程度的上升。该公司没有销售费用，管理费用和财务费用所占比重有小幅上升，分别上升了 0.11%和 0.25%，对经营成果影响较小。投资收益也有小幅度的上升，上升了 0.22%，影响也不大。资产减值损失占营业收入比重非常小，变化也非常小，该公司利润也没有公允价值变动收益的影响。

总之，通过 ABC 股份有限公司利润表的垂直分析，可以看出该公司成本、费用、利润占营业收入的比重变动非常小，说明该公司经营稳定，利润略有上升。而利润的上升主要源于该公司成本控制较好以及投资收益的小幅度上升。

通过对 ABC 股份有限公司利润表的分析可以看出，水平分析和垂直分析得出的结论是基本一致的，因此在分析时往往将两种分析方法结合起来，以避免重复。

【课堂测试 4-3】

计算分析题，2012 年甲公司和同行业竞争对手的利润表主要项目如表 4-9 所示。

表 4-9 利润表主要项目表

单位：万元

项目	乙公司	竞争对手
营业收入	800	900
营业成本	520	530
期间费用	100	80
投资收益	80	40
营业利润	260	330
利润总额	290	340
所得税费用	70	80
净利润	220	260

要求：运用垂直分析法，分析乙公司和竞争对手相比利润较低的原因。

本章小结

利润表是指反映企业在一定会计期间的经营成果的会计报表。利润表的作用主要有：第一，可以反映企业的经营成果；第二，可以反映经营成果的变动情况；第三可提供财务比率分析的基本资料。编制利润表的理论依据是会计等式，“收入－费用＝利润”。利润表的格式有单步式和多步式两种。目前我国一般企业的利润表格式采用多步式。

利润表包括收入、费用和利润。收入是指企业在日常活动中形成的、会导致所有者权益增加的、与所有者投入资本无关的经济利益的总流入。费用是指企业在日常活动中发生的、会导致所有者权益减少的、与向所有者分配利润无关的经济利益的总流出。利润是指在一定会计期间的经营成果。利润包括收入减去费用后的净额、直接计入当期利润的利得和损失等。利润分为三个层次，即营业利润、利润总额和净利润。对利润表进行分析，首先应了解利润表各主要项目的经济含义，以及分析时应注意的问题。

营业利润是企业从营业活动中取得的利润，是利润的主要来源。利润总额反映了企业实现的税前利润（或亏损），能够全面反映企业一定会计期间的经营成果，不仅包括了营业利润，还包括了直接计入当期损益的利得和损失。净利润反映了企业的最终经营成果，是利润总额减去所得税费用后的余额。

通过利润表的水平和垂直分析，可以发现变动幅度较大或对经营成果影响较大的项目，判断经营成果变动的主要原因，进而分析企业的利润质量。

利润表水平分析，是指将两期或连续数期利润表相同项目进行对比，确定其增减变动的方向、金额和幅度，据以判断企业经营成果变动趋势的分析方法。

利润表垂直分析，又称为利润表结构分析，是指将利润表各项目与营业收入相比，计算出各项目占总体的比重，形成共同比利润表的分析方法。

篇后案例

华锐风电前总裁被公开谴责

华锐风电科技（集团）股份有限公司是中国第一家自主开发、设计、制造和销售适应全球不同风资源和环境条件的大型陆地、海上和潮间带风电机组的专业化高新技术企业。华锐风电于 2010 年以 90 元的天价发行价、49 倍的发行市盈率摘下“沪市史上最贵 A 股”桂冠。2013 年该公司前董事长兼总裁韩俊良受到上海证券交易所公开谴责。原因如下：

经查明，华锐风电科技（集团）股份有限公司（以下简称“公司”）前董事长兼总裁韩俊良在任职期间，作为公司主要负责人未能勤勉尽责，公司在信息披露、规范运作等方面存在以下违规行为：

2013 年 3 月 7 日，公司发布《华锐风电科技（集团）股份有限公司关于前期会计差错更正的提示性公告》称：经自查发现，公司2011年度财务报表的有关账务处理存在会计差错，公司董事会要求对公司2011年度财务报表的有关会计差错进行更正并进行追溯调整。2013年4月20日，公司发布《华锐风电科技（集团）股份有限公司关于前期会计差错更正的公告》，披露对2011年年报进行追溯调整，其中资产总额调减6.9亿元，降幅达2.0%；负债总额调减5.11亿元，降幅达2.4%；所有者权益调减1.77亿元，降幅达1.3%；净利润调减1.77亿元，降幅达22.8%。

对于以上调整，公司在对上海证券交易所《2012年年报事后审核意见函》的回复中称：追溯调整的主要原因系公司2011年度销售收入相关数据存在虚报、造假情形。公司关于收入确认的具体依据须同时满足以下3项条件：一是公司已与客户签订销售合同；二是货到现场后双方已签署设备验收手续；三是完成吊装并取得双方认可。由于部分生产人员进行了虚假的出库、入库操作，部分客服人员提供了虚假的吊装报告，部分财务人员依据虚假报告进行了账务处理，导致部分项目在未满足第二、第三项收入确认条件的情况下确认了收入。以上事实表明，公司涉嫌制造和披露虚假信息，年度报告未能以客观事实为依据，未能如实反映财务数据及经营情况。

经进一步查明，公司前董事长兼总裁韩俊良，作为公司主要负责人，未能勤勉尽责，对产品生产、销售、记账过程中存在的虚报、造假行为负有不可推卸的责任。

资料来源：根据“上海证券交易所.关于给予华锐风电科技（集团）股份有限公司前董事长兼总裁韩俊良公开谴责的决定.2013-09-16.”等相关资料整理

核心概念

利润表（income statement）
收入（revenue）
成本（cost）
费用（expense）
利得和损失（gains and losses）
营业利润（operating income）
利润总额（total income, pretax income）
净利润（net income）

思考题

1. 利润表中的利润分为几个层次，分别是如何计算出来的？
2. 销售商品收入同时满足哪些条件才能予以确认？
3. 营业收入分析主要包括什么内容？
4. 如何进行毛利率分析？
5. 对于期间费用如何分析，是不是越低越好？
6. 如何看待公允价值变动收益、资产减值损失和营业外收入对企业利润的贡献？
7. 如何对利润表进行水平分析？
8. 如何对利润表进行垂直分析？

练习题

一、单选题

1. 目前我国一般企业的利润表格式，采用（　　）。

A. 单步式　B. 多步式　C. 报告式　D. 账户式

2. 企业一定时期的利润总额，是指（　　）。

A. 营业利润加公允价值变动收益
B. 营业利润加投资收益
C. 营业利润减去所得税费用
D. 营业利润加营业外收入减营业外支出

3. 企业将营业收入分为主营业务收入和其他业务收入的依据是（　　）。

A. 经济利益流入的多少　B. 收入的可持续性
C. 对利润的贡献程度　D. 日常活动对企业的重要性

4. 对于一般工业企业来讲，出租设备取得的收入，应确认为（　　）。

A. 主营业务收入　B. 其他业务收入
C. 营业外收入　D. 利得

5. 当物价持续上升时，企业将发出存货计价方法由加权平均法改为先进先出法，会使营业成本（　　）。

A. 升高　B. 降低　C. 不变　D. 无法确定

6. 能够为企业创造利润，可持续性最好的项目是（　　）。

A. 营业收入　B. 投资收益
C. 公允价值变动收益　D. 营业外收入

7. 下列各项中，不能计入主营业务成本的是（　　）。

A. 直接材料　　B. 直接人工

C. 制造费用　　D. 管理费用

8. 下列税费中，不应计入营业税金及附加的是（　　）。

A. 营业税　　B. 消费税

C. 教育费附加　　D. 增值税

9. 某工业企业购买的股票，在初始确认时确认为交易性金融资产，资产负债表日股票价格的提升，应计入（　　）。

A. 营业收入　　B. 投资收益

C. 公允价值变动损益　　D. 营业外收入

10. 下列各项目的变化，不会使企业营业利润变化的是（　　）。

A. 营业成本　　B. 销售费用

C. 营业外收入　　D. 营业税金及附加

11. 下列项目中，不属于企业费用的项目是（　　）。

A. 财务费用　　B. 销售费用

C. 营业外支出　　D. 管理费用

12. 企业接受捐赠，取得的资金应计入（　　）。

A. 资本公积　　B. 投资收益

C. 公允价值变动损益　　D. 营业外收入

13. 下列项目中资产减值损失一经确认，在以后会计期间不得转回的是（　　）。

A. 存货跌价准备　　B. 无形资产减值准备

C. 持有至到期投资减值准备　　D. 坏账准备

14. 将两期或连续数期利润表相同项目进行对比，确定其增减变动的方向、金额和幅度，据以判断企业经营成果变动趋势的分析方法，是（　　）。

A. 利润表水平分析　　B. 利润表因素分析

C. 利润表垂直分析　　D. 利润表结构分析

15. 利润表垂直分析法，是将利润表各项目与总体相比较，形成共同比利润表的分析方法，总体是指（　　）。

A. 营业利润　　B. 利润总额　　C. 净利润　　D. 营业收入

二、多选题

1. 利润表的主要作用，包括（　　）。

A. 反映企业的经营成果

B. 反映企业的财务状况

C. 反映经营成果的变动情况

D. 提供财务比率分析的基本资料

E. 分析企业所有者权益的变动

2. 我国一般企业的利润表中，包括的利润项目有（　　）。

A. 营业毛利　　B. 营业利润

C. 息税前利润　　D. 利润总额

E. 净利润

3. 一般企业可以确认为收入的是（　　）。

A. 销售商品收入　　B. 购买的股票增值

C. 提供劳务收入　　D. 收回前期顾客欠款

E. 接受捐赠

4. 下列有关营业收入的理解中，正确的是（　　）。

A. 在日常活动中形成的

B. 会导致所有者权益增加

C. 与所有者投资资本相关

D. 是影响企业经营成果的重要因素

E. 能够增加企业利润

5. 销售商品收入能够予以确认的条件，包括（　　）。

A. 企业已将商品所有权上的主要风险和报酬转移给购货方

B. 企业既没有保留通常与所有权相联系的继续管理权，也没有对已售出的商品实施有效控制

C. 收入的金额能够可靠地计量

D. 相关的经济利益很可能流入企业

E. 相关的已发生或将发生的成本能够可靠地计量

6. 下列项目中，能计入营业成本的是（　　）。

A. 完工产品的生产成本

B. 销售人员的工资

C. 出租固定资产的折旧额

D. 出租无形资产的摊销额

E. 销售材料的成本

7. 下列项目中，应计入管理费用的是（　　）。

A. 房产税　　B. 车船税

C. 印花税　　D. 教育费附加

E. 土地使用税

8. 下列项目中，应计入财务费用的是（　）。

A. 利息收入

B. 费用化的利息支出

C. 汇兑损益

D. 可供出售金融资产公允价值的变动

E. 现金折扣

9. 资产减值损失一经确认，在以后会计期间不得转回的资产项目包括（　）。

A. 固定资产　　B. 长期股权投资

C. 应收账款　　D. 无形资产

E. 存货

10. 可以提高企业利润总额的方式，包括（　）。

A. 增加营业外收入　　B. 增加销售收入

C. 降低营业成本　　D. 降低销售费用

E. 降低管理费用

11. 属于企业发生的费用是（　）。

A. 销售费用　　B. 营业外支出

C. 资产减值损失　　D. 公允价值变动收益

E. 管理费用

12. 下列应计入营业外收入的是（　）。

A. 销售商品收入　　B. 提供劳务收入

C. 政府补助　　D. 债务重组利得

E. 利息收入

13. 企业收入的增加，可能会引起（　）。

A. 资产增加　　B. 负债增加

C. 所有者权益增加　　D. 资产减少

E. 负债减少

14. 下列项目中，不会影响企业营业利润的是（　）。

A. 公允价值变动损益　　B. 资产减值损失

C. 营业外收入　　D. 营业外支出

E. 所得税费用

15. 下列关于利润表的分析中，表述正确的有（　　）。

A. 如果来自关联方交易产生的营业收入越多，则企业利润质量越好

B. 如果企业利润总额绝大部分来源于营业收入，则企业利润质量较高

C. 如果企业营业外收入在利润总额中的比重较大，则企业利润质量较好

D. 如果企业营业外收入在利润总额中的比重较大，则应注意分析企业利润的可持续性

E. 如果本期投资收益金额较大，则企业利润质量较高

三、判断题

1. 利润表是指反映企业在某一特定日期的经营成果的会计报表。（　　）

2. 利润是指收入减去费用后的净额，不包含利得或损失。（　　）

3. 为了控制企业的成本费用，管理费用越低越好。（　　）

4. 财务费用属于企业的费用，不可能出现负数。（　　）

5. 权益法核算的长期股权投资，确认的投资收益质量较好。（　　）

6. 所得税费用是企业利润总额与所得税税率计算出来的乘积。（　　）

7. 企业销售材料不属于与经常性活动相关的活动，应当确认为营业外收入。（　　）

8. 营业成本是指与营业收入相关的、已经确认了归属期和归属对象的费用。（　　）

9. 营业外收入是企业的纯收入，应与营业外支出存在配比关系。（　　）

10. 利润总额能够全面反映企业一定会计期间的经营成果，包括营业利润和营业外收支。（　　）

11. 利润表垂直分析，是指将两期或连续数期利润表相同指标进行对比，确定其增减变动的方向、金额和幅度，据以判断企业经营成果变动趋势的分析方法。（　　）

12. 当期企业投资收益金额较大，说明企业利润质量较高。（　　）

13. 公允价值变动收益不构成企业的营业利润。（　　）

14. 所得税税率的改变，不会影响企业的利润总额。（　　）

15. 与关联方交易的收入占营业收入的比重越大，说明企业营业收入质量越好。（　　）

四、业务题

1. 某公司营业收入品种构成如表 4-10 所示。

表 4-10 营业收入品种构成表

单位：千元

产品类别	本期数	上期数
食品加工机系列	2 778 000	3 393 000
营养煲系列	1 139 000	940 000
电磁炉系列	820 000	762 000
西式小家电系列	120 000	30 000
合计	4 857 000	5 125 000

要求：

（1）运用水平分析法分析该公司各产品系列销售额的变动额和变动率，分析各产品销售额的变动趋势；

（2）运用垂直分析法分析该公司营业收入的品种构成。

2. 某公司营业收入和营业成本构成资料如表 4-11 所示。

表 4-11 营业收入和营业成本构成表

单位：千元

产品类别	本期数		上期数	
	营业收入	营业成本	营业收入	营业成本
A 产品	340 000	260 000	330 000	202 500
B 产品	113 900	82 000	94 000	70 000
C 产品	82 000	57 200	76 000	56 000
合计	535 900	399 200	500 000	328 500

要求：

（1）运用垂直分析法分析该公司营业收入的构成；

（2）计算该公司本期和上期的公司毛利率和各产品毛利率，判断企业盈利能力。

3. 某公司销售费用明细表如表 4-12 所示。

表 4-12 销售费用明细表

单位：千元

项目	本期数	上期数
职工薪酬	159 000	128 000
广告费	380 000	502 000
运输费	102 000	100 000
包装费	50 000	55 000
办公费	23 000	25 000
其他	12 000	14 000
合计	726 000	824 000

要求：运用水平分析法和垂直分析法，分析该公司销售费用的变动趋势，并做出简要评价。

4. 某公司利润总额的计算表如表 4-13 所示。

表 4-13　利润总额计算表

单位：千元

项目	2013 年度	2012 年度
一、营业收入	140 000	129 000
减：营业成本	115 000	100 000
营业税金及附加	1 000	900
销售费用	3 000	2 800
管理费用	12 000	11 000
财务费用	2 000	2 300
加：公允价值变动收益	3 000	−2 500
投资收益	7 000	5 000
二、营业利润	17 000	14 500
加：营业外收入	2 500	1 800
减：营业外支出	30	50
三、利润总额	19 470	16 250

要求：分析该公司利润总额的构成，并判断企业的盈利趋势。

5. J 公司 2012 年度利润表如表 4-14 所示。

表 4-14　利润表

编制单位：J 公司　　2012 年度　　单位：元

项　目	2012 年度	2011 年度
一、营业收入	4 941 836 029.16	5 199 331 120.79
减：营业成本	3 209 849 474.70	3 358 923 758.24
营业税金及附加	30 734 206.15	39 110 012.38
销售费用	681 720 577.60	782 929 056.93
管理费用	406 273 845.55	357 366 575.50
财务费用	−33 066 533.68	−40 677 143.74
资产减值损失	10 657 854.11	5 119 568.22
加：公允价值变动收益（损失以“－”号填列）		
投资收益（损失以“－”号填列）	452 366.75	3 755 227.00
其中：对联营企业和合营企业的投资收益	−636 435.38	1 913 925.91
二、营业利润（亏损以“－”号填列）	636 118 971.48	700 314 520.26
加：营业外收入	30 340 665.77	26 196 368.87
减：营业外支出	13 986 928.44	12 363 521.42

续表

项　　目	2012 年度	2011 年度
其中：非流动资产处置损失	1 260 148.71	166 186.56
三、利润总额（亏损总额以"－"号填列）	652 472 708.81	714 147 367.71
减：所得税费用	137 783 171.04	160 120 213.90
四、净利润（净亏损以"－"号填列）	514 689 537.77	554 027 153.81

要求：

（1）运用水平分析法分析 J 公司利润表的变动情况，并作出简要评价；

（2）运用垂直分析法分析 J 公司利润表结构变动情况，并作出简要评价。

6. 请读者对所选择上市公司的利润表进行分析。

要求：运用水平分析法和垂直分析法分析该公司经营成果变动情况，并对变动较大或变动异常的利润表项目作出具体分析。

第五章　现金流量表分析

通过利润表的水平分析和垂直分析，以及重点项目的分析可以对企业的经营成果作出评价。但是，利润表是按照权责发生制基础编制的，盈利的企业不一定现金流转正常。而以收付实现制为基础编制的现金流量表能够反映企业现金流入和流出的情况，因此除了要分析资产负债表和利润表还要分析企业的现金流量表。通过本章学习，理解现金流量表的概念及作用；掌握现金流量表的格式和构成项目；掌握现金流量表的水平分析法和垂直分析法，以及对现金流量表重点项目的分析方法；通过对现金流量表的分析能够对企业的现金流量变动情况作出评价，预测企业未来财务状况。

开篇案例

杰出的企业家都深深懂得现金流量的重要性

通用电气前首席执行官杰克·韦尔奇曾宣称，“如果你有三种可以依赖的度量方法，应该就是员工满意度、顾客满意度和现金进账。”IBM 前首席执行官郭士纳则认为，要确保股东的持股价值，必须特别注意：“市场占有率上升，是否使现金流量增加，而不是恶名远播的税前盈余和胡说八道的试算盈余（财务预测）。”

1993 年，面对戴尔第一季、也是唯一一季的严重亏损时，总裁戴尔反省说：“我们和许多公司一样，一直把注意力放在利润表的数字上，却很少讨论现金周转的问题。这就好像开着一辆车，只晓得盯着仪表盘上的时速表，却没注意到油箱已经没油了。”因此，他宣称“戴尔新的营运顺序不再是‘增长、增长、再增长’，取而代之的是‘现金流量、获利性、增长’，依次发展。”

“现金为王”是华尔街的名言。现金就像企业的血液，血液流动是否顺畅，血液质量是否良好决定着一个公司的生命力。

资料来源：刘顺仁. 财报就像一本故事书［M］. 太原：山西人民出版社，2007.

第一节 现金流量表概述

在市场经济条件下，企业的现金流转情况在很大程度上影响着企业的生存和发展。企业现金充裕，就可以及时购入必要的材料物资和固定资产，及时支付工资、偿还债务、支付股利和利息；反之，轻则影响企业的正常生产经营，重则危及企业的生存。现金管理已经成为企业财务管理的一个重要方面，受到企业管理人员、投资者、债权人以及政府监管部门的关注。

一、现金流量表的概念及作用

（一）现金流量表的概念

现金流量表是指反映企业在一定会计期间的现金和现金等价物流入和流出的会计报表。现金流量表是按照收付实现制原则编制的。现金，是指企业库存现金以及可以随时用于支付的存款。不能随时用于支付的存款不属于现金。现金主要包括：库存现金、银行存款和其他货币资金。

现金等价物，是指企业持有的期限短、流动性强、易于转换为已知金额现金、价值变动很小的投资。期限短，一般指从购买日起三个月内到期。期限短、流动性强，强调了变现能力，而易于转换为已知金额现金、价值变动风险很小，强调了支付能力的大小。现金等价物通常包括三个月内到期的债券投资等。现金等价物虽然不是现金，但其支付能力与现金的差别不大，可视为现金。例如，企业为保证支付能力，手持必要的现金，为了不使现金闲置，可以购买短期债券，在需要现金时，随时可以变现。

不同企业现金及现金等价物的范围可能不同。企业应当根据经营特点等具体情况，确定现金及现金等价物的范围。一经确定不得随意变更，如果发生变更，应当按照会计政策变更处理。

下文提及现金时，除非同时提及现金等价物，均包括现金和现金等价物。现金流量是指现金和现金等价物的流入和流出。

（二）现金流量表的作用

编制现金流量表的主要目的，是为财务报表使用者提供企业一定会计期间内现金和现金等价物流入和流出的信息，以便于财务报表使用者了解和评价企业获取现金和现金等价物的能力，并据以预测企业未来现金流量。现金流量表的作用主要体现在以下几个方面：

1. 有利于分析企业现金变动的原因

资产负债表中只列示了货币资金的年初余额和期末余额，若报表使用者想要了解现金变动的原因，可以通过现金流量表进行分析，掌握企业经营活动、投资活动、筹资活动以及汇率变动对于现金变动的贡献，了解企业现金流量的来源及用途。

2. 有利于预测企业未来现金流量

虽然现金流量表反映的是企业过去一定时期内的现金流量，但却为预测未来现金流量提供了数据。通过经营活动现金流量结构，结合企业经营计划，可以预测企业未来经营活动产生的现金流量。通过投资活动和筹资活动现金流量的分析，可以了解企业投资规模、投资方向以及筹资的来源等信息，预测企业未来现金流量。

3. 有利于评价企业的利润质量

利润表是按照权责发生制基础编制的，净利润反映了企业一定会计期间的经营成果，但是并不能反映为企业带来的现金流的多少。而且利润的形成涉及较多的会计政策和会计估计问题，具有较强的主观性和可操纵性。现金流量表是按照收付实现制基础编制的，反映企业一定时期现金流入和流出的情况，具有客观性。通过经营活动产生的现金流量净额与净利润的比较，可以评价企业的利润质量。

二、现金流量表的格式

编制现金流量表的理论依据是“现金流入－现金流出＝现金净流量”。现金流量表应当分别经营活动、投资活动和筹资活动列报现金流量。

经营活动，是指企业投资活动和筹资活动以外的所有交易和事项。对于一般企业而言，经营活动主要包括销售商品、提供劳务、购买商品、接受劳务、支付税费等。

投资活动，是指企业长期资产的购建和不包括在现金等价物范围的投资及其处置活动。长期资产是指固定资产、无形资产、在建工程、其他资产等持有期限在一年或一个营业周期以上的资产。这里所讲的投资活动，既包括实物资产投资，也包括金融资产投资，不含现金等价物范围内的投资。

筹资活动，是指导致企业资本及债务规模和构成发生变化的活动。这里所说的资本，既包括实收资本（股本），也包括资本溢价（股本溢价）；这里所说的债务，指对外举债，包括向银行借款、发行债券以及偿还债务等。通常情况下，应付账款、应付票据等属于经营活动，不属于筹资活动。

企业现金流量表采用直接法列示经营活动产生的现金流量。直接法，是指通过现金收入和现金支出的主要类别列示经营活动的现金流量。一般企业现金流量表格式如表 5-1 所示。

表 5-1 现金流量表

会企 03 表

编制单位： ______年____月 单位：元

项 目	本期金额	上期金额
一、经营活动产生的现金流量：		
销售商品、提供劳务收到的现金		
收到的税费返还		
收到其他与经营活动有关的现金		
经营活动现金流入小计		
购买商品、接受劳务支付的现金		
支付给职工以及为职工支付的现金		
支付的各项税费		
支付其他与经营活动有关的现金		
经营活动现金流出小计		
经营活动产生的现金流量净额		
二、投资活动产生的现金流量：		
收回投资收到的现金		
取得投资收益收到的现金		
处置固定资产、无形资产和其他长期资产收回的现金净额		
处置子公司及其他营业单位收到的现金净额		
收到其他与投资活动有关的现金		
投资活动现金流入小计		
购建固定资产、无形资产和其他长期资产支付的现金		
投资支付的现金		
取得子公司及其他营业单位支付的现金净额		
支付其他与投资活动有关的现金		
投资活动现金流出小计		
投资活动产生的现金流量净额		
三、筹资活动产生的现金流量：		
吸收投资收到的现金		
取得借款收到的现金		
收到其他与筹资活动有关的现金		
筹资活动现金流入小计		
偿还债务支付的现金		
分配股利、利润或偿付利息支付的现金		
支付其他与筹资活动有关的现金		
筹资活动现金流出小计		

续表

项　　目	本期金额	上期金额
筹资活动产生的现金流量净额		
四、汇率变动对现金及现金等价物的影响		
五、现金及现金等价物净增加额		
加：期初现金及现金等价物余额		
六、期末现金及现金等价物余额		

【课堂测试 5-1】

1. 现金流量表的概念和作用是什么？
2. 现金流量表应当分别哪几项活动列报现金流量？

第二节　现金流量表项目解读与分析

对现金流量表进行分析，首先应了解现金流量表各主要项目的经济含义，以及分析时应注意的问题。下文分别就经营活动、投资活动、筹资活动产生的现金流量、汇率变动对现金及现金等价物的影响、现金及现金等价物净增加额以及现金流量表补充资料进行解读与分析。

现金流量表中现金流入项目有三项分别为：收到其他与经营活动有关的现金，收到其他与投资活动有关的现金，收到其他与筹资活动有关的现金；现金流出项目有三项分别为：支付其他与经营活动有关的现金，支付其他与投资活动有关的现金，支付其他与筹资活动有关的现金。此六项报表项目均有“其他”字样，因此，数额一般较小，如果数额较大，应进一步结合现金流量表项目附注分析产生的原因及其合理性，以下不再赘述。

一、经营活动产生的现金流量解读与分析

经营活动产生的现金流入项目主要有：销售商品、提供劳务收到的现金，收到的税费返还。经营活动产生的现金流出项目主要有：购买商品、接受劳务支付的现金，支付给职工以及为职工支付的现金，支付的各项税费。

（一）销售商品、提供劳务收到的现金

1. 销售商品、提供劳务收到的现金解读

该项目反映企业销售商品、提供劳务实际收到的现金，包括销售收入和应向购买者收取的增值税销项税额，具体包括：本期销售商品、提供劳务收到的

现金，以及前期销售商品、提供劳务本期收到的现金和本期预收的款项，减去本期销售本期退回的商品和前期销售本期退回的商品支付的现金。

2. 销售商品、提供劳务收到的现金分析

销售商品、提供劳务收到的现金是经营活动现金流入的主体，是企业最重要的现金来源，直接决定了企业获取现金流量能力的大小。以日常生产经营活动为主的企业，销售商品、提供劳务收到的现金一般也要超过投资、融资取得的现金。因此，一般来说，该项目数额越大越好。

与利润表中的营业收入进行比较，可以计算销售收现率。收现率较高，表明企业产品适销对路，经营环境较好；收现率较低，可能表明企业赊销严重，坏账风险较大。

篇中案例 5-1

“乐极生悲”的四川长虹

四川长虹是我国最大的彩电制造厂商，但从 1998 年后，四川长虹的销售收入就萎靡不振，不断下降。这种局面一直到 2002 年才得到改观。

四川长虹的销售收入在 2002 年出现了拐点，比 2001 年增长了 31 亿元，净利润也由 2001 年的 8 900 万元猛增至 2002 年的 1.76 亿元。但与销售收入和净利润大幅增长相背离的是经营活动产生的现金流量急转直下。

与 2002 年和 2003 年销售收入和净利润“欣欣向荣”局面背道而驰的是经营活动产生的现金流量的急剧萎缩。2004 年经营活动现金流量之所以好转，与应收票据贴现有关。2004 年一至三季度经营活动产生的现金流量为−5.88 亿元，第四季度之所以使现金流量彻底改观，主要是四川长虹在 2004 年 12 月将 10.72 亿元的应收票据向商业银行贴现，并将其列示为经营活动产生的现金流量，而这些现金流量本应列示为筹资活动产生的现金流量。剔除这一影响，四川长虹 2004 年经营活动产生的现金流量应为−3.12 亿元。

2004 年四川长虹报告了 36.81 亿元的巨额亏损，刷新了我国上市公司的亏损纪录。在这 36.81 亿元亏损中，因计提对美国 Apex 公司应收账款的坏账准备就高达 25.07 亿元。事实上，2002 年和 2003 年，四川长虹大幅增长的销售收入几乎都来自对 Apex 公司出口彩电的收入。2002 年对 Apex 公司的销售收入为 61 095 万美元，但仅收回 19 007 万美元的货款。2003 年对 Apex 公司的销售收入为 42 442 万美元，但收回的货款（包括 2002 年的货款）只有 34 990 万美元。这就是 2002 年销售收入比 2001 年增长了 31 亿元的情况下，经营活动产生的现金流量反而由 2001 年的近 14 亿元降至−30 亿元的主要原因。

2004 年四川长虹报告的 36.81 亿元亏损，是它 2002 年和 2003 年所报告的 4.17 亿元净利润的 8.8 倍！四川长虹与 Apex 公司上演的这场“乐极生悲”闹剧，留给财务报表使用者的警示是，对经营业绩（包括销售收入和净利润）与经营性现金流量相互背离的公司，应当保持高度关注。当销售收入和净利润的大幅增长主要来自单一或极少客户时，尤其应当关注货款的回收情况，审慎评估这些客户的信用风险。

资料来源：黄世忠．财务报表分析——理论、框架、方法与案例［M］．北京：中国财政经济出版社，2007．

（二）收到的税费返还

1. 收到的税费返还解读

该项目反映企业收到返还的各种税费，如收到的增值税、消费税、企业所得税、关税、教育费附加返还款等。

2. 收到的税费返还分析

一般来说，该项目没有数额，只有国家扶持或地方政府支持的企业才有可能涉及。若数额较大，应剔除这一部分对现金流入的影响，因为它只表明了国家或地方政府一个时期的政策优惠，并不代表企业持续产生现金流量的能力。

（三）购买商品、接受劳务支付的现金

1. 购买商品、接受劳务支付的现金解读

该项目反映企业购买材料、商品、接受劳务实际支付的现金，包括支付的货款以及与货款一并支付的增值税进项税额，具体包括：本期购买商品、接受劳务支付的现金，以及本期支付前期购买商品、接受劳务的未付款项和本期预付款项，减去本期发生的购货退回收到的现金。

2. 购买商品、接受劳务支付的现金分析

购买商品、接受劳务支付的现金是经营活动现金流出的主要方向，与销售商品、提供劳务收到的现金相配比，计算现金购销比率，该比率小于 1 是正常的。

与利润表中的营业成本进行比较，计算购买商品付现率。企业一般会保持适当的付现率。若付现率过低，可能意味着企业资金较为紧张；若付现率过高，可能反映企业商业信用较差。

（四）支付给职工以及为职工支付的现金

1. 支付给职工以及为职工支付的现金解读

该项目反映企业实际支付给职工的现金以及为职工支付的现金，包括企业为获得职工提供的服务，本期实际给予各种形式的报酬以及其他相关支出，如支付给职工的工资、奖金、各种津贴和补贴等，不包括支付给在建工程人员的工资。支付的在建工程人员的工资，在“购建固定资产、无形资产和其他长期资产支付的现金”项目中反映。

2. 支付给职工以及为职工支付的现金分析

支付给职工以及为职工支付的现金也是经营活动现金流出的主要方向，在分析时，可以结合财务报告中其他信息和资料找到企业的职工人数，通过计算该项目与职工人数的比值，可以了解企业的人均工资水平，并与企业历史水平、同行业水平进行比较，分析其合理性。

还可以与资产负债表应付职工薪酬项目的附注结合分析。虽然应付职工薪酬的本期减少数，包含了非货币性福利等无需现金支付的项目，与该项目并无直接对应关系，但是二者相差不应过大。一般而言，企业期末计提的应付职工薪酬也不会大于当期实际发放的薪酬数，即应付职工薪酬期末余额不应大于支付给职工以及为职工支付的现金。若出现反常情况，应对此作进一步分析，判断企业是否存在调节利润的可能性。

篇中案例 5-2

浦发银行的薪酬

浦发银行 2007 年度财务报告显示，年末应付职工薪酬余额 62.9 亿元，根据浦发银行 2007 年末公司员工 1.4 万人计算，人均工资结余高达 44.93 万元！而该行年初余额 40.3 亿元，因此，年末余额较期初余额增加了 22.6 亿元。由于浦发银行应付职工薪酬余额较大，公众开始质疑职工薪酬波动的合理性。根据该公司 2007 年度现金流量表，2007 年该公司支付给职工以及为职工支付的现金为 35 亿元，这其中包括了为职工支付的养老保险、企业年金、住房公积金及其他福利性支出，剔除福利性支出，当年实际发放给员工的工资约为 21.21 亿元。因此，其年末应付职工薪酬余额相当于该行当年实际发放给员工工资总额的 2.97 倍！或者说，其应付职工薪酬余额可以供该公司向全体员工发放近 3 年的工资。

显然，这笔巨额应付职工薪酬不是一般的应付薪酬结余。到底是如何形成的？该公司为何计提如此巨额应付款项？计提的依据是否充分？浦发银行解释：“绝对不存在隐藏并操纵利润的情况，对应付职工薪酬的提取都是按照公司章程并通过董事会决议做出的。至于提取应付职工薪酬的比例，如果与税前利润相比，在同业中也是相对合理的水平。”

资料来源：王萍．财务报表分析（修订本）[M]．北京：清华大学出版社，北京交通大学出版社，2008．

（五）支付的各项税费

1. 支付的各项税费解读

该项目反映企业按规定支付的各项税费，包括本期发生并支付的税费以及本期支付以前各期发生的税费和预交的税金，如支付的所得税、增值税、消费税、城市维护建设税、教育费附加、房产税、印花税等，不包括本期退回的增值税、所得税等税费。本期退回的增值税、所得税等，在“收到的税费返还”项目中反映。

2. 支付的各项税费分析

支付的各项税费应与其生产经营规模相适应。此外，还可以将支付的各项税费与利润表中的营业税金及附加、所得税费用以及管理费用中的税金相比较，了解企业相关税费支付情况。

二、投资活动产生的现金流量解读与分析

投资活动产生的现金流入项目主要有：收回投资收到的现金，取得投资收益收到的现金，处置固定资产、无形资产和其他长期资产收回的现金净额，处置子公司及其他营业单位收到的现金净额。投资活动产生的现金流出项目主要有：购建固定资产、无形资产和其他长期资产支付的现金，投资支付的现金，取得子公司及其他营业单位支付的现金净额。

（一）收回投资收到的现金

1. 收回投资收到的现金解读

该项目反映企业出售、转让或到期收回除现金等价物以外的交易性金融资产、可供出售金融资产、持有至到期投资和长期股权投资（不含处置子公司及其他营业单位）而收到的现金等。不包括债权性投资收回的利息，其应在“取得投资收益收到的现金”项目中反映。

2. 收回投资收到的现金分析

该项目数额一般较小，因为投资才是企业未来创造利润的增长点。如果该项目数额较大，说明企业在缩小投资规模，可能意味着企业在规避投资风险或存在资金紧张的问题。

（二）取得投资收益收到的现金

1. 取得投资收益收到的现金解读

该项目反映企业因股权性投资而分得的现金股利，从子公司、联营企业或合营企业分回利润而收到的现金，因债权性投资而取得的现金利息收入。

2. 取得投资收益收到的现金分析

该项目与利润表中的投资收益配比，可以反映投资收益的质量，即企业通过对外投资，能否取得投资收益并及时收回现金。一般来说，比重越大说明企业对外投资的质量越高。

（三）处置固定资产、无形资产和其他长期资产收回的现金净额

1. 处置固定资产、无形资产和其他长期资产收回的现金净额解读

该项目反映企业处置固定资产、无形资产和其他长期资产所取得的现金，减去为处置这些资产而支付的有关费用后的净额。由于自然灾害等原因所造成的固定资产等长期资产报废、毁损而收到的保险赔偿收入，也在该项目中反映。

2. 处置固定资产、无形资产和其他长期资产收回的现金净额分析

该项目数额一般不大，如果数额较大，可能意味着企业经营或偿债方面出现问题，不得不靠处置长期资产来维持经营或偿还到期债务，企业未来的生产能力将受到严重影响。如果该项目与“购建固定资产、无形资产和其他长期资产支付的现金”项目数额均较大，可能表明企业将调整产业结构或更新现有资产。

（四）处置子公司及其他营业单位收到的现金净额

1. 处置子公司及其他营业单位收到的现金净额解读

该项目反映企业处置子公司及其他营业单位所取得的现金减去子公司或其他营业单位持有的现金和现金等价物以及相关处置费用后的净额。

整体处置一个单位，其结算方式是多种多样的。企业处置子公司及其他营业单位是整体交易，子公司和其他营业单位可能持有现金和现金等价物。这样，整体处置子公司或其他营业单位的现金流量，就应以处置价款中收到现金的部分，减去子公司或其他营业单位持有的现金和现金等价物以及相关处置费用后的净额反映。

现金流量表准则要求企业在附注中以总额披露当期取得或处置子公司及其他营业单位的下列信息：取得或处置价格；取得或处置价格中以现金支付的部分；取得或处置子公司及其他营业单位所取得的现金；取得或处置子公司及其他营业单位按主要类别分类的非现金资产和负债。具体披露格式如表 5-2 所示。

表 5-2　取得或处置子公司及其他营业单位的披露格式

项　目	金　额
一、取得子公司及其他营业单位的有关信息：	
1. 取得子公司及其他营业单位的价格	
2. 取得子公司及其他营业单位支付的现金和现金等价物	
减：子公司及其他营业单位持有的现金和现金等价物	
3. 取得子公司及其他营业单位支付的现金净额	
4. 取得子公司的净资产	
流动资产	
非流动资产	
流动负债	
非流动负债	
二、处置子公司及其他营业单位的有关信息：	
1. 处置子公司及其他营业单位的价格	
2. 处置子公司及其他营业单位收到的现金和现金等价物	
减：子公司及其他营业单位持有的现金和现金等价物	
3. 处置子公司及其他营业单位收到的现金净额	
4. 处置子公司的净资产	
流动资产	
非流动资产	
流动负债	
非流动负债	

2. 处置子公司及其他营业单位收到的现金净额分析

该项目数额一般为零，如果有数额，意味着企业当期处置了部分子公司或其他营业单位，可能意味着企业战略结构的调整、将退出某一领域。也可能是企业陷入债务危机，不得不靠处置子公司和其他营业单位而取得的现金来还债。具体要结合企业重大事项的公告和报表附注披露的相关信息进行分析，以便查明原因，预测对企业未来发展的影响。

（五）购建固定资产、无形资产和其他长期资产支付的现金

1. 购建固定资产、无形资产和其他长期资产支付的现金解读

该项目反映企业购买、建造固定资产，取得无形资产和其他长期资产所支付的现金，包括购买机器设备所支付的现金及增值税款、建造工程支付的现金、支付在建工程人员的工资等现金支出，不包括为购建固定资产、无形资产和其他长期资产而发生的借款利息资本化的部分，以及融资租入固定资产支付的租

赁费。为购建固定资产、无形资产和其他长期资产而发生的借款利息资本化的部分，在“分配股利、利润或偿付利息支付的现金”项目反映；融资租入固定资产支付的租赁费，在“支付的其他与筹资活动有关的现金”项目反映。

2. 购建固定资产、无形资产和其他长期资产支付的现金分析

该项目反映企业对内新增投资的规模，是企业除经营活动的现金流出以外最重要的、对企业影响最大的现金流出项目。一般来说，正常经营的企业该项目应当具有一定的数额，其数额的合理性应结合行业状况，企业的规模和经营战略进行分析。

如果该项目小于处置固定资产、无形资产和其他长期资产收回的现金净额，可能意味着企业正在缩小生产经营规模或正在退出该行业，此时应进一步分析原因，是行业因素的影响还是企业自身原因，以便预测对企业未来发展的影响。

篇中案例 5-3

万福生科的“购建固定资产、无形资产和其他长期资产”项目

万福生科于 2012 年 8 月 23 日公布了 2012 年半年度报告，现金流量表中“购建固定资产、无形资产和其他长期资产支付的现金”为 58 831 179.70 元，而资产负债表中在建工程增加了 93 225 250.22 元，二者相差 34 394 070.52 元。如果在建工程的增加不全是靠现金支付，那可能是由于预付账款（即预付的工程款）减少所致，可是看到该公司预付款项也增加了 26 316 635.99 元。也许该公司“在建工程”和“预付款项”存在虚增之嫌。

（六）投资支付的现金

1. 投资支付的现金解读

该项目反映企业进行权益性投资和债权性投资所支付的现金，包括企业取得的除现金等价物以外的交易性金融资产、可供出售金融资产、持有至到期投资和长期股权投资（不含取得子公司及其他营业单位）而支付的现金，以及支付的佣金、手续费等交易费用。

2. 投资支付的现金分析

该项目反映企业各种对外投资而支付的现金，可以反映企业参与资本市场运作和实施股权投资能力的强弱。该项目与购建固定资产、无形资产和其他长期资产支付的现金进行比较，可以反映企业对外投资与对内投资的比重，从侧面分析企业的经营理念。通过与取得投资收益收到的现金比较，可以分析企业对外投资的效果。

（七）取得子公司及其他营业单位支付的现金净额

1. 取得子公司及其他营业单位支付的现金净额解读

该项目反映企业取得子公司及其他营业单位购买出价中以现金支付的部分，减去子公司或其他营业单位持有的现金和现金等价物后的净额。

整体购买一个单位，其结算方式是多种多样的，如购买方全部以现金支付或一部分以现金支付而另一部分以实物清偿。同时，子公司及其他营业单位除有固定资产和存货外，还可能持有现金和现金等价物。这样，整体购买子公司或其他营业单位的现金流量，就应以购买出价中以现金支付的部分减去子公司或其他营业单位持有的现金和现金等价物后的净额反映。

2. 取得子公司及其他营业单位支付的现金净额分析

该项目一般数额较大，但是企业发生的并不频繁。该项目反映企业通过支付现金的方式实现扩张的规模。企业应当披露当期取得或处置子公司及其他营业单位的有关信息。通过附注的阅读，可以了解企业取得子公司及其他营业单位的价格，支付的现金，取得子公司的净资产等信息。通过计算支付的现金与购买价格的比值，可以判断企业取得子公司或其他营业单位的支付方式，若比重较大，说明非现金方式使用不多，需要注意大量的现金支付对企业未来现金流量的影响。

三、筹资活动产生的现金流量解读与分析

筹资活动产生的现金流入项目主要有：吸收投资收到的现金，取得借款收到的现金。筹资活动产生的现金流出项目主要有：偿还债务支付的现金，分配股利、利润或偿付利息支付的现金。

（一）吸收投资收到的现金

1. 吸收投资收到的现金解读

该项目反映企业以发行股票、债券等方式筹集资金实际收到的款项净额，即发行收入减去支付的佣金、手续费等发行费用后的净额。

2. 吸收投资收到的现金分析

该项目反映企业通过资本市场筹集资金的能力。企业发行股票，是取得投资者投入的资金，属于所有者权益；企业发行债券，是取得债权人投入的资金，属于负债，在一定程度上可以反映企业商业信用的高低。

（二）取得借款收到的现金

1. 取得借款收到的现金解读

本项目反映企业向银行或其他金融机构举借的各种短期、长期借款而收到

的现金。

2. 取得借款收到的现金分析

该项目反映企业通过银行等金融机构筹集资金的能力，可以结合资产负债表中短期借款和长期借款进行分析，在一定程度上反映了企业商业信用的高低。

（三）偿还债务支付的现金

1. 偿还债务支付的现金解读

该项目反映企业为偿还债务本金而支付的现金，包括：偿还银行等金融机构的借款本金和偿还企业到期的债券本金等。企业偿还的借款利息、债券利息不在该项目反映，在"分配股利、利润或偿付利息支付的现金"项目反映。

2. 偿还债务支付的现金分析

将偿还债务支付的现金与企业举债收到的现金相配比进行分析。举债收到的现金包括借入的短期、长期借款及发行的债券。如果偿还债务支付的现金小于举债收到的现金，企业可能存在借新债还旧债的情况。如果偿还债务支付的现金远大于举债收到的现金，则企业可能是依靠自身经营活动产生的现金流量来偿还债务，说明企业自身资金周转处于良性循环状态。

（四）分配股利、利润或偿付利息支付的现金

1. 分配股利、利润或偿付利息支付的现金解读

该项目反映企业实际支付的现金股利，支付给其他投资单位的利润或用现金支付的借款利息、债券利息。无论是资本化计入"在建工程"的利息支出，还是费用化计入"财务费用"的利息支出，均在该项目反映。

2. 分配股利、利润或偿付利息支付的现金分析

一般来说，处于正常持续经营期间的企业分配股利、利润或偿付利息支付的现金其来源不应是筹资活动产生的现金流入，而应是经营活动产生的现金流量。因此，可以将此项目与经营活动产生的现金流量净额相比，判断经营活动产生的现金流量净额对分配股利、利润或偿付利息的保障程度。

四、汇率变动对现金及现金等价物的影响

汇率变动对现金及现金等价物的影响，反映企业外币现金流量及境外子公司的现金流量折算为记账本位币时，所采用的是现金流量发生日的即期汇率或按照系统合理的方法确定的、与现金流量发生日即期汇率近似的汇率折算的金额与"现金及现金等价物净增加额"中外币现金净增加额按资产负债表日的即期汇率折算的金额之间的差额。

此项目若数额较大，需要借助附注的相关内容分析其原因及合理性。

五、现金及现金等价物净增加额解读与分析

1. 现金及现金等价物净增加额解读

在现金流量表中，现金及现金等价物净增加额应等于经营活动产生的现金流量净额、投资活动产生的现金流量净额、筹资活动产生的现金流量净额与汇率变动对现金及现金等价物的影响之和。该项目应与现金流量表补充资料中“现金及现金等价物净增加额”核对相符。一般来说，该项目也应与资产负债表中货币资金的期末数与年初数的差额存在勾稽关系。

2. 现金及现金等价物净增加额分析

（1）现金及现金等价物净增加额为正数的分析

现金及现金等价物净增加额为正数表明企业现金总流入大于现金总流出，但也不能绝对说明企业现金流量质量较好，还需要分析其形成的原因。如果主要是经营活动产生的现金流量引起的，说明企业收现能力强，经营活动现金流量质量较好，不仅能够满足经营本身的需要，剩余部分还可以用于投资、还债或支付股利等。如果主要是投资活动产生的，甚至是处置固定资产、无形资产和其他长期资产引起的，可能反映企业生产经营能力衰退，从而依靠处置非流动资产缓解资金矛盾。如果主要是筹资活动引起的，这意味着企业将支付更多的利息或股利，未来只有创造更大的现金流量净增加额，才能满足偿付的需要，企业可能承受较大的财务风险。

（2）现金及现金等价物净增加额为负数的分析

现金及现金等价物净增加额为负数，一般是不良信息，但还要分析具体原因。如果主要由经营活动引起，经营活动产生的现金流量净额为负数，可能说明经营活动现金流量自我适应能力较差，经营活动现金流量不仅不能支持投资或偿债的资金需要，而且还要借助于收回投资或举借新债取得资金才能维持正常经营。形成这种情况的原因，可能是货款回收不利，或存货大量积压所致。

如果企业经营活动产生的现金流量净额为正数，且数额较大，但现金及现金等价物净增加额仍为负数，可能就是由投资活动或筹资活动引起的。如果是由于企业对外投资或购置固定资产、无形资产或其他长期资产引起的投资活动现金流量为负数，此时并不能说明企业经营能力不佳，可能意味着未来会有更大的现金流入，但此时应关注其投资风险。如果现金净流量的减少主要是由偿还债务及利息引起的，筹资活动现金流量为负数，则可能表明企业未来需要支付的现金减少、财务风险变小。

（3）结合企业所处发展阶段分析

企业发展阶段不同，所呈现的现金流量特点也不同。企业的发展阶段一般分为初创期、成长期、成熟期和衰退期。

处于初创期的企业，经营的各个环节都处于“磨合”状态，设备、人力资源的利用率相对较低，很难产生正的经营现金流量。企业还需要大量的投资去研发产品、开拓市场，因此投资活动现金流出金额巨大。由于经营风险较高，很难取得借款，大量的资金需求需要依靠吸收股权融资进行，筹资活动现金流入巨大。

处于成长期的企业，经营活动现金流量不断增长。需要进一步扩大规模，投资活动现金流量仍为负数。筹资方面，由于经营活动产生的现金流量不能满足投资需要，仍需外部筹资，因此，筹资活动现金流量为正数。

处于成熟期的企业，经营活动现金流量继续增长，但增幅可能不大，经营活动现金流量充沛。投资放缓，经营活动现金流量能够满足投资需求。基本上不需进行外部筹资，还可以偿还借款，向股东发放股利，筹资活动现金流量可以出现负数。

处于衰退期的企业，经营活动现金流量日益萎缩，现金流入长期小于现金流出。企业不进行新的投资，而是处置原有资产，可能出现投资活动现金流量为正数的情况。由于处于衰退期，也很难筹集资金，企业仍需发放股利、偿还利息和债务等，筹资活动现金流量可能为负数。此种现金流形式不会长久，企业将走向消亡。

因此，处于成熟期的企业在经营活动现金流量较为充沛的情况下，应注意寻找新的投资机会，从而避免企业走向衰退。总之，对现金及现金等价物净增加额的分析不能一概而论，应结合企业所处的发展阶段、经营战略等做具体分析。

六、现金流量表补充资料解读与分析

企业应当采用间接法在现金流量表附注中披露将净利润调节为经营活动现金流量的信息。间接法，是指以本期净利润为起点，通过调整不涉及现金的收入、费用、营业外收支以及经营性应收应付等项目的增减变动，调整不属于经营活动的现金收支项目，据此计算并列报经营活动产生的现金流量的方法。采用直接法编报的现金流量表，便于分析企业经营活动产生的现金流量的来源和用途，预测企业未来的现金流量；采用间接法编报现金流量表，便于将净利润与经营活动产生的现金流量净额进行比较，了解净利润与经营活动产生的现金流量差异的原因，从现金流量的角度分析净利润的质量。所以，我国企业会计准则规定企业应当采用直接法编报现金流量表，同时要求在附注中提供以净利润为基础调节到经营活动产生的现金流量净额的信息。现金流量表补充资料披露格式，如表 5-3 所示。

表 5-3　现金流量表补充资料

补　充　资　料	本期金额	上期金额
1. 将净利润调节为经营活动现金流量：		
净利润		
加：资产减值准备		
固定资产折旧、油气资产折耗、生产性生物资产折旧		
无形资产摊销		
长期待摊费用摊销		
处置固定资产、无形资产和其他长期资产的损失（收益以“-”号填列）		
固定资产报废损失（收益以“-”号填列）		
公允价值变动损失（收益以“-”号填列）		
财务费用（收益以“-”号填列）		
投资损失（收益以“-”号填列）		
递延所得税资产减少（增加以“-”号填列）		
递延所得税负债增加（减少以“-”号填列）		
存货的减少（增加以“-”号填列）		
经营性应收项目的减少（增加以“-”号填列）		
经营性应付项目的增加（减少以“-”号填列）		
其他		
经营活动产生的现金流量净额		
2. 不涉及现金收支的重大投资和筹资活动：		
债务转为资本		
一年内到期的可转换公司债券		
融资租入固定资产		
3. 现金及现金等价物净变动情况		
现金的期末余额		
减：现金的期初余额		
加：现金等价物的期末余额		
减：现金等价物的期初余额		
现金及现金等价物净增加额		

现金流量表补充资料的解读与分析，包括将净利润调节为经营活动现金流量、不涉及现金收支的重大投资和筹资活动以及现金及现金等价物净变动情况的解读与分析。

（一）将净利润调节为经营活动现金流量

对于该项目的解读与分析较为重要，因为它直接揭示了企业的净利润与经营活动产生的现金流量净额的区别以及产生这种区别的主要原因。具体调整项目主要有以下三类：一是没有实际现金流出的费用或损失；二是不属于经营活动的损益；三是经营性资产负债项目的变动。

1. 没有实际现金流出的费用或损失

没有实际现金流出的费用或损失项目包括了四项调整项：（1）资产减值准备；（2）固定资产折旧、油气资产折耗、生产性生物资产折旧；（3）无形资产摊销；（4）长期待摊费用摊销。不管是折旧的计提、摊销的计提还是减值准备的计提，都计入利润表相关的费用或损失中，但是并没有发生实际的现金流出。因此，需要在净利润的基础上将其全部加回。

（1）资产减值准备

该项目反映本期计提的坏账准备、存货跌价准备、可供出售金融资产减值准备、持有至到期投资减值准备、长期股权投资减值准备、投资性房地产减值准备、固定资产减值准备、在建工程减值准备、无形资产减值准备等资产减值准备。本期计提资产减值准备时，减值损失已计入本期利润表中的“资产减值损失”项目，但是并不会导致现金流出企业，因此，在将净利润调节为经营活动现金流量时应将其加回。

（2）固定资产折旧、油气资产折耗、生产性生物资产折旧

该项目反映企业本期计提的固定资产折旧、油气资产折耗、生产性生物资产折旧。由于资产折旧、折耗会计入利润表相关成本费用中，但并不会导致现金流出企业，因此在将净利润调节为经营活动现金流量时应将其加回。

（3）无形资产摊销、长期待摊费用摊销

这两个项目分别反映企业本期计提的无形资产摊销和长期待摊费用摊销。无形资产和长期待摊费用的摊销，应计入本期利润表中的成本费用中，从而减少企业的净利润，但是并没有现金流出企业，因此在将净利润调节为经营活动现金流量时应将其加回。

以上四项未涉及现金的成本费用项目，在计量过程中需要运用较多的会计职业判断，会计估计成分较大。所以对金额较大，变化显著的项目应结合报表附注相关项目及会计政策和会计估计进行详细分析，以发现操纵利润的行为。

2. 不属于经营活动的损益

不属于经营活动的损益项目主要包括：（1）处置固定资产、无形资产和其他长期资产的损失（收益以“－”填列）；（2）固定资产报废损失（收益以“－”

填列)；(3) 公允价值变动损失（收益以“－”填列)；(4) 投资损失（收益以“－”填列)。这四项均已计入利润表的相关利得或损失中，但属于投资活动产生的损益，不属于经营活动。因此，在将净利润调节为经营活动现金流量时应予以调整。

值得说明的是财务费用项目，企业发生的财务费用可以分别归属于经营活动、投资活动和筹资活动。对属于经营活动产生的财务费用，若既影响净利润又影响经营活动现金流量，如到期支付应付票据的利息，则不需要调整；对属于投资活动和筹资活动产生的财务费用，如长期借款利息，则只影响净利润，不影响经营活动现金流量，应在净利润的基础上予以调整。

3. 经营性资产负债项目的变动

经营性资产负债项目的变动项目主要包括：(1) 递延所得税资产减少（增加以“－”填列)；(2) 递延所得税负债增加（减少以“－”填列)；(3) 存货的减少（增加以“－”填列)；(4) 经营性应收项目的减少（增加以“－”填列)；(5) 经营性应付项目的增加（减少以“－”填列)。经营性应收项目包括应收票据、应收账款、预付账款、长期应收款和其他应收款中与经营活动有关的部分。经营性应付项目包括应付票据、应付账款、预收账款、应付职工薪酬、应交税费、其他应付款中与经营活动有关的部分。

如果用不太严密的推理，可以将经营性资产负债项目的变动对现金流量的影响理解为：递延所得税资产减少或递延所得税负债增加，会导致利润表中所得税费用增加，净利润减少，但并没有发生现金流出；存货减少，会导致利润表中营业成本增加，净利润减少，但并没有发生现金流出；经营性应收项目减少，收到的现金增加；经营性应付项目增加，支付的现金减少。因此，将净利润调节为经营活动现金流量时应将其加回。如果经营性资产负债项目的变动是相反方向，将净利润调节为经营活动现金流量时应将其减去。

通过现金流量表补充资料分析，可以了解企业的净利润与经营活动产生的现金流量净额的区别以及产生这种区别的主要原因，对其中变化较大的项目应做出具体分析，从而判断企业的利润质量。比如一些企业往往利用折旧计提和坏账估计等而调节利润，但是并不会使现金流量相应增加，由此可以发现企业可能存在利用会计政策和会计估计变更调节利润的情况。再如，如果存货增加、经营性应收项目增加过大，则企业可能存在存货积压、为提高销量而放宽信用条件导致无法收回账款的问题。因此，如果发现企业净利润增加，但是经营活动现金流量净额下降、甚至为负的情况，说明该企业利润质量不佳，可能存在虚增利润的嫌疑或者存在现金回收风险。

篇中案例 5-4

万福生科的现金流量表补充资料

万福生科 2012 年半年报的现金流量表补充资料中，将净利润调节为经营活动现金流量的信息披露如表 5-4 所示。

表 5-4 现金流量表补充资料

补 充 资 料	本期金额	上期金额
1. 将净利润调节为经营活动现金流量：		
净利润	26 553 192.01	31 178 898.13
加：资产减值准备	2 374 153.54	339 912.54
固定资产折旧、油气资产折耗、生产性生物资产折旧	44 738 580.70	6 060 248.37
无形资产摊销	2 419 662.60	325 592.90
长期待摊费用摊销		
处置固定资产、无形资产和其他长期资产的损失（收益以“−”号填列）		
固定资产报废损失（收益以“−”号填列）		
公允价值变动损失（收益以“−”号填列）		1 229 380.00
财务费用（收益以“−”号填列）		8 086 585.51
投资损失（收益以“−”号填列）		2 170 060.00
递延所得税资产减少（增加以“−”号填列）		−133 420.12
递延所得税负债增加（减少以“−”号填列）		
存货的减少（增加以“−”号填列）		−12 931 505.17
经营性应收项目的减少（增加以“−”号填列）		−3 009 249.73
经营性应付项目的增加（减少以“−”号填列）		4 237 459.44
其他		
经营活动产生的现金流量净额	−28 589 370.08	39 555 630.96

从上表可以发现该公司 2012 年 1～6 月份“财务费用”、“存货的减少”、“经营性应收项目的减少”,“经营性应付项目的增加”等项目均没有数额列示。而且“经营活动产生的现金流量净额”并不是由“净利润”加上各种调整项计算得出的。这样一份数据不平的报表却出现在上市公司对外公布的财务报告中，不得不引人深思。

因此即使在证监会立案调查之前，投资者通过阅读该公司财务会计报告，也是能够发现问题的。即便不知道是财务造假，也能够从简单的报表项目之间的勾稽关系，看出该公司财务处理的不规范，从而规避此类上市公司。

（二）不涉及现金收支的重大投资和筹资活动

不涉及现金收支的重大投资和筹资活动，反映企业一定期间内影响资产或负债但不形成该期现金支出的所有投资和筹资活动的信息。这些投资和筹资虽然不涉及现金收支，但对以后各期的现金流量有重大影响。主要包括：

1. 债务转为资本

债务转为资本，反映企业本期转为资本的债务金额。发生此情况，可能意味着企业因偿债能力较差而发生了债务重组。其对企业未来现金流量的影响是，由于固定的利息负担减少，使企业的经营压力降低。

2. 一年内到期的可转换公司债券

一年内到期的可转换公司债券，反映企业一年内到期的可转换公司债券的本息。可转换公司债券是指在一定条件下可以被转换成公司股票的债券。可转债具有债权和期权的双重属性，其持有人可以选择持有债券到期，获取公司还本付息；也可以选择在约定的时间内转换成股票，享受股利分配或资本增值。

因此，一年内到期的可转换公司债券形成了企业的或有负债。如果到期不能转换为股票，公司将发生大额的现金流出；如果转换成功，则减少了企业的现金流出。

3. 融资租入固定资产

融资租入固定资产，反映企业本期融资租入的固定资产，计入“长期应付款”账户的金额。企业虽然当期并不支付设备款，但以后各期必须为此支付租金，在未来一定时期形成了一项固定的现金支出。

（三）现金及现金等价物净变动情况

现金及现金等价物净变动情况，反映了现金及现金等价物的期末余额、期初余额以及现金及现金等价物净增加额的信息。其中，现金的期末余额和期初余额一般应和资产负债表货币资金期末余额和年初余额核对相符；现金及现金等价物净增加额应和现金流量表正表中“现金及现金等价物净增加额”核对相符。

【课堂测试 5-2】

简述企业不同发展阶段的现金流量特征。

第三节 现金流量表分析

现金流量表是企业对外提供的反映企业现金流入和流出情况的财务报表。通过现金流量表的水平分析和垂直分析，可以了解企业现金流量变动的原因，现金流量前后各期的差异情况以及现金流入和现金流出的结构，分析企业现金流量的质量，判断对企业未来发展的影响。

一、现金流量表水平分析

现金流量表水平分析，是指将两期或连续数期现金流量表相同项目进行对比，确定其增减变动的方向、金额和幅度，据以判断企业现金流量变动趋势的分析方法。

通过现金流量表水平分析，可以了解企业现金流量的变动情况，并分析其变动产生的原因。通过经营活动、投资活动和筹资活动现金流量变动情况的分析，可以判断企业所处的发展阶段，借以预测企业未来的发展前景。

二、现金流量表垂直分析

现金流量表垂直分析，又称为现金流量表结构分析，是对现金流量的各个组成部分及其相互关系的分析。与资产负债表和利润表垂直分析不同，现金流量表垂直分析并没有一个统一的总体，而是分为现金流入流出比分析、现金流入结构分析和现金流出结构分析。

（一）现金流入流出比分析

现金流入流出比分析，即将现金流入与现金流出相比，可以分为经营活动现金流入流出比、投资活动现金流入流出比和筹资活动现金流入流出比。一般来说，一个健康成长的公司，经营活动现金流量净额是正数，即经营活动现金流入流出比应大于 1；投资活动现金流量净额是负数，即投资活动现金流入流出比应小于 1；筹资活动要视经营活动和投资活动需要的现金而定，若在企业经营活动和投资活动需要现金支持时，筹资活动应及时足额地筹集资金以满足需求，此时筹资活动现金流量应是正数，即筹资活动现金流入流出比应大于 1；若企业经营活动在满足投资活动的同时，还产生大量资金闲置，筹资活动应及时清偿债务本息或回馈股东，此时筹资活动现金流量则是负数，即筹资活动现金流入流出比应小于 1。

（二）现金流入结构分析

现金流入结构分为现金流入总体结构和现金流入内部结构。现金流入总体结构反映企业经营活动的现金流入量、投资活动的现金流入量和筹资活动的现金流入量等分别占全部现金流入量的比重。现金流入内部结构反映经营活动、投资活动和筹资活动等各项业务活动现金流入中具体项目的构成情况。通过现金流入结构分析可以看出企业现金流入的来源，增加现金流入应在哪些方面采取措施等。

一般来说，企业的现金流入量中，经营活动的现金流入量应当占大部分，特别是销售商品、提供劳务收到的现金应明显高于其他业务活动流入的现金。所占比例越高，说明企业持续经营及获利能力的稳定程度越高，收益质量越好，抗风险能力也越强。

（三）现金流出结构分析

现金流出结构分为现金流出总体结构和现金流出内部结构。现金流出总体结构反映企业经营活动的现金流出量、投资活动的现金流出量和筹资活动的现金流出量等分别占全部现金流出量的比重。现金流出内部结构反映经营活动、投资活动和筹资活动等各项业务活动现金流出中具体项目的构成情况。通过现金流出结构分析可以看出企业现金流出的去向，要节约开支应从哪方面入手等。

一般来说，企业的现金流出量中，经营活动的现金流出量占大部分，购买商品、接受劳务支付的现金往往占较大的比重。投资活动和筹资活动的现金流出比重则因企业的投资政策和筹资政策的不同而存在较大差异。若企业将进行大规模对内对外投资，则投资活动现金流出比重会增加，此时企业未来会有增长潜力，但风险也较大。

三、现金流量表案例分析

下面以 ABC 股份有限公司 2012 年度现金流量表及其相关资料为例，进行现金流量表分析。

ABC 股份有限公司现金流量表如表 5-5 所示。

表 5-5　现金流量表

编制单位：ABC 股份有限公司　　2012 年 1-12 月　　单位：元

项　　目	本期金额	上期金额
一、经营活动产生的现金流量：		
销售商品、提供劳务收到的现金	12 645 407 074.29	11 756 257 573.16
收到的税费返还	0.00	0.00

续表

项 目	本期金额	上期金额
收到其他与经营活动有关的现金	245 045 149.83	215 180 317.07
经营活动现金流入小计	12 890 452 224.12	11 971 437 890.23
购买商品、接受劳务支付的现金	8 368 818 155.71	7 613 488 837.85
支付给职工以及为职工支付的现金	1 743 651 322.34	1 558 439 850.55
支付的各项税费	505 268 451.43	480 073 767.67
支付其他与经营活动有关的现金	607 014 400.10	486 439 202.40
经营活动现金流出小计	11 224 752 329.58	10 138 441 658.47
经营活动产生的现金流量净额	1 665 699 894.54	1 832 996 231.76
二、投资活动产生的现金流量：		
收回投资收到的现金	4 547 744.87	14 757 079.15
取得投资收益收到的现金	92 208 126.93	97 064 149.11
处置固定资产、无形资产和其他长期资产收回的现金净额	6 169 091.94	42 613 035.87
处置子公司及其他营业单位收到的现金净额	0.00	0.00
收到其他与投资活动有关的现金	0.00	0.00
投资活动现金流入小计	102 924 963.74	154 434 264.13
购建固定资产、无形资产和其他长期资产支付的现金	1 458 447 573.98	573 773 459.03
投资支付的现金	22 050 000.00	569 495 143.91
取得子公司及其他营业单位支付的现金净额	0.00	0.00
支付其他与投资活动有关的现金	3 693 143.44	0.00
投资活动现金流出小计	1 484 190 717.42	1 143 268 602.94
投资活动产生的现金流量净额	−1 381 265 753.68	−988 834 338.81
三、筹资活动产生的现金流量：		
吸收投资收到的现金	356 159 584.19	50 960 000.00
取得借款收到的现金	3 734 600 000.00	1 609 320 000.00
收到其他与筹资活动有关的现金	0.00	0.00
筹资活动现金流入小计	4 090 759 584.19	1 660 280 000.00
偿还债务支付的现金	3 513 262 925.73	1 898 920 000.00
分配股利、利润或偿付利息支付的现金	442 860 306.96	873 125 307.84
支付其他与筹资活动有关的现金	0.00	4 323 542.45
筹资活动现金流出小计	3 956 123 232.69	2 776 368 850.29
筹资活动产生的现金流量净额	134 636 351.50	−1 116 088 850.29
四、汇率变动对现金及现金等价物的影响	10 450 478.74	−754 514.19
五、现金及现金等价物净增加额	429 520 971.10	−272 681 471.53
加：期初现金及现金等价物余额	2 853 680 235.63	3 126 361 707.16
六、期末现金及现金等价物余额	3 283 201 206.73	2 853 680 235.63

（一）ABC股份有限公司现金流量表水平分析

ABC股份有限公司现金流量表水平分析表如表5-6所示。

表5-6　现金流量表水平分析表

单位：元

项　　目	2012年度	2011年度	变动额	变动率（%）
一、经营活动产生的现金流量：				
销售商品、提供劳务收到的现金	12 645 407 074.29	11 756 257 573.16	889 149 501.13	7.56
收到的税费返还	0.00	0.00	0.00	
收到其他与经营活动有关的现金	245 045 149.83	215 180 317.07	29 864 832.76	13.88
经营活动现金流入小计	12 890 452 224.12	11 971 437 890.23	919 014 333.89	7.68
购买商品、接受劳务支付的现金	8 368 818 155.71	7 613 488 837.85	755 329 317.86	9.92
支付给职工以及为职工支付的现金	1 743 651 322.34	1 558 439 850.55	185 211 471.79	11.88
支付的各项税费	505 268 451.43	480 073 767.67	25 194 683.76	5.25
支付其他与经营活动有关的现金	607 014 400.10	486 439 202.40	120 575 197.70	24.79
经营活动现金流出小计	11 224 752 329.58	10 138 441 658.47	1 086 310 671.11	10.71
经营活动产生的现金流量净额	1 665 699 894.54	1 832 996 231.76	−167 296 337.22	−9.13
二、投资活动产生的现金流量：				
收回投资收到的现金	4 547 744.87	14 757 079.15	−10 209 334.28	−69.18
取得投资收益收到的现金	92 208 126.93	97 064 149.11	−4 856 022.18	−5.00
处置固定资产、无形资产和其他长期资产收回的现金净额	6 169 091.94	42 613 035.87	−36 443 943.93	−85.52
处置子公司及其他营业单位收到的现金净额	0.00	0.00	0.00	
收到其他与投资活动有关的现金	0.00	0.00	0.00	
投资活动现金流入小计	102 924 963.74	154 434 264.13	−51 509 300.39	−33.35
购建固定资产、无形资产和其他长期资产支付的现金	1 458 447 573.98	573 773 459.03	884 674 114.95	154.19
投资支付的现金	22 050 000.00	569 495 143.91	−547 445 143.91	−96.13
取得子公司及其他营业单位支付的现金净额	0.00	0.00	0.00	
支付其他与投资活动有关的现金	3 693 143.44	0.00	3 693 143.44	

续表

项　目	2012 年度	2011 年度	变动额	变动率(%)
投资活动现金流出小计	1 484 190 717.42	1 143 268 602.94	340 922 114.48	29.82
投资活动产生的现金流量净额	−1 381 265 753.68	−988 834 338.81	−392 431 414.87	39.69
三、筹资活动产生的现金流量：				
吸收投资收到的现金	356 159 584.19	50 960 000.00	305 199 584.19	598.90
取得借款收到的现金	3 734 600 000.00	1 609 320 000.00	2 125 280 000.00	132.06
收到其他与筹资活动有关的现金	0.00	0.00	0.00	
筹资活动现金流入小计	4 090 759 584.19	1 660 280 000.00	2 430 479 584.19	146.39
偿还债务支付的现金	3 513 262 925.73	1 898 920 000.00	1 614 342 925.73	85.01
分配股利、利润或偿付利息支付的现金	442 860 306.96	873 125 307.84	−430 265 000.88	−49.28
支付其他与筹资活动有关的现金	0.00	4 323 542.45	−4 323 542.45	−100.00
筹资活动现金流出小计	3 956 123 232.69	2 776 368 850.29	1 179 754 382.40	42.49
筹资活动产生的现金流量净额	134 636 351.50	−1 116 088 850.29	1 250 725 201.79	−112.06
四、汇率变动对现金及现金等价物的影响	10 450 478.74	−754 514.19	11 204 992.93	−1485.06
五、现金及现金等价物净增加额	429 520 971.10	−272 681 471.53	702 202 442.63	−257.52
加：期初现金及现金等价物余额	2 853 680 235.63	3 126 361 707.16	−272 681 471.53	−8.72
六、期末现金及现金等价物余额	3 283 201 206.73	2 853 680 235.63	429 520 971.10	15.05

通过现金流量表的水平分析，可以看出 ABC 股份有限公司现金流量的变动情况主要表现在：

1. ABC 公司 2012 年现金及现金等价物净增加额为 429 520 971.10 元，而上年为-272 681 471.53 元。其中，该公司 2012 年经营活动产生的现金流量净额为 1 665 699 894.54 元较上年的 1 832 996 231.76 元，下降了 167 296 337.22 元，下降率为 9.13%；投资活动产生的现金流量净额为-1 381 265 753.68 元，较上年的-988 834 338.81 元，增加的现金流出量为 392 431 414.87 元；筹资活动产生的现金流量净额为 134 636 351.50 元，而 2011 年却为-1 116 088 850.29 元。由此不难看出，该公司现金及现金等价物由负转正的原因，是由于筹资活动引起的。而经营活动创造现金的能力有所减弱，投资活动所需要的现金，有一部分是靠企业筹资活动弥补的。

2. 经营活动产生的现金流量净额之所以下降，是因为经营活动现金流入仅增加了7.68%，而经营活动现金流出却增加了10.71%。具体原因还应结合资产负债表和利润表进行分析。销售商品、提供劳务收到的现金上涨了7.56%，比营业收入的增长率6.05%略高，主要是源于公司预收款项较上年的提高。在经营活动现金流出中，购买商品、接受劳务支付的现金较上年增加了9.92%，增幅较大，是由于公司预付款项较上年增加了690.95%，导致了现金的流出。支付给职工以及为职工支付的现金的增加在合理范围之内。对于支付的其他与经营活动有关的现金增加了120 575 197.70元，增幅为24.79%，增长较快，应进一步分析其合理性。

3. 投资活动产生的现金流量净额两年均为负数，说明现金流出大于现金流入。具体来讲，从投资活动现金流入来看，收回投资收回的现金下降了69.18%，说明收回对外投资很少。取得投资收益收回的现金有小幅度的下降，降了5%，与利润表中投资收益相比，2012年取得投资收益收回的现金为92 208 126.93元，而利润表中投资收益为217 060 221.43，二者相差较大，可能是由于该公司对外投资主要是对联营企业和合营企业的投资，所确认的投资收益要大于所形成的现金流入量所致。处置固定资产、无形资产和其他长期资产收回的现金净额下降了85.52%，说明企业处置长期资产很少。

从投资活动现金流出来看，购建固定资产、无形资产和其他长期资产支付的现金从上年的573 773 459.03元，猛增到1 458 447 573.98元，增加了884 674 114.95元，增长率高达154.19%，说明企业加大了对内投资的力度，从资产负债表在建工程项目的增加也进一步得到了印证。而投资支付的现金从上年的569 495 143.91元下降到22 050 000.00元，下降了96.13%，说明该公司放缓了对外投资的速度，更加注重自身发展。

4. 由于经营活动产生的现金流量净额有所下降，那么，投资活动需要的大量现金还需要通过筹资活动来解决。从筹资活动产生的现金流量来看，筹资活动产生的现金流量净额由负转正，也正说明了此问题。具体来说，吸收投资收到的现金增加了305 199 584.19元，增加了598.90%，源于少数股东的投资。取得借款收到的现金从上年的1 609 320 000.00元，增加到3 734 600 000.00元，增长率为132.06%。结合资产负债表，可以看出主要是由于长期借款和短期借款的增加。从筹资活动产生的现金流出来看，偿还债务支付的现金增加了1 614 342 925.73元，增长率为85.01%。从借款收到的现金和偿还债务支付的现金总额来看，表明公司有一部分负债是借新债还旧债所致。分配股利、利润或偿付利息支付的现金下降了430 265 000.88元，下降了49.28%。说明支付的股利或利息有所减少，到底是股利、利润还是利息支付的减少需结合其他资料分析。

5. 通过现金流量表水平分析，可以看出 ABC 公司加大了对内投资，在经营活动产生现金流量净额有所下降的情况下，加大了借款的力度，未来的利息支出将会增加。当然只要企业经营状况良好，通过筹资扩大投资规模，发挥财务杠杆效应，是无可厚非的。

（二）ABC 股份有限公司现金流量表垂直分析

1. 现金流入流出比分析

ABC 股份有限公司现金流入流出比分析表如表 5-7 所示。

表 5-7　现金流入流出比分析表

项　目	2012 年	2011 年
经营活动流入流出比	1.15	1.18
投资活动流入流出比	0.07	0.14
筹资活动流入流出比	1.03	0.60

ABC 公司 2011 年和 2012 年经营活动现金流入流出比均大于 1，表明经营活动现金流入均大于现金流出，经营活动现金流量质量较高，但 2012 年较 2011 年略有下降。投资活动现金流入流出比 2012 年仅为 0.07，较 2011 年的 0.14 还低，说明投资活动现金流出远大于现金流入，表明企业加大了投资力度，且现金流出主要是用于购建固定资产、无形资产和其他长期资产的内部投资。筹资活动流入流出比 2012 年为 1.03，而 2011 年为 0.6，说明该公司 2011 年经营活动产生的现金流量充足，不但满足了投资的需要，还偿还了贷款本息，使筹资活动现金流入小于现金流出。2012 年该公司加大了对内投资力度，在经营活动产生的现金流量无法足额满足投资的情况下，通过筹资来满足资金需求，使得筹资活动现金流入大于现金流出。

通过现金流入流出比分析，可以看出该公司经营活动现金流入流出比均大于 1，投资活动现金流入流出比均小于 1，而筹资活动现金流入流出比在 1 的上下波动。说明该公司现金流入和现金流出之间的匹配较好。

2. 现金流入结构分析

ABC 股份有限公司现金流入总体结构分析表和现金流入内部结构分析表，如表 5-8 和 5-9 所示。

表 5-8　现金流入总体结构分析表

项　目	2012 年结构（%）	2011 年结构（%）
经营活动现金流入	75.45	86.84
投资活动现金流入	0.60	1.12
筹资活动现金流入	23.94	12.04
现金流入合计	100.00	100.00

表 5-9　现金流入内部结构分析表

项　目	2012 年内部结构（%）	2011 年内部结构（%）
一、经营活动产生的现金流入：		
销售商品、提供劳务收到的现金	98.10	98.20
收到的税费返还	0.00	0.00
收到其他与经营活动有关的现金	1.90	1.80
经营活动现金流入小计	100.00	100.00
二、投资活动产生的现金流入：		
收回投资收到的现金	4.42	9.56
取得投资收益收到的现金	89.59	62.85
处置固定资产、无形资产和其他长期资产收回的现金净额	5.99	27.59
处置子公司及其他营业单位收到的现金净额	0.00	0.00
收到其他与投资活动有关的现金	0.00	0.00
投资活动现金流入小计	100.00	100.00
三、筹资活动产生的现金流入：		
吸收投资收到的现金	8.71	3.07
取得借款收到的现金	91.29	96.93
收到其他与筹资活动有关的现金	0.00	0.00
筹资活动现金流入小计	100.00	100.00

通过 ABC 公司现金流入总体结构可以看出，该公司 2012 年经营活动现金流入比重由 2011 年的 86.84%下降到 75.45%，但仍在现金流入中占绝大部分。投资活动现金流入比重进一步降低，从 1.12%下降到 0.6%，说明企业并不依靠投资获取现金流入，主业特征明显。筹资活动现金流入比重从 2011 年的 12.04%上升到 23.94%，说明筹资取得的现金流入也成为一项重要的现金流入来源。

再从现金流入内部结构来看，经营活动现金流入中销售商品、提供劳务收到的现金是最重要的来源，2011 年和 2012 年的比重分别为 98.2%和 98.1%。投资活动现金流入中，取得投资收益收到的现金是最重要的现金流入来源，且 2012 年占比达到 89.59%，较 2011 年的 62.85%提高较大，说明投资活动现金流入结构合理。筹资活动现金流入中，取得借款收到的现金占比最大，2011 年和 2012 年比重分别达到 96.93%和 91.29%，说明银行借款是该公司最主要的融资渠道。

总之，从现金流入结构来看，该公司现金流入结构合理。经营活动现金流入量占绝大部分，且基本都是由销售商品、提供劳务引起的，表明该公司注重自身经营。

3. 现金流出结构分析

ABC 股份有限公司现金流出总体结构分析表和现金流出内部结构分析表，如表 5-10 和 5-11 所示。

表 5-10 现金流出总体结构分析表

项 目	2012 年结构（%）	2011 年结构（%）
经营活动现金流出	67.35	72.12
投资活动现金流出	8.91	8.13
筹资活动现金流出	23.74	19.75
现金流出合计	100.00	100.00

表 5-11 现金流出内部结构分析表

项 目	2012 年内部结构（%）	2011 年内部结构（%）
一、经营活动产生的现金流出：		
购买商品、接受劳务支付的现金	74.56	75.10
支付给职工以及为职工支付的现金	15.53	15.37
支付的各项税费	4.50	4.74
支付其他与经营活动有关的现金	5.41	4.80
经营活动现金流出小计	100.00	100.00
二、投资活动产生的现金流出：		
购建固定资产、无形资产和其他长期资产支付的现金	98.27	50.19
投资支付的现金	1.49	49.81
取得子公司及其他营业单位支付的现金净额	0.00	0.00
支付其他与投资活动有关的现金	0.25	0.00
投资活动现金流出小计	100.00	100.00
三、筹资活动产生的现金流出：		
偿还债务支付的现金	88.81	68.40
分配股利、利润或偿付利息支付的现金	11.19	31.45
支付其他与筹资活动有关的现金	0.00	0.16
筹资活动现金流出小计	100.00	100.00

通过ABC公司现金流出总体结构可以看出，经营活动现金流出比重从2011年的72.12%下降到67.35%；投资活动现金流出比重2012年为8.91%较2011年的8.13%，略有上升；筹资活动现金流出比重从2011年的19.75%上升到23.74%。

具体来看，经营活动现金流出内部结构稳定，购买商品、接受劳务支付的现金占较大比重。投资活动现金流出中购建固定资产、无形资产和其他长期资产支付的现金从2011年的50.19%上升到2012年的98.27%，而投资支付的现金，从2011年的49.81%下降到2012年的1.49%，说明该公司降低了对外投资的力度而更加注重对内投资。筹资活动现金流出中偿还债务支付的现金比重由2011年的68.4%上升到2012年的88.81%，说明该公司2012年偿还了大量债务本息。

综上所述，ABC公司无论是经营活动现金流入还是现金流出都占现金总流入和总流出的绝大部分，说明该公司主业特征非常明显。购建固定资产、无形资产和其他长期资产支付的现金比重提高，说明未来又会形成新的生产经营能力。取得借款收到的现金也部分满足了公司发展需要。

【课堂测试5-3】

1. 简述现金流量表的垂直分析。

2. 一个健康成长的企业，现金流入流出比、现金流入结构、现金流出结构分别应呈现怎样的特征？

本章小结

现金流量表是指反映企业在一定会计期间的现金和现金等价物流入和流出的会计报表。现金流量表的作用主要有：第一，有利于分析企业现金变动的原因；第二，有利于预测企业未来现金流量；第三，有利于评价企业的利润质量。

现金流量表应当分别经营活动、投资活动和筹资活动列报现金流量。经营活动，是指企业投资活动和筹资活动以外的所有交易和事项。投资活动，是指企业长期资产的购建和不包括在现金等价物范围的投资及其处置活动。筹资活动，是指导致企业资本及债务规模和构成发生变化的活动。

通过经营活动、投资活动和筹资活动产生的现金流量进行分析，可以了解企业现金及现金等价物变动的具体原因。

通过现金流量表补充资料分析，可以了解企业的净利润与经营活动产生的现金流量净额的区别以及产生这种区别的主要原因，从而判断企业的利润质量。

现金流量表水平分析，是指将两期或连续数期现金流量表相同项目进行对比，确定其增减变动的方向、金额和幅度，据以判断企业现金流量变动趋势的分析方法。

现金流量表垂直分析，又称为现金流量表结构分析，是对现金流量的各个组成部分及其相互关系的分析，可以分为现金流入流出比分析、现金流入结构分析和现金流出结构分析。

通过现金流量表的水平分析和垂直分析，可以了解企业现金流量变动的原因，现金流量前后各期的差异情况以及现金流入和现金流出的结构，分析企业现金流量的质量，判断对企业未来发展的影响。

篇后案例

G 公司的现金流量

G 公司是一家制药公司，于 2010 年上市，曾有人质疑该公司上市以来搞多元化经营而使其主业受损，经营活动产生的现金流量骤降。根据该公司财务报表，2007 年至 2012 年净利润和经营活动现金流量对比表如表 5-12 所示。

表 5–12 净利润和经营活动现金流量对比表

单位：万元

项 目	2012 年	2011 年	2010 年	2009 年	2008 年	2007 年
净利润	22 885.90	20 998.00	15 819.80	11 166.70	8 029.56	7 199.66
经营活动产生的现金流量净额	1 951.62	20 190.30	−44 767.80	12 530.80	−4 042.32	−7 937.41

从上表可以看出，该公司上市前后仅 2009 年经营活动产生的现金流量净额略高于净利润，而其他年份经营活动产生的现金流量净额均小于净利润，甚至有三个年份出现负数。以收付实现制为基础编制的现金流量表，被人们比作“利润的测谎仪”。可以看出，该公司净利润虽然呈逐年上升的趋势，但是并没有带来现金流的同步增加，说明净利润质量不高。再看现金流量表的主要项目如表 5-13 所示。

表 5–13 现金流量表主要项目表

单位：万元

项 目	2012 年	2011 年	2010 年	2009 年	2008 年	2007 年
经营活动产生的现金流量净额	1 951.62	20 190.30	−44 767.80	12 530.80	−4 042.32	−7 937.41
投资活动产生的现金流量净额	−18 980.80	−32 563.90	−16 569.10	−2 642.14	8 810.96	7 142.72
筹资活动产生的现金流量净额	1 587.13	−9 604.09	174 234.00	5 442.19	−2 473.58	−6 837.76
现金及现金等价物净增加额	−15 442.10	−21 977.70	112 898.00	15 330.80	2 295.06	−7 632.45

从上表可以看出，该公司在 2010 年上市之前，投资活动产生的现金流量

在2007年和2008年均为正数，在2009年投资活动虽然是现金流出，但是规模不大。但是自2010年上市以后，投资活动现金流量均为负数，且数额较大，说明企业扩张规模较大。

从筹资来看，2010年该公司上市，由于新股发行获取了大量资金。其他年份有负有正，能够配合企业的经营活动与投资活动。

综上，该公司在经营活动产生的现金流量并不充裕的情况下，由于上市获取大量资金而盲目扩张，确实是不可取的。以上仅是初步分析，若要进一步分析还需要其他信息与资料。

核心概念

现金流量表（statement of cash flows）
现金（cash）
现金等价物（cash equivalents）
经营活动产生的现金流量（cash flows from operating activities）
投资活动产生的现金流量（cash flows from investing activities）
筹资活动产生的现金流量（cash flows from financing activities）
现金流入（cash inflows）
现金流出（cash outflows）
现金净流量（net cash flow）

思考题

1. 简述现金流量表的概念及编制基础。
2. 简述现金流量的分类及其所包含的项目。
3. 简述现金及现金等价物净增加额的分析。
4. 简述采用直接法和间接法编制现金流量表的意义。
5. 简述将净利润调节为经营活动现金流量的主要项目。
6. 简述不涉及现金收支的重大投资和筹资活动对未来现金流量的影响。
7. 如何对现金流量表进行水平分析？
8. 如何对现金流量表进行垂直分析？

练习题

一、单选题

1. 现金流量表的编制基础是（　　）。

A. 权责发生制　　B. 收付实现制

C. 应计制　　D. 历史成本

2. 现金等价物的特点不包括（　　）。

A. 流动性强　　B. 价值变动风险大

C. 持有期限短　　D. 易于转换为已知金额现金

3. 现金流量表中对现金流量的分类不包括（　　）。

A. 投资活动现金流量　　B. 筹资活动现金流量

C. 日常活动现金流量　　D. 经营活动现金流量

4. 下列项目中，不属于企业投资活动的是（　　）。

A. 处置固定资产　　B. 收回投资

C. 取得子公司　　D. 三个月内到期的债券投资

5. 下列项目中，不属于企业筹资活动现金流量的是（　　）。

A. 收回投资收到的现金　　B. 吸收投资收到的现金

C. 取得借款收到的现金　　D. 分配股利支付的现金

6. 下列项目中，属于企业筹资活动的是（　　）。

A. 收回投资　　B. 吸收投资

C. 取得投资收益　　D. 收到的税费返还

7. 导致企业资本及债务规模和构成发生变化的活动，是企业的（　　）。

A. 经营活动　　B. 投资活动

C. 筹资活动　　D. 营销活动

8. 作为经营活动现金流入的主体，是企业最重要的现金来源的项目是（　　）。

A. 收回投资收到的现金

B. 销售商品、提供劳务收到的现金

C. 吸收投资收到的现金

D. 收到的其他与经营活动有关的现金

9. 支付给职工以及为职工支付的现金，不包括（　　）。

A. 支付给职工的工资　　B. 为职工支付的社会保险费

C. 支付给职工的非货币性福利　　D. 支付给职工的住房公积金

10. 收回投资收到的现金，不包括（ ）。
 A. 到期收回长期债券的本金 B. 收回长期股权投资收到的现金
 C. 收回的债券利息 D. 出售股票投资收到的现金
11. 采用间接法编制现金流量表补充资料的起点是（ ）。
 A. 营业收入 B. 净利润
 C. 利润总额 D. 营业成本
12. 处于初创期的企业，产生的现金流量一般为正数的活动是（ ）。
 A. 经营活动 B. 投资活动
 C. 筹资活动 D. 以上各项均是
13. 经营性应收项目增加，对于经营活动现金流量的影响是（ ）。
 A. 增加 B. 减少
 C. 不变 D. 无法确定
14. 一个健康成长的公司，经营活动现金流入流出比应（ ）。
 A. 大于 1 B. 小于 1
 C. 等于 1 D. 无法确定
15. 便于从现金流量角度分析净利润的质量的是（ ）。
 A. 现金流量表正表 B. 现金流量表补充资料
 C. 现金流量表水平分析 D. 现金流量表垂直分析

二、多选题

1. 现金流量表中的现金，包括（ ）。
 A. 库存现金 B. 银行存款
 C. 其他货币资金 D. 应收票据
 D. 交易性金融资产
2. 一项投资被确认为现金等价物必须同时具备的四个条件是（ ）。
 A. 收益性强 B. 价值变动风险小
 C. 期限短 D. 流动性强
 E. 易于转换为已知金额现金
3. 下列经济业务中，不能产生现金流量的有（ ）。
 A. 出售固定资产 B. 企业从银行提取现金
 C. 投资人投入现金 D. 将库存现金送存银行
 E. 企业用现金购买将于 3 个月内到期的国库券
4. 形成经营活动现金流量的项目，包括（ ）。
 A. 销售商品收到现金 B. 购买无形资产

C. 支付各项税费　　D. 发行长期债券

E. 支付职工工资

5. 支付给职工以及为职工支付的现金，包括（　）。

A. 支付给职工的工资奖金　　B. 支付给职工的社会保险费

C. 支付给职工的住房公积金　　D. 发放给职工的非货币性福利

E. 支付给在建工程人员的工资

6. 收回投资收到的现金，包括（　）。

A. 收回长期债权投资的利息

B. 收回长期股权投资而收到的现金

C. 收回非现金资产

D. 收回除现金等价物以外的短期投资

E. 收回长期债权投资本金

7. 取得投资收益收到的现金，包括（　）。

A. 取得股票股利

B. 取得现金股利

C. 取得现金利息

D. 从联营企业分回利润而收到的现金

E. 从合营企业分回利润而收到的现金

8. 下列各项活动中，属于筹资活动产生的现金流量的项目有（　）。

A. 以现金偿还债务的本金　　B. 支付现金股利

C. 支付借款利息　　D. 发行股票筹集资金

E. 收回长期股权投资

9. 将净利润调节为经营活动现金流量中，应调减的项目有（　）。

A. 投资损失　　B. 经营性应收项目增加

C. 经营性应付项目增加　　D. 存货增加

E. 无形资产摊销

10. 将净利润调节为经营活动现金流量中，应调增的项目有（　）。

A. 投资收益　　B. 经营性应收项目增加

C. 经营性应付项目增加　　D. 存货增加

E. 固定资产折旧

11. 不涉及现金收支的重大投资和筹资活动，包括（　）。

A. 债务转为资本　　B. 长期股权投资

C. 购建固定资产　　D. 一年内到期的可转换公司债券

E. 融资租入固定资产

12. 下列关于列报经营活动现金流量方法的表述中，正确的是（　　）。

A. 列报经营活动现金流量的方法有直接法和间接法

B. 现金流量表采用直接法反映经营活动产生的现金流量

C. 现金流量表补充资料应采用间接法反映经营活动产生的现金流量情况

D. 采用直接法编报的现金流量表，便于分析净利润的质量

E. 采用间接法编报现金流量表，便于预测企业现金流量的未来前景

13. 一般来说，一个健康成长的企业，现金流量的状况是（　　）。

A. 经营活动产生的现金流量大于零

B. 投资活动产生的现金流量大于零

C. 经营活动产生的现金流量小于零

D. 投资活动产生的现金流量小于零

E. 筹资活动产生的现金流流量视经营与投资的需要而定

14. 下列关于现金流量表项目之间相互关系的表述中，正确的有（　　）。

A. 各类活动产生的现金流量净额等于现金流入小计与现金流出小计的差额

B. 现金及现金等价物净增加额一定等于经营活动产生的现金流量净额、投资活动产生的现金流量净额、筹资活动产生的现金流量净额之和

C. 现金流量表主表中现金及现金等价物净增加额与补充资料中现金及现金等价物净增加额应核对相符

D. 现金流量表主表经营活动现金流量净额是按直接法编制的

E. 现金流量表补充资料经营活动现金流量净额是按间接法编制的

15. 现金流量表的垂直分析，一般包括（　　）。

A. 现金流入流出比分析　　B. 现金流入结构分析

C. 现金流出结构分析　　D. 现金流量表水平分析

E. 现金流量表因素分析

三、判断题

1. 三个月内到期的债券投资，会导致现金流出企业。（　　）

2. 不同企业现金及现金等价物的范围可能不同。（　　）

3. 现金等价物范围内的投资也属于企业的投资活动。（　　）

4. 应付账款和应付票据的增加属于企业的筹资活动。（　　）

5. 直接法，是指通过现金收入和现金支出的主要类别列示经营活动的现金流量。(　)

6. 销售商品、提供劳务收到的现金，包括销售收入但不含应向购买者收取的增值税销项税额。(　)

7. 销售商品、提供劳务收到的现金是经营活动现金流入的主体，是企业最重要的现金来源，直接决定了企业获取现金流量能力的大小。(　)

8. 收回投资收到的现金越大越好。(　)

9. 企业偿还的借款利息应在偿还债务支付的现金项目中反映。(　)

10. 处于初创期的企业，投资活动现金流量一般为正数。(　)

11. 采用间接法编报现金流量表，便于预测企业未来的现金流量。(　)

12. 采用直接法编报现金流量表，便于将净利润与经营活动产生的现金流量净额进行比较，了解净利润与经营活动产生的现金流量差异的原因，从现金流量的角度分析净利润的质量。(　)

13. 通过现金流量表水平分析，可以了解企业现金流量的变动情况，并分析其变动产生的原因。(　)

14. 一般来说，一个健康成长的公司经营活动产生的现金流量应大于零。(　)

15. 一般来说，企业的现金流入量中，筹资活动的现金流入量应当占大部分。(　)

四、业务题

1. 某公司 2013 年现金流量表的有关资料如表 5-14 所示。

表 5-14　现金流量表

单位：千元

项目	2013 年	2012 年
经营活动产生的现金流量净额	302 000	412 000
投资活动产生的现金流量净额	-297 000	-177 000
筹资活动产生的现金流量净额	100 000	-180 000
现金及现金等价物净增加额	105 000	55 000

要求：运用水平分析法分析该公司现金及现金等价物变动趋势。

2. 某公司 2013 年现金流量表的有关资料如表 5-15 所示。

表 5-15　现金流量表

单位：千元

项目	2013 年	2012 年
经营活动产生的现金流入小计	2 300 000	1 600 000
经营活动产生的现金流出小计	2 200 000	1 400 000
投资活动产生的现金流入小计	35 000	160 000
投资活动产生的现金流出小计	72 000	255 000
筹资活动产生的现金流入小计	312 000	320 000
筹资活动产生的现金流出小计	212 000	450 000

要求：

（1）编制现金流入流出比分析表，现金流入结构分析表和现金流出结构分析表；

（2）对该公司现金流量结构作出简要评价。

3. 某公司 2013 年净利润为 500 万元，固定资产折旧为 46 万元，无形资产摊销为 13 万元，与筹资活动有关的财务费用为 80 万元，投资收益为 45 万元，存货增加 14 万元，经营性应收项目增加 200 万元，经营性应付项目增加 60 万元。

要求：假设没有其他影响经营活动现金流量的项目，计算该公司经营活动产生的现金流量净额。

4. J 公司 2012 年现金流量表如表 5-16 所示。

表 5-16　现金流量表

编制单位：J 公司　　2012 年度　　单位：元

项　目	2012 年度	2011 年度
一、经营活动产生的现金流量：		
销售商品、提供劳务收到的现金	5 490 340 680.82	6 061 540 066.66
收到的税费返还	2 658 335.15	2 809 997.06
收到其他与经营活动有关的现金	55 518 965.00	63 679 019.11
经营活动现金流入小计	5 548 517 980.97	6 128 029 082.83
购买商品、接受劳务支付的现金	3 669 598 645.40	3 887 179 905.14
支付给职工以及为职工支付的现金	490 784 053.78	470 483 363.55
支付的各项税费	397 678 801.26	514 806 367.59
支付其他与经营活动有关的现金	688 049 830.01	843 390 715.78
经营活动现金流出小计	5 246 111 330.45	5 715 860 352.06
经营活动产生的现金流量净额	302 406 650.52	412 168 730.77
二、投资活动产生的现金流量：		
收回投资收到的现金		352 627 436.99

续表

项　　目	2012年度	2011年度
取得投资收益收到的现金	1 088 802.13	
处置固定资产、无形资产和其他长期资产收回的现金净额	1 296 435.64	594 953.60
处置子公司及其他营业单位收到的现金净额		
收到其他与投资活动有关的现金		
投资活动现金流入小计	2 385 237.77	353 222 390.59
购建固定资产、无形资产和其他长期资产支付的现金	200 025 952.14	144 673 315.58
投资支付的现金		385 749 586.01
取得子公司及其他营业单位支付的现金净额		
支付其他与投资活动有关的现金		
投资活动现金流出小计	200 025 952.14	530 422 901.59
投资活动产生的现金流量净额	−197 640 714.37	−177 200 511.00
三、筹资活动产生的现金流量：		
吸收投资收到的现金		
取得借款收到的现金		
收到其他与筹资活动有关的现金	4 770 000.00	1 325 000.00
筹资活动现金流入小计	4 770 000.00	1 325 000.00
偿还债务支付的现金		
分配股利、利润或偿付利息支付的现金	149 883 500.00	994 780 000.00
支付其他与筹资活动有关的现金		
筹资活动现金流出小计	149 883 500.00	994 780 000.00
筹资活动产生的现金流量净额	−145 113 500.00	−993 455 000.00
四、汇率变动对现金及现金等价物的影响	866 349.50	426 313.39
五、现金及现金等价物净增加额	−39 481 214.35	−758 060 466.84
加：期初现金及现金等价物余额	1 528 705 728.58	2 286 766 195.42
六、期末现金及现金等价物余额	1 489 224 514.23	1 528 705 728.58

要求：

（1）运用水平分析法分析J公司现金流量表的变动情况，并作出简要评价；

（2）运用垂直分析法分析J公司现金流量表结构变动情况，具体分析该公司现金流入流出比、现金流入结构和现金流出结构，并作出简要评价。

5. 请读者对所选择上市公司的现金流量表进行分析。

要求：运用水平分析法和垂直分析法分析该公司现金流量变动情况。

第六章　所有者权益变动表分析

随着资本市场的发展，企业的所有者越来越重视自己的利益，他们迫切需要详细了解自身的权益状况，资产负债表中的所有者权益信息已经无法满足投资者的需要，所有者权益变动表应运而生。通过本章学习，理解所有者权益变动表的概念、作用及格式；掌握导致所有者权益变动的交易或事项对所有者权益变动的影响；掌握所有者权益变动表的水平分析和垂直分析，能够对企业所有者权益的质量做出判断。

开篇案例

上市公司的四张表

会计报表包括四张表，其中所有者权益变动表是从2007年年报开始新增加的。这四张表可谓年报的核心部分。每一张表所提供的信息互相联系，却各有侧重。通过四张表，基本上就可以勾勒出一家上市公司的大致轮廓。

简单而言，资产负债表是一张上市公司的“全景照片”，它主要显示上市公司的钱从哪里来，都用到什么地方去了；利润表则是上市公司过去一年活动的“纪录短片”，它显示上市公司过去一年间都干了些什么，干得怎么样；现金流量表可以视为对上市公司的“终极考验”，它以“认钱不认人”的高度客观性，展示过去一年之中，上市公司现金的各种变化；所有者权益变动表就相当于上市公司向自己老板（股东）上交的一份“简明成果总结”，它告诉我们，股东们投在上市公司的钱是否增值，怎么增值，增值了多少。

资料来源：深圳证券交易所.《读懂财务报告　把握投资要领》http://www.szse.cn/main/zxgx/39745377.shtml

第一节 所有者权益变动表概述

一、所有者权益变动表的概念及作用

（一）所有者权益变动表的概念

所有者权益变动表是反映构成所有者权益的各组成部分当期的增减变动情况的报表。所有者权益变动表应当全面反映一定时期所有者权益变动的情况，不仅包括所有者权益总量的增减变动，还包括所有者权益增减变动的重要结构性信息，特别是要反映直接计入所有者权益的利得和损失，让报表使用者准确理解所有者权益增减变动的根源。

所有者权益变动表至少应当单独列示反映下列信息的项目：

1. 净利润；

2. 直接计入所有者权益的利得和损失项目及其总额；

3. 会计政策变更和差错更正的累积影响金额；

4. 所有者投入资本和向所有者分配利润等；

5. 按照规定提取的盈余公积；

6. 实收资本（或股本）、资本公积、盈余公积、未分配利润的期初和期末余额及其调节情况。

（二）所有者权益变动表的作用

所有者权益变动表的作用主要体现在以下几个方面：

1. 在一定程度上体现了企业的综合收益

综合收益，是指企业在某一期间与所有者之外的其他方面进行交易或发生其他事项所引起的净资产变动。综合收益的构成包括两部分：净利润和直接计入所有者权益的利得和损失。其中，前者是企业已实现并已确认的收益，后者是企业未实现但根据会计准则的规定已确认的收益。在所有者权益变动表中，净利润和直接计入所有者权益的利得和损失均单列项目反映，体现了企业综合收益的构成。

2. 揭示了所有者权益变动的原因

虽然资产负债表中也有关于所有者权益的信息，但是只列示了期末余额和年初余额，并不能说明变化的原因。而所有者权益变动表揭示了企业所有者权益各组成项目增减变动的原因。通过所有者权益变动表的分析，有利于投资者

对所有者权益的质量作出判断。

二、所有者权益变动表的格式

1. 以矩阵的形式列报

为了清楚地表明构成所有者权益的各组成部分当期的增减变动情况，所有者权益变动表应当以矩阵的形式列示。一方面，列示导致所有者权益变动的交易或事项，改变了以往仅仅按照所有者权益的各组成部分反映所有者权益变动情况，而是按所有者权益变动的来源对一定时期所有者权益变动情况进行全面反映；另一方面，按照所有者权益各组成部分（包括实收资本、资本公积、盈余公积和未分配利润等）及其总额列示交易或事项对所有者权益的影响。

2. 列示所有者权益变动表的比较信息

企业需要提供比较所有者权益变动表，因此，所有者权益变动表还就各项目再分为“本年金额”和“上年金额”两栏分别填列。所有者权益变动表的具体格式见表 6-1 所示。

表 6-1　所有者权益变动表

会企 04

表编制单位：　　　　________年度　　　　单位：元

项　　目	本年金额						上年金额					
	实收资本(或股本)	资本公积	减：库存股	盈余公积	未分配利润	所有者权益合计	实收本(或股本)	资本公积	减：库存股	盈余公积	未分配利润	所有者权益合计
一、上年年末余额												
加：会计政策变更												
前期差错更正												
二、本年年初余额												
三、本年增减变动金额（减少以“—”号填列）												
（一）净利润												
（二）直接计入所有者权益的利得和损失												

续表

项　目	本年金额						上年金额					
	实收资本(或股本)	资本公积	减：库存股	盈余公积	未分配利润	所有者权益合计	实收本(或股本)	资本公积	减：库存股	盈余公积	未分配利润	所有者权益合计
1.可供出售金融资产公允价值变动净额												
2.权益法下被投资单位其他所有者权益变动的影响												
3.与计入所有者权益项目相关的所得税影响												
4. 其他												
上述（一）和（二）小计												
（三）所有者投入和减少资本												
1.所有者投入资本												
2.股份支付计入所有者权益的金额												
3.其他												
（四）利润分配												
1.提取盈余公积												
2.对所有者（或股东）的分配												
3.其他												
（五）所有者权益内部结转												
1. 资本公积转增资本（或股本）												
2. 盈余公积转增资本（或股本）												
3. 盈余公积弥补亏损												
4. 其他												
四、本年年末余额												

【课堂测试 6-1】

1. 所有者权益变动表至少应当单独列示反映哪些信息的项目？
2. 所有者权益变动表的格式是什么？

第二节　所有者权益变动表项目解读与分析

在资产负债表项目解读与分析中已对所有者权益各组成项目，包括实收资本、资本公积、盈余公积和未分配利润做过解读与分析，即横向列示在所有者权益变动表中的项目。下面仅对导致所有者权益变动的交易或事项，即所有者权益变动表纵向列示的重点项目做解读与分析。

一、会计政策变更和前期差错更正解读与分析

（一）会计政策变更和前期差错更正解读

“会计政策变更”和“前期差错更正”项目，分别反映企业采用追溯调整法处理的会计政策变更的累积影响金额和采用追溯重述法处理的前期差错更正的累积影响金额。

为了体现会计政策变更和前期差错更正的影响，企业应当在上期期末所有者权益余额的基础上进行调整得出本期期初所有者权益，根据“盈余公积”、“利润分配”、“以前年度损益调整”等账户的发生额分析填列。

（二）会计政策变更和前期差错更正分析

如果会计政策变更和前期差错更正的信息只在报表附注中体现，很容易被报表使用者忽略。现在除了在附注中披露，还在所有者权益变动表中直接列示会计政策变更和前期差错更正对所有者权益的影响，能够更加清晰地体现会计政策变更和前期差错更正对所有者权益的影响。

在第二章附注分析中对会计政策变更和前期差错更正有详细的分析。需要注意的是，这种影响，除了会产生数字上的变化外，对企业的财务状况没有实质影响。如果企业频繁出现会计政策变更或前期差错更正的情况，很可能是蓄意调节利润的结果。

篇中案例 6-1

海联讯的前期差错

海联讯（300277）于 2013 年 4 月 27 日一口气发了 32 份公告，最引人

注目的可能是《关于公司重要前期差错更正的说明》，该说明中提到：2013年3月21日，海联讯公司因涉嫌违反证券法律法规被中国证券监督管理委员会立案调查。海联讯公司根据立案调查通知书开展了财务自查，并对涉及的重要前期差错采用追溯重述法进行了更正。更正原因如下：

（一）外包成本

海联讯公司原对软件外包成本在实际收到软件服务提供商的结算清单时确认，未在确认相应收入时按服务完成情况暂估成本，不符合《企业会计准则》的规定。

（二）年终奖金

海联讯公司原在实际支付时确认根据绩效考核计算的年终奖金，而未按权责发生制原则进行计提，不符合《企业会计准则》的规定。

（三）应收账款

海联讯公司存在从非客户方转入大额资金冲减账面应收账款并于下一会计期初转出资金、转回应收账款情况。此外，海联讯公司原未对应收账款贷方余额进行重分类，并按未经重分类的应收账款余额计提坏账准备，不符合《企业会计准则》的规定。

（四）营业收入

海联讯公司确认了部分不符合收入确认原则的项目合同收入，不符合《企业会计准则》的规定。

海联讯公司针对上述重要会计差错按追溯重述法进行了调整，调整了合并及母公司资产负债表、利润表、现金流量表和所有者权益变动表相关项目。

在同一天公告的《2012年年度报告》中，“董事会关于报告期会计政策、会计估计变更或重要前期差错更正的说明”对该事项也有详细说明。

如果没有看其他的临时报告，或者年度报告中的其他信息和资料，在该公司所有者权益变动表“前期差错更正”项目中也是有数据的。足以引起报表使用者对该公司前期差错情况予以注意。

资料来源：根据海联讯公司在深圳证券交易所发布的公告整理

二、直接计入所有者权益的利得和损失解读与分析

（一）直接计入所有者权益的利得和损失解读

直接计入所有者权益的利得和损失，是指不应计入当期损益、会导致所有者权益发生增减变动的、与所有者投入资本或者向所有者分配利润无关的利得

或者损失。其中，利得是指由企业非日常活动所形成的、会导致所有者权益增加的、与所有者投入资本无关的经济利益的流入。损失是指由企业非日常活动所发生的、会导致所有者权益减少的、与向所有者分配利润无关的经济利益的流出。

“直接计入所有者权益的利得和损失”项目，反映企业当年直接计入所有者权益的利得和损失金额。其中：

“可供出售金融资产公允价值变动净额”项目，反映企业持有的可供出售金融资产当年公允价值变动的金额，并对应列在“资本公积”栏。

“权益法下被投资单位其他所有者权益变动的影响”项目，反映企业对按照权益法核算的长期股权投资，在被投资单位除当年实现的净损益以外其他所有者权益当年变动中应享有的份额，并对应列在“资本公积”栏。

“与计入所有者权益项目相关的所得税影响”项目，反映企业根据会计准则规定应计入所有者权益项目的当年所得税影响金额，并对应列在“资本公积”栏。

“净利润”和“直接计入所有者权益的利得和损失”小计项目，反映企业当年实现的净利润（或净亏损）金额和当年直接计入所有者权益的利得和损失金额的合计额，即企业的综合收益。

（二）直接计入所有者权益的利得和损失分析

直接计入所有者权益的利得和损失，属于企业未实现的损益。不计入利润表，而在资产负债表中确认。

对于企业持有的可供出售金融资产公允价值的变动，应调整可供出售金融资产的账面价值，同时计入资本公积。因为可供出售金融资产的公允价值是不固定的，所以由可供出售金融资产公允价值变动形成的资本公积也是不稳定的。处置可供出售金融资产时，应将原直接计入资本公积的公允价值变动累计额对应处置部分的金额转出，计入当期损益。

对于权益法核算的长期股权投资，被投资单位除净利润以外的其他所有者权益变动，企业应按照持股比例计算应享有或承担的份额，调整长期股权投资的账面价值，同时计入资本公积。而由此导致的资本公积的变化也不具有稳定性。处置权益法核算的长期股权投资时，原计入资本公积中的金额，将与所出售股权相对应的部分自资本公积转入当期损益。

与计入所有者权益相关的交易或事项所对应的递延所得税资产或递延所得税负债变动也列入资本公积，并不会改变利润表中的所得税费用。

总之，直接计入所有者权益的利得和损失不具有稳定性。若企业净资产的增加，主要由直接计入所有者权益的利得和损失构成，并不能说明企业财务状况获得明显改善。

三、所有者投入和减少资本解读与分析

（一）所有者投入和减少资本解读

“所有者投入和减少资本”项目，反映企业当年所有者投入的资本和减少的资本。其中：

“所有者投入资本”项目，反映企业接受投资者投入形成的实收资本（或股本）和资本溢价或股本溢价，并对应列在“实收资本”和“资本公积”栏。

“股份支付计入所有者权益的金额”，反映企业处于等待期中的权益结算的股份支付当年计入资本公积的金额，并对应列在“资本公积”栏。

（二）所有者投入和减少资本分析

无论是投资者追加投资（包括以现金及其他非货币性资产投资、上市公司发行股票或配股等），还是企业以股份支付的结算方式换取职工提供的服务等，本质上都属于投资者对企业的权益性投资，因此，会使得企业实收资本（或股本）及资本公积相应增加。需要注意的是，因投资者追加投资而使得所有者权益的增加，并不是由企业自身盈利引起的。若企业所有者权益的增加主要由所有者投入资本引起，并不能说明投资者投入的资本得到了保值增值，此时还需要关注企业吸收投资的原因。由于受到相关法规的限制，所有者减少资本的情况并不多。

四、利润分配解读与分析

（一）利润分配解读

“利润分配”下各项目，反映当年对所有者（或股东）分配的利润（或股利）金额和按照规定提取的盈余公积金额。其中：

“提取盈余公积”项目，反映企业按照规定提取的盈余公积。在所有者权益变动表中，使得“盈余公积”增加，“未分配利润”相应减少。

“对所有者（或股东）的分配”项目，反映对所有者（或股东）分配的利润（或股利）金额。若企业分配现金股利或利润，在所有者权益变动表中，使得“未分配利润”相应减少；若企业分配股票股利，使得“实收资本（或股本）”增加，“未分配利润”相应减少。

（二）利润分配分析

提取盈余公积和分配股票股利，并不会引起所有者权益总额的变化，而只

是引起所有者权益内部结构发生变动。而分配现金股利，会导致现金流出企业，使得企业的资产和所有者权益总额相应减少。

通过利润分配的分析，可以了解企业的股利政策。一般来说，企业的股利政策应具有稳定性和连续性。股利政策的选择，可以传递出管理层对企业业绩、财务状况和未来前景的信号。

现金股利是企业以现金形式分配给股东的股利。企业分配现金股利，不仅表明了企业有真实的盈利，还表明了管理层对企业未来的信心。如果企业利润质量不好、支付能力较差，以及对未来盈利能力信心不足的企业，是无法支付大规模现金股利的。上市公司持续稳定的现金分红，是衡量其投资价值的重要标志。

股票股利是企业以发放的股票作为股利的支付方式，俗称送股。企业分配股票股利，并不会导致现金流出企业，也不会使得所有者权益总额和股东持股比例发生变化，只会引起所有者权益各项目的结构发生变化。一般来说，发放股票股利被视为利好信号，投资者往往认为企业处于成长阶段，未来将有较大的发展空间。这种心理通常能够提高投资者对企业的信心，从而稳住股价。但如果企业未来的盈利水平不能相应增加，则会影响企业的市场形象和市场表现。

篇中案例 6-2

最难得的分红与最绝望的分红

2013 年 3 月 21 日青岛海尔（600690.SH）再次提出分红预案，这已是青岛海尔连续第 19 年进行现金分红。公司于 2012 年 8 月 8 日曾公告过未来三年的股东回报计划，明确表示未来三年现金分红不低于当年可分配利润的 20%。据统计，公司上市 19 年来累计融资现金约 31.65 亿元，累计现金分红约 43 亿元，累计分红金额占净利润比重达 32.16%。值得提及的是，前几年公司资产收购、产能扩张的支出总额达 76 亿元，全部使用自有资金。在此情况下，公司依然持续高比例分红，显示其积极回报股东的企业文化和较强的盈利能力，这的确难能可贵。

公司在分红上，一年两年分红不足为奇，连续 19 年分红就值得称道，当真难得。公司股价自上市以来累积涨幅已超过 30 倍。股价连续上涨，分红持续跟上，难怪青岛海尔被投资者称为“最难得”的分红公司。

金杯汽车（600609.SH）作为市场赫赫有名的“铁公鸡”，从 1992 年至今已上市 21 年，从未曾有过一次分红。相比投资者的焦急，金杯汽车明显淡定了许多，任投资者叫破嗓子也没用，公司就是不分红。其实，并不是公司没有分红的能力。在其21年的运营过程中，仅有5年出现亏损，有16年营业利润为正。也许，在金杯汽车管理层心里，就根本没有分红这个字眼和概念。

据不完全统计，金杯汽车上市以来共从市场融资8.54亿元，到如今对投资者却还是一毛不拔。在分红方面，金杯汽车可谓是一直被模仿，从未被超越。这样一家"铁公鸡"，你看它现在股价4元不到，可曾想过公司刚上市时也曾创过177.75元的高价。跌到现在这个结局，肯定不无"铁公鸡"的负面影响，金杯汽车分红之难，难于上青天。

资料来源：陈乾．2012年上市公司分红七宗"最".《投资与理财》www.icaimi.cn，2013-05-15．

五、所有者权益内部结转解读与分析

（一）所有者权益内部结转解读

为了全面反映所有者权益各组成部分的增减变动情况，所有者权益内部结转也是所有者权益变动表的重要组成部分，主要指不影响所有者权益总额的，所有者权益的各组成部分当期的增减变动。其中：

"资本公积转增资本（或股本）"项目，反映企业以资本公积转增资本或股本的金额。在所有者权益变动表中，会使得"实收资本（或股本）"增加，"资本公积"相应减少。

"盈余公积转增资本（或股本）"项目，反映企业以盈余公积转增资本或股本的金额。会使得"实收资本（或股本）"增加，"盈余公积"相应减少。

"盈余公积弥补亏损"项目，反映企业以盈余公积弥补亏损的金额。会使得"未分配利润"增加，"盈余公积"相应减少。

（二）所有者权益内部结转分析

所有者权益内部结转，不会改变所有者权益的总规模，也不会影响到企业的现金流。但是，这种变化会对企业的财务形象产生直接影响，不论是资本公积还是盈余公积转增资本（或股本），都会增加企业的股本总量，若盈利水平没有相应提高，每股收益将会降低。盈余公积弥补亏损会对企业利润分配前景产生影响。

【课堂测试6-2】

如何通过所有者权益变动表分析企业的利润分配政策？

第三节　所有者权益变动表分析

所有者权益变动表是企业对外提供的反映所有者权益变动的财务报表。通过所有者权益变动表的水平分析和垂直分析，可以了解所有者权益的来源及其变动情况，分析影响所有者权益增减变动的具体原因，判断所有者权益各个项目变动的合法性和合理性。

由于所有者权益变动表是按照矩阵形式列报的，一方面列示了导致所有者权益变动的交易或事项，另一方面列示了所有者权益各组成部分及其总额。对所有者权益各组成部分的增减变动分析以及结构分析，可以参照资产负债表的水平分析和垂直分析。以下对所有者权益变动表的分析是从导致所有者权益变动的交易或事项方面分析的。

一、所有者权益变动表水平分析

所有者权益变动表水平分析，是指将两期或连续数期导致所有者权益变动的相同项目进行对比，确定其增减变动的方向、金额和幅度，据以判断企业所有者权益变动的原因和存在问题的分析方法。

二、所有者权益变动表垂直分析

所有者权益变动表垂直分析是将所有者权益变动表各个项目的本期发生数与所有者权益变动表本年年末余额进行比较，计算各个项目金额占本年年末余额的比重，从而揭示所有者权益内部结构的分析方法。还可以用于同一企业不同时期的比较，分析各个项目的比重变动情况，找出影响所有者权益变动的主要项目，分析所有者权益构成变动的原因，对所有者权益质量做出判断。

三、所有者权益变动表案例分析

下面以 ABC 股份有限公司 2012 年度所有者权益变动表为例，进行所有者权益变动表分析。

ABC 股份有限公司所有者权益变动表如表 6-2 所示。

表 6-2　所有者权益变动表

编制单位：ABC 股份有限公司　　　2012 年 1-12 月　　　单位：元

项　目	本年金额					
	归属于母公司所有者权益				少数股东权益	所有者权益合计
	实收资本（或股本）	资本公积	盈余公积	未分配利润		
一、上年年末余额	1 674 769 120.00	3 574 999 532.63	862 518 579.42	4 969 686 332.08	3 360 456 891.49	14 442 430 455.62
加：会计政策变更						0.00
前期差错更正						0.00
二、本年年初余额	1 674 769 120.00	3 574 999 532.63	862 518 579.42	4 969 686 332.08	3 360 456 891.49	14 442 430 455.62
三、本年增减变动金额（减少以"－"号填列）	0.00	25 391 678.01	107 813 762.57	720 345 817.86	555 331 524.39	1 408 882 782.83
（一）净利润				1 004 106 840.78	399 435 146.46	1 403 541 987.24
（二）直接计入所有者权益的利得和损失		25 358 380.99			16 905 587.32	42 263 968.31
上述（一）和（二）小计	0.00	25 358 380.99	0.00	1 004 106 840.78	416 340 733.78	1 445 805 955.55
（三）所有者投入和减少资本	0.00	33 297.02	0.00	0.00	352 676 126.60	352 709 423.62
1．所有者投入资本					356 159 584.19	356 159 584.19
2．股份支付计入所有者权益的金额						0.00
3.其他		33 297.02			−3 483 457.59	−3 450 160.57
（四）利润分配	0.00	0.00	107 813 762.57	−283 761 022.92	−213 685 335.99	−389 632 596.34
1．提取盈余公积			107 813 762.57	−107 813 762.57		0.00
2．对所有者（或股东）的分配				−167 476 912.00	−206 807 274.98	−374 284 186.98
3.其他				−8 470 348.35	−6 878 061.01	−15 348 409.36
（五）所有者权益内部结转	0.00	0.00	0.00	0.00	0.00	0.00
1．资本公积转增资本（或股本）						0.00
2．盈余公积转增资本（或股本）						0.00
3．盈余公积弥补亏损						0.00
4.其他						0.00

续表

项　目	本年金额					
	归属于母公司所有者权益				少数股东权益	所有者权益合计
	实收资本（或股本）	资本公积	盈余公积	未分配利润		
四、本年年末余额	1 674 769 120.00	3 600 391 210.64	970 332 341.99	5 690 032 149.94	3 915 788 415.88	15 851 313 238.45
一、上年年末余额	1 674 769 120.00	3 622 486 826.76	759 123 079.47	4 314 144 090.51	3 212 122 236.36	13 582 645 353.10
加：会计政策变更						0.00
前期差错更正						0.00
二、本年年初余额	1 674 769 120.00	3 622 486 826.76	759 123 079.47	4 314 144 090.51	3 212 122 236.36	13 582 645 353.10
三、本年增减变动金额（减少以“－”号填列）	0.00	−47 487 294.13	103 395 499.95	655 542 241.57	148 334 655.13	859 785 102.52
（一）净利润				929 903 482.45	359 216 698.86	1 289 120 181.31
（二）直接计入所有者权益的利得和损失		−47 487 294.13			−33 900 205.28	−81 387 499.41
上述（一）和（二）小计	0.00	−47 487 294.13	0.00	929 903 482.45	325 316 493.58	1 207 732 681.90
（三）所有者投入和减少资本	0.00	0.00	0.00	0.00	46 230 824.73	46 230 824.73
1．所有者投入资本					50 960 000.00	50 960 000.00
2．股份支付计入所有者权益的金额						0.00
3.其他		0.00			−4 729 175.27	−4 729 175.27
（四）利润分配	0.00	0.00	103 395 499.95	−274 361 240.88	−223 212 663.18	−394 178 404.11
1．提取盈余公积			103 395 499.95	−103 395 499.95		0.00
2．对所有者（或股东）的分配				−167 476 912.00	−220 227 548.42	−387 704 460.42
3.其他				−3 488 828.93	−2 985 114.76	−6 473 943.69
（五）所有者权益内部结转	0.00	0.00	0.00	0.00	0.00	0.00
1．资本公积转增资本（或股本）						0.00
2．盈余公积转增资本（或股本）						0.00
3．盈余公积弥补亏损						0.00
4.其他						0.00
四、本年年末余额	1 674 769 120.00	3 574 999 532.63	862 518 579.42	4 969 686 332.08	3 360 456 891.49	14 442 430 455.62

（一）ABC 股份有限公司所有者权益变动表水平分析

ABC 股份有限公司所有者权益变动表水平分析表如表 6-3 所示。

表 6-3 所有者权益变动表水平分析表

单位：元

项 目	2012 年	2011 年	变动额	变动率（%）
一、上年年末余额	14 442 430 455.62	13 582 645 353.10	859 785 102.52	6.33
加：会计政策变更	0.00	0.00	0.00	
前期差错更正	0.00	0.00	0.00	
二、本年年初余额	14 442 430 455.62	13 582 645 353.10	859 785 102.52	6.33
三、本年增减变动金额（减少以“－”号填列）	1 408 882 782.83	859 785 102.52	549 097 680.31	63.86
（一）净利润	1 403 541 987.24	1 289 120 181.31	114 421 805.93	8.88
（二）直接计入所有者权益的利得和损失	42 263 968.31	−81 387 499.41	123 651 467.72	−151.93
上述（一）和（二）小计	1 445 805 955.55	1 207 732 681.90	238 073 273.65	19.71
（三）所有者投入和减少资本	352 709 423.62	46 230 824.73	306 478 598.89	662.93
1.所有者投入资本	356 159 584.19	50 960 000.00	305 199 584.19	598.90
2.股份支付计入所有者权益的金额	0.00	0.00	0.00	
3.其他	−3 450 160.57	−4 729 175.27	1 279 014.70	−27.05
（四）利润分配	−389 632 596.34	−394 178 404.11	4 545 807.77	−1.15
1.提取盈余公积	0.00	0.00	0.00	
2.对所有者（或股东）的分配	−374 284 186.98	−387 704 460.42	13 420 273.44	−3.46
3．其他	−15 348 409.36	−6 473 943.69	−8 874 465.67	137.08
（五）所有者权益内部结转	0.00	0.00	0.00	
1.资本公积转增资本（或股本）	0.00	0.00	0.00	
2.盈余公积转增资本（或股本）	0.00	0.00	0.00	
3.盈余公积弥补亏损	0.00	0.00	0.00	
4.其他	0.00	0.00	0.00	
四、本年年末余额	15 851 313 238.45	14 442 430 455.62	1 408 882 782.83	9.76

通过所有者权益变动表的水平分析，可以看出 ABC 股份有限公司所有者权益变动情况及其变动原因主要有：

ABC 公司 2012 年所有者权益较 2011 年增加了 1 408 882 782.83 元，增长率为 9.76%；增长原因主要是本年增减变动金额增加了 549 097 680.31 元，增幅高达 63.86%，年初余额增加 859 785 102.52 元，增加了 6.33%。

导致本年增减变动金额增加的原因有：2012 年较 2011 年的综合收益增加了 238 073 273.65 元，增幅为 19.71%。其中，净利润 2012 年较 2011 年增加 114 421 805.93 元，增长了 8.88%；直接计入所有者权益的利得和损失从 2011 年的−81 387 499.41 元，增加到 2012 年的 42 263 968.31 元，对综合收益的增加也起了较大的作用。所有者投入资本增加了 305 199 584.19 元，增长率为

598.90%，从所有者权益变动表原始资料可以看出，来自于少数股东权益。对所有者（或股东）的分配使所有者权益在 2012 年减少了 374 284 186.98 元，2011 年减少了 394 178 404.11 元，说明该公司采用的利润分配方式为现金股利。

提取盈余公积、所有者权益内部结转（资本公积转增资本、盈余公积转增资本、盈余公积弥补亏损等）使所有者权益的变动均为零，并不是巧合，因为这些只是在所有者权益内部相互转换，并不会使所有者权益总额发生变化。

（二）ABC 股份有限公司所有者权益变动表垂直分析

ABC 股份有限公司所有者权益变动表垂直分析表如表 6-4 所示。

表 6-4　所有者权益变动表垂直分析表

项　目	2012 年	2011 年	结构（%）		
			2012 年	2011 年	差异
一、上年年末余额	14 442 430 455.62	13 582 645 353.10	91.11	94.05	-2.93
加：会计政策变更	0.00	0.00	0.00	0.00	0.00
前期差错更正	0.00	0.00	0.00	0.00	0.00
二、本年年初余额	14 442 430 455.62	13 582 645 353.10	91.11	94.05	-2.93
三、本年增减变动金额（减少以“－”号填列）	1 408 882 782.83	859 785 102.52	8.89	5.95	2.93
（一）净利润	1 403 541 987.24	1 289 120 181.31	8.85	8.93	-0.07
（二）直接计入所有者权益的利得和损失	42 263 968.31	-81 387 499.41	0.27	-0.56	0.83
上述（一）和（二）小计	1 445 805 955.55	1 207 732 681.90	9.12	8.36	0.76
（三）所有者投入和减少资本	352 709 423.62	46 230 824.73	2.23	0.32	1.91
1.所有者投入资本	356 159 584.19	50 960 000.00	2.25	0.35	1.89
2.股份支付计入所有者权益的金额	0.00	0.00	0.00	0.00	0.00
3.其他	-3 450 160.57	-4 729 175.27	-0.02	-0.03	0.01
（四）利润分配	-389 632 596.34	-394 178 404.11	-2.46	-2.73	0.27
1.提取盈余公积	0.00	0.00	0.00	0.00	0.00
2.对所有者（或股东）的分配	-374 284 186.98	-387 704 460.42	-2.36	-2.68	0.32
3.其他	-15 348 409.36	-6 473 943.69	-0.10	-0.04	-0.05
（五）所有者权益内部结转	0.00	0.00	0.00	0.00	0.00
1.资本公积转增资本（或股本）	0.00	0.00	0.00	0.00	0.00
2. 盈余公积转增资本（或股本）	0.00	0.00	0.00	0.00	0.00
3.盈余公积弥补亏损	0.00	0.00	0.00	0.00	0.00
4.其他	0.00	0.00	0.00	0.00	0.00
四、本年年末余额	15 851 313 238.45	14 442 430 455.62	100.00	100.00	0.00

通过所有者权益变动表的垂直分析，可以看出 ABC 股份有限公司所有者权益变动的结构及其变化情况：

ABC 公司 2012 年所有者权益年末余额中，年初余额占比达到 91.11%，在本年增减变动当中净利润占比高达 8.85%，其次是所有者投入资本占比仅为

2.25%，由此可见，该公司所有者权益的提高主要源于企业经营活动所创造的的利润，使投资者投入的资本不仅得到了保值还得到了增值，并不主要靠投资者新增投资。使所有者权益减少的项目主要是向所有者的分配，占比为-2.36%，说明该公司选择的股利分配方式为现金股利，注重现金分红。

2012 年与 2011 年相比，所有者权益年初余额比重降低了 2.93%，公司取得的综合收益 2012 年比重为 9.12%，较 2011 年的 8.36%有所上升，主要原因是净利润所占比重较大，2012 年为 8.85%，直接计入所有者权益的利得和损失由负转正，也起到了一定的贡献，但比重较小。所有者投入资本从 2011 年的 0.35%上升到 2012 年的 2.25%，从原始资料可以看出来自于少数股东权益。

综上所述，通过 ABC 公司所有者权益变动表的水平分析和垂直分析，可以看出该公司所有者权益的增加主要是由于净利润的增加所致。说明该公司所有者权益质量良好，所有者投入的资本不仅得到了保值，还得到了增值。

【课堂测试 6-3】

试述所有者权益变动表水平分析和垂直分析的作用。

本章小结

所有者权益变动表是反映构成所有者权益的各组成部分当期的增减变动情况的报表。所有者权益变动表至少应当单独列示反映下列信息的项目：净利润；直接计入所有者权益的利得和损失项目及其总额；会计政策变更和差错更正的累积影响金额；所有者投入资本和向所有者分配利润等；按照规定提取的盈余公积；实收资本（或股本）、资本公积、盈余公积、未分配利润的期初和期末余额及其调节情况。

所有者权益变动表的作用主要有在一定程度上体现了企业的综合收益以及能够揭示了所有者权益变动的原因。综合收益，是指企业在某一期间与所有者之外的其他方面进行交易或发生其他事项所引起的净资产变动。综合收益的构成包括两部分：净利润和直接计入所有者权益的利得和损失。直接计入所有者权益的利得和损失不具有稳定性。

在所有者权益变动表中直接列示会计政策变更和前期差错更正对所有者权益的影响，能够更加清晰地体现会计政策变更和前期差错更正对所有者权益的影响。

通过利润分配的分析，可以了解企业的股利政策。一般来说，企业的股利政策应具有稳定性和连续性。股利政策的选择，可以传递出管理层对企业业绩、财务状况和未来前景的信号。所有者权益内部结转，不会改变所有者权益的总规模，也不会影响到企业的现金流。

所有者权益变动表水平分析，是指将两期或连续数期导致所有者权益变动的相同项目进行对比，确定其增减变动的方向、金额和幅度，据以判断企业所有者权益变动的原因和存在问题的分析方法。

所有者权益变动表垂直分析是将所有者权益变动表各个项目的本期发生数与所有者权益变动表本年年末余额进行比较，计算各个项目金额占本年年末余额的比重，从而揭示所有者权益的内部结构的分析方法。

通过所有者权益变动表的水平分析和垂直分析，可以了解所有者权益的来源及其变动情况，分析影响所有者权益增减变动的具体原因，判断所有者权益各个项目变动的合法性和合理性。

篇后案例

上市公司的分红

大家可能看过一些上市公司分红的公告，A 公司写着每 10 股转增 5 股，B 公司写着每 10 股送 6 股，C 公司写着每 10 股派发现金红利 8 元（含税），D 公司写着每 10 股派送红股 3 股并派发现金红利 1 元（含税）。看得眼花缭乱，那现金红利、送股、转增股对于投资者来说意义一样吗？从要交的个人所得税来说可大不一样，请注意下面的规定：

经国务院批准，自 2013 年 1 月 1 日起，对个人从公开发行和转让市场取得的上市公司股票，股息红利所得按持股时间长短实行差别化个人所得税政策。持股超过 1 年的，税负为 5%；持股 1 个月至 1 年的，税负为 10%；持股 1 个月以内的，税负为 20%。个人投资者持股时间越长，税负越低，以鼓励长期投资，抑制短期炒作，促进我国资本市场长期健康发展。

《国家税务总局关于股份制企业转增股本和派发红股征免个人所得税的通知》（国税发[1997]198 号）规定：一、股份制企业用资本公积金转增股本不属于股息、红利性质的分配，对个人取得的转增股本数额，不作为个人所得，不征收个人所得税。二、股份制企业用盈余公积金派发红股属于股息、红利性质的分配，对个人取得的红股数额，应作为个人所得征税。

因此，投资者在阅读上市公司分红派息公告时一定要注意，下面以某上市公司的分红为例，说明需要交纳的个人所得税情况。

该上市公司于 2013 年 3 月 5 日实施分红方案，为每 10 股送 8 股派 1 元（含税）。以前一提到股票分红，股民就等着拿钱，可是现在由于红利税新政的实施，分红反而会变成一件让你一不小心就被坑的事。这个看上去很有诱惑力的高送股方案，却因为新的股息税政策而出现种种问题，饱受争议。如果持有 100 手该公司股票，持股时间又不足 1 个月，就需倒贴现金 800 元来交税。原因如下：

这送的 8 股和派的 1 元现金红利都是需要交税的，如果投资者持股不超过 1 个月，税率是 20%，送股按照股票面值 1 元来计算，送 8 股相当于送 8 元钱。如果持有 100 手（一手为 100 股）股票，你应当收到 80 手股票和 1 000 元现金红利，可是红利税是 1 800 元（0.9×10 000×20%）。所以你的股票账户上是多了 80 手股票，却少了 800 元现金。

资料来源：根据相关资料整理

核心概念

所有者权益变动表（statement of changes in equity）
会计政策变更（changes in accounting policy）
前期差错更正（correction of prior year's error）
综合收益（composite income）
直接计入所有者权益的利得和损失（gain and loss direct to equity）
所有者投入资本（investment from owner）
利润分配（profit allocation）
盈余公积（surplus reserve）
股利（dividend）
未分配利润（undistributed profit）

思考题

1. 简述所有者权益变动表的概念及作用。
2. 简述所有者权益变动的原因。
3. 分析企业分配现金股利和股票股利对所有者权益的影响。
4. 如何对所有者权益变动表进行水平分析？
5. 如何对所有者权益变动表进行垂直分析？

练习题

一、单选题

1. 反映构成所有者权益的各组成部分当期的增减变动情况的报表是

（ ）。

A. 资产负债表　　B. 利润表

C. 所有者权益变动表　　D. 现金流量表

2. 企业在某一期间与所有者之外的其他方面进行交易或发生其他事项所引起的净资产变动，被称为（ ）。

A. 净利润

B. 综合收益

C. 资本公积

D. 直接计入所有者权益的利得和损失

3. 所有者权益变动表的列报形式是（ ）。

A. 账户式　　B. 多步式

C. 矩阵形式　　D. 直接法

4. 下列关于利得的说法中，不正确的是（ ）。

A. 由企业非日常活动所形成

B. 会导致所有者权益增加

C. 会导致负债增加

D. 与所有者投入资本无关的经济利益的流入

5. “可供出售金融资产公允价值变动净额”项目，反映企业持有的可供出售金融资产当年公允价值变动的金额，并对应列在（ ）。

A. 实收资本　　B. 资本公积

C. 盈余公积　　D. 未分配利润

6. 下列项目中，可以列在直接计入所有者权益的利得和损失的是（ ）。

A. 净利润

B. 可供出售金融资产公允价值变动净额

C. 会计政策变更累积影响金额

D. 成本法下被投资单位其他所有者权益变动的影响

7. 股份支付计入所有者权益的金额，应对应列在（ ）。

A. 实收资本　　B. 资本公积

C. 盈余公积　　D. 未分配利润

8. 企业按照规定提取的盈余公积，会使得所有者权益变动表中相应减少的项目是（ ）。

A. 实收资本　　B. 资本公积

C. 盈余公积　　D. 未分配利润

9. 企业分配现金股利，会使得所有者权益总额（　　）。

A. 增加　　B. 减少

C. 不变　　D. 无法确定

10. 企业分配股票股利，会使得所有者权益总额（　　）。

A. 增加　　B. 减少

C. 不变　　D. 无法确定

11. 下列项目中，会导致现金流出企业的是（　　）。

A. 分配股票股利　　B. 分配现金股利

C. 提取盈余公积　　D. 盈余公积弥补亏损

12. 下列项目中，会导致未分配利润增加的是（　　）。

A. 分配股票股利　　B. 分配现金股利

C. 资本公积转增资本　　D. 盈余公积弥补亏损

13. 资本公积转增资本，会导致所有者权益总额（　　）。

A. 增加　　B. 减少

C. 不变　　D. 无法确定

14. 能够增加企业实收资本的是（　　）。

A. 提取盈余公积

B. 权益法下被投资单位其他所有者权益变动

C. 盈余公积转增资本

D. 盈余公积弥补亏损

15. 不影响所有者权益变动额的是（　　）。

A. 净利润　　B. 提取盈余公积

C. 所有者投入资本　　D. 分配现金股利

二、多选题

1. 所有者权益变动表，可以反映（　　）。

A. 所有者权益总量的增减变动

B. 一定时期所有者权益变动的情况

C. 总资产的变动情况

D. 所有者权益变动的重要结构性信息

E. 直接计入所有者权益的利得和损失

2. 所有者权益变动表应当单独列示的项目包括（　　）。

A. 净利润

B. 直接计入所有者权益的利得和损失项目及其总额

C. 会计政策变更和差错更正的累积影响金额
D. 所有者投入资本和向所有者分配利润等
E. 按照规定提取的盈余公积

3. 综合收益的构成包括（　　）。
A. 净利润　　B. 实收资本
C. 资本公积　　D. 盈余公积
E. 直接计入所有者权益的利得和损失

4. 在所有者权益变动表中，直接计入所有者权益的利得和损失，包括（　　）。
A. 可供出售金融资产公允价值变动净额
B. 成本法下被投资单位其他所有者权益变动的影响
C. 会计政策变更累积影响金额
D. 权益法下被投资单位其他所有者权益变动的影响
E. 按照规定提取的盈余公积

5. 下列关于直接计入所有者权益的利得和损失的表述中，正确的是（　　）。
A. 属于企业已实现的损益　　B. 会导致企业净资产的变化
C. 不计入利润表　　D. 不具有稳定性
E. 包括成本法核算的长期股权投资

6. 所有者投入资本，一般会使下列所有者权益项目增加的是（　　）。
A. 实收资本　　B. 资本公积
C. 盈余公积　　D. 未分配利润
E. 库存股

7. 下列项目中，会导致实收资本（股本）增加的是（　　）。
A. 分配股票股利　　B. 分配现金股利
C. 资本公积转增资本　　D. 盈余公积弥补亏损
E. 所有者投入资本

8. 下列项目中，会导致所有者权益总额增加的是（　　）。
A. 净利润　　B. 分配现金股利
C. 资本公积转增资本　　D. 分配股票股利
E. 所有者投入资本

9. 下列项目中，不会导致所有者权益总额发生变动的是（　　）。
A. 分配股票股利　　B. 分配现金股利

C. 资本公积转增资本　　　　　D. 盈余公积弥补亏损

E. 提取盈余公积

10. 下列项目中，属于所有者权益内部结转的有（　）。

A. 所有者投入资本　　　　　B. 盈余公积转增资本

C. 资本公积转增资本　　　　D. 盈余公积弥补亏损

E. 提取盈余公积

11. 关于分配现金股利，下列说法中正确的是（　）。

A. 不会导致现金流出企业

B. 表明企业支付能力较差

C. 表明管理层对未来的信心

D. 会导致企业的所有者权益总额减少

E. 俗称送股

12. 下列项目中，属于所有者权益变动表中利润分配的有（　）。

A. 所有者投入资本　　　　　B. 盈余公积转增资本

C. 净利润　　　　　　　　　D. 对股东的分配

E. 提取盈余公积

13. 下列项目中，会使得盈余公积减少的是（　）。

A. 所有者投入资本　　　　　B. 盈余公积转增资本

C. 盈余公积弥补亏损　　　　D. 直接计入股东权益的利得和损失

E. 提取盈余公积

14. 所有者权益变动表中，所有者权益本年年初余额，是在上年年末余额的基础上调整而得，调整项包括（　）。

A. 会计政策变更　　　　　　B. 会计估计变更

C. 前期差错更正　　　　　　D. 本年增减变动金额

E. 直接计入所有者权益的利得和损失

15. 下列关于利润分配的说法中，正确的有（　）。

A. 可以了解企业的股利政策

B. 股利政策应具有稳定性和连续性

C. 股利政策的选择可以传递信号

D. 现金股利是利润分配的形式之一

E. 发放股票股利会使得所有者权益总额变化

三、判断题

1. 综合收益，是指企业在某一期间与所有者之外的其他方面进行交易或发

生其他事项所引起的总资产变动。(　　)

2. 综合收益的构成包括净利润和直接计入当期利润的利得和损失。(　　)

3. 由于所有者权益变动表是以矩阵形式列示的，所以无法提供比较信息。(　　)

4. 会计政策变更和前期差错更正的信息只在报表附注中披露。(　　)

5. 直接计入所有者权益的利得和损失，是指不应计入当期损益、会导致所有者权益发生增减变动的、与所有者投入资本或者向所有者分配利润无关的利得或者损失。(　　)

6. 直接计入所有者权益的利得和损失，属于企业已实现的损益。(　　)

7. 所有者权益变动表中，所有者权益各项目本年年初余额一定与上年年末余额相等。(　　)

8. 若企业净资产的增加，主要由直接计入所有者权益的利得和损失构成，说明企业财务状况获得明显改善。(　　)

9. 所有者投入资本，会使得实收资本增加，资本公积减少。(　　)

10. 提取盈余公积和分配现金股利，并不会引起所有者权益总额的变化。(　　)

11. 企业分配股票股利，并不会导致现金流出企业，但会使得所有者权益总额发生变化。(　　)

12. 所有者权益内部结转，不会改变所有者权益的总规模，也不会影响到企业的现金流。(　　)

13. 会计政策和会计估计变更对企业所有者权益的影响，均应列示在所有者权益变动表中。(　　)

14. 分配现金股利，会导致现金流出企业，使得企业的资产和所有者权益总额相应减少。(　　)

15. 所有者权益变动表是按照矩阵形式列报的，一方面列示了导致所有者权益变动的交易或事项，另一方面列示了所有者权益各组成部分及其总额。(　　)

四、业务题

1. 某公司 2013 年所有者权益变动表中，所有者权益年初余额为 2 570 万元，其中实收资本 760 万元，资本公积 910 万元，盈余公积 240 万元，未分配利润 660 万元。2013 年该公司实现净利润 530 万元，提取盈余公积 53 万元，向股东分配现金股利 200 万元。

要求：计算该公司 2013 年所有者权益变动表中，实收资本、资本公积、盈余公积、未分配利润和所有者权益合计项目的年末余额。

2. 某公司 2013 年度实现净利润 500 万元，持有的可供出售金融资产公允价值变动净额为 200 万元，增发新股 300 万元，提取盈余公积 75 万元，分配现金股利 280 万元。

要求：计算该公司 2013 年所有者权益变动金额。

3. 某公司 2013 年和 2012 年的所有者权益变动表资料如表 6-5 所示。

表 6-5 所有者权益变动表

单位：千元

项目	2013 年	2012 年
一、上年年末余额	582 000	519 000
加：前期差错更正	-47 000	-24 000
二、本年年初余额	535 000	495 000
三、本年增减变动金额	21 000	40 000
（一）净利润	41 000	40 000
（二）直接计入所有者权益的利得和损失		
上述（一）和（二）合计	41 000	40 000
（三）所有者投入和减少资本		
（四）利润分配		
1.提取盈余公积		
2.对所有者的分配	-20 000	
（五）所有者权益内部结转		
四、本年期末余额	556 000	535 000

要求：对该公司 2013 年和 2012 年的所有者权益变动表进行水平分析和垂直分析。

4. 某公司 2013 年所有者权益项目资料如表 6-6 所示。

表 6-6 所有者权益项目资料表

单位：万元

项目	2013 年	2012 年
实收资本	9 620	9 620
资本公积	7 420	6 800
盈余公积	3 300	2 600
未分配利润	2 820	2 000
合计	23 160	21 020

要求：运用垂直分析法分析该公司所有者权益结构变化，并进行简要评价。

5. 请读者对所选择上市公司的所有者权益变动表进行分析。

要求：运用水平分析法和垂直分析法分析该公司所有者权益变动情况。

第七章　偿债能力分析

偿债能力是反映企业财务状况的重要标志，也是财务报表使用者尤其是债权人关注的重点。通过对企业偿债能力的分析可以判断一个企业是否能够继续生存以及能否健康持续的发展。通过本章学习，理解偿债能力分析的概念以及偿债能力分析对于企业不同利益相关者的作用；理解影响企业短期偿债能力和长期偿债能力的表外因素；掌握短期偿债能力分析和长期偿债能力分析指标的概念、计算以及分析时应注意的问题。

开篇案例

银行的信贷决策

同学小王在某商业银行信贷部门实习，目前主要工作是熟悉信贷部门的工作流程和相关资料的传递。他经手的第一份借款申请来自于A公司。该公司为解决经营周转问题，需要申请一笔为期6个月的短期贷款，并向银行递交了相关申请材料，包括营业执照、经营许可证、财务会计报告等文件。在这些材料中，最让小王感兴趣的是企业提交的财务会计报告，他在想：能否通过该公司财务报表的分析，计算出相关财务指标，从而判断其是否能够按时偿还贷款本金和利息，从而做出贷款的决策呢？

第一节　偿债能力分析的概念及作用

一、偿债能力分析的概念

偿债能力是指企业在一定期间内偿还各种到期债务的能力。企业资金有两个来源，一个是由企业所有者提供的，称为所有者权益；另一个即为债权人提供的，称为负债。对于所有者提供的资金，企业可以长期使用，一般情况下无需返还所有者；但是对于债权人提供的资金，企业则负有到期偿还本金和利息的责任。因此，企业是否具有到期还本付息的能力，即偿债能力，与债权人的利益息息相关，是债权人关注的重点，会影响债权人贷款的决策。同时，企业偿债能力也关系到企业本身的生存和发展，影响企业的筹资和投资决策。

企业偿债能力按其债务到期时间的长短可以分为短期偿债能力和长期偿债能力两个方面。短期偿债能力是指企业以流动资产对流动负债及时足额偿还的保证程度，即企业以流动资产偿还流动负债的能力，因此要注重流动资产和流动负债的数量和质量。而流动资产的质量取决于资产的流动性，即变现能力，资产转换为现金的时间越短，则资产的流动性越强，越能很快的转换为可以偿还债务的现金。长期偿债能力是指企业偿还长期负债的能力。企业长期负债是指偿还期在一年或超过一年的一个营业周期以上的负债，包括长期借款、应付债券、长期应付款等。企业长期偿债能力会受到企业资本结构以及盈利能力的影响。

二、偿债能力分析的作用

通过对偿债能力的分析，可以考察企业持续经营的能力和风险，有助于对企业未来发展进行预测。在现今复杂的市场经济环境下，企业经营面临的不确定性因素也越来越多，企业经营的资金有一部分是由债权人提供的，如果企业经营不善，财务状况动荡，无力偿还到期债务，企业就会有破产的危险，而企业另一部分资金提供者，所有者的利益也不会得到保障，更谈不上企业的发展。因此，不同的利益相关者都需要对企业的偿债能力进行分析，从而做出相应的决策。具体而言，企业偿债能力分析的作用主要体现在以下几个方面：

（一）有利于债权人判断其债权收回的保证程度

对企业债权人而言，企业偿债能力的强弱会影响其债权的安全性，即意味着到期本金和利息能否按期收回。债权人给企业提供资金的目的在于获取一定的利息，通过对企业偿债能力的分析，有利于债权人做出正确的信贷决策，保证其资金安全。只有企业有较强的偿债能力，才能使债权人的债权得到及时收回，并能按期取得利息，而较弱的偿债能力，可能会导致债权人本金与利息收回的延迟，甚至是不能收回本金和利息。因此，债权人需要分析企业偿债能力以保证其债权收回的可靠性。

（二）有利于投资者判断投入资本的安全性和盈利性

对企业投资者而言，通过对企业偿债能力的分析，可以判断其所承担的终极风险以及可能获得的收益，以确定是否进行投资或撤离资本。所有者进行投资的目的在于实现资本的保值和增值，即会考虑投入资本的安全性和盈利性。所有者作为企业的终极风险承担者，当企业破产清算时，只有在偿还债权人的债务后才能对剩余资产具有所有权，因此，企业投资者会关注资本的安全性，这就要求所有者对企业的偿债能力进行分析，当企业的偿债能力比较强时，投资者投入资本的安全性也就越高。另外，由于负债具有杠杆作用，适度举债可以增加盈利，从而保证所有者投入资金的盈利能力。

（三）有利于经营者优化资本结构和降低财务风险

对企业经营者而言，通过对企业偿债能力的分析，可以判断企业承受财务风险的能力大小。企业通过举债经营，其产生的债务利息可以在税前进行支付，即适当的债务具有一定的税盾作用，而且与权益资本相比，债务资本成本较低。因此，适度增加负债比例，可以降低资本成本，从而优化企业资本结构。但是负债的杠杆作用是有限的，如果企业举债过度，而又不善经营，财务风险则会上升，企业不得不依靠出售资产等行为还债，此举会降低盈利水平。更为严重的是，当企业不能偿还到期债务时，还会面临诉讼，影响企业的形象。当企业资不抵债的时候，会陷入债务危机，进入破产的境地。因此，经营者需要对企业的偿债能力进行分析，从而降低财务风险，并达到优化资本结构的目的。

（四）有利于政府有关部门进行宏观经济管理

政府有关部门为了维护市场秩序，保证市场经济的健康正常运转，需要对企业的经营活动和理财活动做出相应的规定。比如企业要想通过发行债券或股票进行融资，政府有关部门就对其净资产的状况和偿债能力等做出了限定，以保障债权人的利益。因此，通过对企业偿债能力的分析，有利于政府有关部门进行宏观经济管理。

此外，对供应商而言，通过对企业偿债能力的分析，有利于判断企业是否能够及时支付货款，以及是否可以继续进行业务往来等；对客户而言，通过对企业偿债能力的分析，可以判断企业的财务状况，持续经营的能力，能否正常生产并按时交货等。

【课堂测试 7-1】

1. 资产负债表中资产项目的排列顺序是依据（　　）。

A. 项目的重要性　　B. 项目的收益性

C. 项目的流动性　　D. 项目的时间性

2. 下列项目中，属于企业流动资产的包括（　　）。

A. 货币资金　　B. 交易性金融资产

C. 投资性房地产　　D. 可供出售金融资产

E. 无形资产

3. 企业持有较多的货币资金，最有利于企业的（ ）。

A. 投资人　　B. 经营者

C. 长期债权人　　D. 短期债权人

第二节 短期偿债能力分析

负债按照债务偿还期限可以分为短期负债和长期负债，因此对企业偿债能力的分析也可以分为短期偿债能力分析和长期偿债能力分析。

短期偿债能力一般也称为支付能力，即通过流动资产偿还流动负债的保证程度。是衡量企业当前财务能力，特别是流动资产变现能力的重要指标。短期偿债能力的强弱对企业的生产经营活动和财务状况有重要影响。如果企业的短期偿债能力不强，就会出现因资金周转困难而影响正常经营活动的情况，严重时企业可能会出现财务危机、甚至破产清算。衡量企业短期偿债能力的评价指标主要有营运资本、流动比率、速动比率和现金比率等。

一、营运资本

（一）营运资本指标计算

营运资本是指流动资产总额超过流动负债总额的剩余部分，也称为营运资金或净营运资本（净营运资金），是绝对数指标，计算公式如下：

营运资本＝流动资产－流动负债

营运资本是偿还流动负债的“缓冲垫”。从公式可以看出，营运资本越多，企业越有足够流动资产偿还到期流动负债，即企业短期偿债能力越强，企业所面临的短期流动性风险越小，债权人安全程度越高，反之越弱。因此可以将营运资本指标作为衡量企业短期偿债能力的绝对数指标。

（二）营运资本指标分析

营运资本大于零，说明流动资产大于流动负债，根据“资产＝负债＋所有者权益”这一平衡关系式，可以知道，此时与营运资本对应的流动资产是以一定数额的长期负债或所有者权益为资金来源的，因此可以满足短期内债权人的债务求偿权，企业不能偿还短期债务的风险比较小；反之，当企业流动资产小于流动负债时，营运资本小于零，说明营运资本出现短缺，此时，企业部分长期资产以流动负债为资金来源，企业不能偿还短期债务的风险较大。

企业短期债权人从自身利益出发，会希望企业保持较多的营运资本，这样就可以减少风险。但是对企业来说，营运资本溢余虽然能够保证足够的偿债能力，不至于出现到期偿还不了债务的情况，避免影响企业信用以及盈利水平等，可是营运资本并不是越多越好，持有过多的营运资本，意味着流动资产较多而流动负债较少，流动资产出现剩余。流动资产具有流动性强、盈利性低的特点，企业闲置的资金不会产生更多的收益，企业盈利能力较差，发展潜力也会受限；同时流动负债较少，则说明企业没有充分利用负债的杠杆作用。因此，营运资本的规模要适度。

然而，企业保持多少的营运资本并没有一个合理的标准。该指标属于绝对数指标，不适于不同行业、不同规模企业之间的比较。不同行业的营运资本有很大差别，营运资本与经营规模相联系，同一行业不同企业之间营运资本也缺乏可比性。因此，实务中单独通过分析企业营运资本来判断企业短期偿债能力的强弱没有多少实际意义，通常需要结合其他短期偿债能力指标进行分析。

（三）营运资本案例分析

根据 ABC 股份有限公司 2012 年财务报表数据计算：

2012 年　营运资本＝6 756 330 944.97－5 701 710 147.44＝1 054 620 797.53 (元)

2011 年　营运资本＝5 793 162 583.90－4 862 565 011.21＝930 597 572.69 (元)

该公司 2011 年和 2012 年营运资本都是正数，且 2012 年较 2011 年营运资本还有所增加，说明该公司短期偿债能力较强。

二、流动比率

（一）流动比率指标计算

流动比率是流动资产与流动负债的比值，表明每一元流动负债有多少元流动资产作保障。流动比率用来衡量企业流动资产在短期债务到期之前，可以变现用于偿债的能力。该指标比营运资本指标更能体现企业短期债务偿还能力，因为考虑到了流动资产和流动负债的规模关系，是个相对数指标，更具可比性。其计算公式如下：

流动比率＝流动资产÷流动负债

通常认为，流动比率越高，表明可以保障在流动负债到期时有较多的流动资产可供变现以供偿债，因此，企业的短期偿债能力越强，债权人的安全保障程度也越高。反之，企业的短期偿债能力较弱。

（二）流动比率指标分析

从债权人的角度考虑，会希望流动比率越高越好，债务得到偿还的可能性越大。但是对于企业而言，流动比率越高，则意味着企业有过多的资金滞留在流动资产上，而流动资产的盈利水平一般不会很高，因此必然导致企业机会成本的增加以及盈利能力的下降。

一般而言，流动比率至少应该大于 1，即流动资产应大于流动负债。通常认为合理的最低流动比率为 2，这是因为流动资产中变现能力较差的存货约占流动资产总额的一半，剩下的流动资产至少要等于流动负债，才能保证企业的短期偿债能力。但这种认识未能从理论上证明，随着企业经营方式和金融环境的改变，流动比率有下降的趋势。不同行业的流动比率，通常也有明显的差别。营业周期越短的行业，合理的流动比率越低。

流动比率作为相对数指标，便于同行业企业之间的比较，也可以进行同一企业不同时期的比较，以确定企业流动比率的合理性。如果与行业平均值出现重大偏离或出现较大变动，应对构成流动资产以及流动负债的项目进行逐项分析，尤其是关注变现能力有问题的应收账款和存货项目。

（三）流动比率案例分析

根据 ABC 股份有限公司 2012 年财务报表数据计算：

2012 年 流动比率＝6 756 330 944.97÷5 701 710 147.44＝1.18

2011 年 流动比率＝5 793 162 583.90÷4 862 565 011.21＝1.19

该公司 2011 年和 2012 年流动比率均大于 1，但在营运资本有所上升的情况下，流动比率略有下降。

篇中案例 7-1

流动比率并非越高越好

巴菲特持股的很多具有持续性竞争优势的超级明星公司，流动比率都低于 2，甚至低于 1。比如 IBM 为 1.26、可口可乐为 1.1、沃尔玛为 0.88、卡夫为 0.85、宝洁为 0.83。一般的企业流动比率低于 2，意味着可能面临偿还短期债务的困难。但这些超级明星公司具有强大的销售渠道，销售回款速度很快，能够产生充足的现金流量，保证按期偿还流动负债。而且公司盈利能力非常强，能够快速产生较多的利润，足以保证还债能力。同时公司信用评级很高，短期融资能力巨大，公司可以利用短期商业票据或信用贷款等手段迅速融资还债。越是赚钱的公司，流动资产周转速度越快，流动资产占用资金量越小，流动比率反而越低，低于 2 甚至低于 1。当然，这只限于少数非常优秀的公司。

另外，不同行业的流动比率差别较大。因此，计算出来的流动比率，需要和同行业平均流动比率进行比较，并与本企业的历史流动比率进行比较，才能判断公司的流动比率是否过高或者过低。在此基础上，进一步分析流动资产和流动负债所包括的项目以及经营上的因素，才能确定流动比率过高或过低的原因。一般情况下，营业周期、流动资产中的应收账款和存货的周转速度是影响流动比率的主要因素。

资料来源：刘建位．流动比率并非越高越好．中国证券报，2011-12-01．

三、速动比率

（一）速动比率指标计算

速动比率又称酸性测试比率，是指速动资产对流动负债的比率，表示企业每一元的流动负债有多少的速动资产来保障。它是衡量企业流动资产中可以立即用于偿还流动负债的能力，是对流动比率的补充说明。其计算公式如下：

速动比率＝速动资产÷流动负债

其中的速动资产是指现金和易于变现、几乎可以随时用于偿还债务的那些流动资产，一般是由货币资金、交易性金融资产、应收票据以及应收账款等构成，即扣除了流动性较差的存货、预付款项以及其他流动资产等项目。实务中，为了计算的方便，一般仅将存货剔除。即：

速动资产＝流动资产－存货

在流动资产中扣除存货的原因主要有：存货的变现速度较应收款项等慢得多；部分存货可能已经损失报废、尚未处理；或者已抵押给债权人，不能用于清偿；由于存货估价的问题，导致与存货变现金额相差悬殊等。

（二）速动比率指标分析

速动比率越高代表企业的短期偿债能力较强，反之则说明企业的短期偿债能力越差，但是过高的速动比率，也反映企业闲置的资金较多，会失去很多投资机会，从而降低企业的盈利能力。

一般而言，速动比率被确认为 1 比较合理，即速动资产可以偿还流动负债。如果速动比率小于 1，说明企业面临较大的短期偿债压力，财务风险较大。但是，速动比率的合理区间也应视不同的行业有所差异。同时，在分析企业的速动比率时也需要结合企业所处行业中的竞争地位以及盈利能力来分析其偿债能力。另外，速动资产中仍含有应收账款，如果企业应收账款的金额过大或质量较差，事实上也会高估企业短期偿债能力。在评价速动比率指标时，应注意应收账款的质量，结合应收账款周转率、应收账款的账龄等进行分析。

（三）速动比率案例分析

根据 ABC 股份有限公司 2012 年财务报表数据计算：

2012 年速动比率＝（6 756 330 944.97－335 338 593.14）÷5 701 710 147.44
＝1.13

2011 年速动比率＝（5 793 162 583.90－376 713 935.49）÷4 862 565 011.21
＝1.11

该公司 2011 年和 2012 年速动比率均大于 1，且 2012 年较 2011 年有所上升，说明企业短期偿债能力较好。

四、现金比率

（一）现金比率指标计算

现金比率是指现金类资产与流动负债的比值。现金类资产包括企业持有的货币资金和现金等价物。现金等价物即企业持有的期限短、流动性强、易于转换成已知金额现金、价值变动很小的投资。它们与速动资产的区别在于不需要等待变现的时间，即可转换成确定金额的现金直接用于偿债。其计算公式如下：

现金比率＝现金类资产÷流动负债

（二）现金比率指标分析

现金比率可以反映企业的直接支付能力，现金比率越高，说明企业有较好的支付能力，对偿付债务的保障性越强，因为现金资产的流动性最强。但是资产的流动性越强，其盈利性越差，因此，现金比率过高，说明企业运用现金的能力不强，没有发挥出现金的最大效用。反之，现金比率过低，可能说明企业现金缺乏，将面临支付困难，甚至会出现财务危机。因此，企业需要根据实际情况合理确定现金比率。

相对于流动比率和速动比率而言，用现金比率衡量企业短期债务偿还能力最为保险，特别是当企业出现财务困难，应收账款与存货变现能力存在较大问题的情况下，计算现金比率更有实际意义。

（三）现金比率案例分析

根据 ABC 股份有限公司 2012 年财务报表数据计算：

2012 年现金比率＝3 533 201 206.73÷5 701 710 147.44＝0.62

2011 年现金比率＝2 853 680 235.63÷4 862 565 011.21＝0.59

该公司 2012 年现金比率较 2011 年有所提升，表明 1 元流动负债有 0.62 元现金资产作为保证，货币资金保留较多，短期偿债能力非常有保障。

综上，通过对 ABC 股份有限公司短期偿债能力的分析可以看出，该公司营运资本 2012 年较 2011 年有所上升，无论是流动比率、速动比率和现金比率两年相差均不大，虽然流动比率低于 2，但是速动比率大于 1，现金比率较高，说明该公司短期偿债能力较好。

五、影响短期偿债能力的表外因素

上述短期偿债能力指标，都是根据财务报表数据计算而得。还有一些表外因素也会影响企业的短期偿债能力。在财务分析时，应尽可能了解这方面信息，以做出正确判断。

（一）可动用的银行贷款指标

银行已同意、企业未办理贷款手续的银行贷款限额，可以随时增加企业的现金，提高支付能力。这一数据不反映在财务报表中，但会在董事会决议中披露。

（二）准备很快变现的长期资产

企业可能有一些长期资产可以随时出售变现，而不出现在“一年内到期的非流动资产”项目中。例如，储备的土地、未开采的采矿权、目前出租的房产等，在企业发生周转困难时，将其出售并不影响企业的持续经营。

（三）企业信誉

与信誉较差的企业相比，拥有良好信誉的企业总能在需要资金的时候顺利获得资金，即使在短期偿债方面出现暂时困难，也比较容易筹集到短缺现金。

（四）或有事项

如果由担保引起的连带责任，金额较大且由于这种担保有可能形成企业的负债，应在评价偿债能力时予以关注。其他的或有负债，比如售出商品可能发生的质量事故赔偿、诉讼案件和经济纠纷案件可能败诉并需赔偿等，这些或有负债一旦成为事实上的负债，将会加大企业的偿债负担。

【课堂测试 7-2】

1. 流动资产和流动负债的比值被称为（　　）。

A. 流动比率　　B. 速动比率

C. 营运比率　　D. 资产负债率

2. 某企业的流动比率为 1.98，短期借款为 200 万元，应付票据为 400 万元，应付职工薪酬为 80 万元，应交税费为 20 万，没有其他流动负债，长期借款为 300 万元，存货为 150 万元，则企业的速动比率是（　　）。

A. 1.83　　B. 1.77
C. 1.39　　D. 1.34

3. 下列经济业务中，不会影响企业流动比率的是（　）。
A. 用现金购买短期债券　　B. 用现金购买固定资产
C. 从银行取得长期借款　　D. 用存货进行对外长期投资

第三节　长期偿债能力分析

长期偿债能力是企业偿还非流动负债的能力，即长期债权人从长期来看企业资产对债务的保障程度。分析一个企业长期偿债能力，主要是为了确定该企业偿还债务本金和支付债务利息的能力。而长期债务的期限较长，因此关注的不是企业资产的短期流动性，而是要考虑企业资产的规模与企业负债规模的比例关系，以及与所有者权益规模的比例关系等，这些数据主要是通过企业资产负债表获取，此类指标主要有资产负债率、产权比率、权益乘数以及有形净值债务率等；另一方面，企业长期偿债能力与盈利能力密切相关，企业能否有充足的现金流入以偿还长期负债，很大程度上取决于企业的收益。企业的长期负债大多用于长期资产的投资，形成企业的固定生产能力，企业支付给长期债权人的利息，主要来自于经营收益，这些数据则主要来自企业利润表，此类指标主要有已获利息倍数等。

一、资产负债率

（一）资产负债率指标计算

资产负债率是负债总额与资产总额的比率，反映在企业资产总额中，从债权人方面筹集资金的比重。其计算公式如下：

资产负债率＝（负债总额÷资产总额）×100%

其中的负债总额是指企业的全部负债，不仅包括长期负债，流动负债也要考虑在内。这是因为，虽然对于单笔流动负债而言，需要在短期内偿还，但是从企业长期的经营活动来看，流动负债总是处于长期占用中，因此，需要将流动负债包括在负债总额内，同时，资产总额是企业的全部资产总额，包括流动资产和非流动资产。

（二）资产负债率指标分析

资产负债率是衡量企业负债水平和风险程度的重要标志。对于债权人而言，资产负债率越低越好，该比率越低，即负债总额占全部资产的比例越小，表明企业对债权人保障程度越高，债权人投入资本的安全性越大，企业偿债有保证，贷款不会有太大风险；但是对于所有者而言，所有者关注的是投入资本的保值增值情况。而通过向债权人举债，一方面可以扩大企业规模，另一方面也可以充分利用举债经营的杠杆作用，利用自身投入的资本以及筹集来的资本共同经营。只要企业全部资本利润率高于因借款而支付的利息率，所有者实现的利润会更大，此时所有者希望资产负债率越高越好。

一般而言，理想的资产负债率保持在50%左右，但是在不同的国家地区，或者不同的行业，资产负债率也有不同的标准。该比率的高低，很大程度上取决于经营者对企业前景的信心和对风险所持的态度。在企业财务前景乐观时，可适当加大资产负债率；反之，当财务前景不佳，则应减少负债，降低财务风险。企业经营者应考虑企业实际情况，将资产负债率控制在适当水平。

（三）资产负债率案例分析

根据ABC股份有限公司2012年财务报表数据计算：

2012年 资产负债率＝（9 671 769 283.02÷25 523 082 521.47）×100%
＝37.89%

2011年 资产负债率＝（8 330 475 643.24÷22 772 906 098.86）×100%
＝36.58%

该公司资产负债率2012年为37.89%，资产负债率较低，说明对债务人的保障程度较强。该指标较2011年的36.58%有所上升，说明该公司适度增加了财务杠杆水平，有利于提升其盈利能力。

篇中案例7-2

建企资产负债率：退不去的“高烧”

近日，国际知名评级机构标准普尔发布预测报告称，未来两年，中国将超越美国，成为全球最大的非金融企业债务市场。在传统的财务理论中，资产负债率是评价企业债务水平的一项综合指标，过高的资产负债率便意味着企业的财务压力和风险。

在所有非金融企业中，建筑业企业由于行业的特殊性，资产负债率相对较高。据统计57家建企（根据证监会行业分类）2012年和2013第一季度的资产负债情况后发现，部分建筑施工企业的资产负债率最高已近90%，而国际公认的负债率警戒线为60%，我国不少建企早在2004年就已逾越了资产负债率红线，并持续“高烧”。

查阅相关财报后获悉，2012 年，57 家上市建企的负债总额达 2.64 万亿元，平均负债率为 66.05%。但事实是，全国建筑施工企业的平均资产负债率已高达 80%，且呈上升趋势。

分行业看，除装饰企业位于红线边缘，幕墙、园林企业低于红线外，市政路桥、水利、房建等企业的平均资产负债率均在 70%以上，其中中国中铁、中国铁建、中铁二局三家铁路企业的平均资产负债率高达 84.77%。在 57 家企业中，44 家企业的资产负债率均超过 60%，四川路桥、中国水电等 11 家企业的资产负债率超过 80%，龙建股份最高，达 87.22%。

一般来说，行业的资产负债率水平应维持在 40%～60%，但由于建筑行业的特殊性，不少专家并不认同 60%的警戒线标准。某业内人士表示，不同行业的资产负债率不应采用同一标准，因为不同行业的负债结构、融资方式都不同。2004 年，建筑业企业的资产负债率就已超过 60%，并一路走高。2011 年，国资委调整了央企的负债标准，从原来的 80%降至 75%。即便如此，中国建筑、中国中铁、中国铁建、中国交建、中国中冶等几家企业的资产负债率仍超过 75%，其中中国铁建几近 85%。

由于资产负债率偏高，企业的财务风险也相对较高，可能导致现金流不足、资金链断裂，甚至企业破产等情况，建企很早就开始有意识地降低资产负债率，但情况并不乐观。

资料来源：根据“苏艳蕾．建企资产负债率：退不去的‘高烧’.中华建筑报.2013-06-05.”整理

二、产权比率和权益乘数

（一）产权比率和权益乘数指标计算

产权比率和权益乘数可以说是资产负债率的另外两种表现形式。

产权比率，是指负债总额与所有者权益的比率，表明每一元所有者权益借入的债务额，反映了企业所有者权益对债权人权益的保障程度。其计算公式如下：

产权比率＝（负债总额÷所有者权益总额）×100%

权益乘数是资产总额与所有者权益总额的比率，表明每一元所有者权益拥有的资产额。它说明了企业资产总额与所有者权益的倍数关系，表示该企业所有者权益支撑着多大规模的投资。其计算公式如下：

权益乘数＝资产总额÷所有者权益总额

（二）产权比率和权益乘数指标分析

产权比率从债权人的角度考虑，比率越低，说明企业的财务状况越好，对于债权的保证程度越高，债权人也愿意向企业增加借款；比率越高，则说明企业的经营风险主要由债权人承担，债权保证程度较低。

对于所有者而言，由于举债所承担的利息费用是固定的，只要所获资金的报酬率高于债务的利息率，产权比率越高对所有者越有利。一方面，可以充分利用负债的杠杆作用，获取更多的收益；另一方面，举债不会影响所有者对企业的控制权。但是，当产权比率过高时，表明企业过度运用财务杠杆，企业面临的财务风险增大，同时也增加了筹资成本。

权益乘数越大，表明所有者投资企业的资本占全部资产的比重越小，企业负债程度越高，债务不能清偿的可能性越大；反之，权益乘数越小，表明所有者投入企业的资本占企业资产的比重越大，企业的负债程度越低，债权人受保障的程度越高。

（三）产权比率和权益乘数案例分析

根据 ABC 股份有限公司 2012 年财务报表数据计算：

2012 年 产权比率＝（9 671 769 283.02÷15 851 313 238.45）×100%＝61.02%

2011 年 产权比率＝(8 330 475 643.24÷14 442 430 455.62)×100%＝57.68%

2012 年 权益乘数＝25 523 082 521.47÷15 851 313 238.45＝1.61

2011 年 权益乘数＝22 772 906 098.86÷14 442 430 455.62＝1.58

该公司产权比率 2012 年为 61.02%，说明该公司负债总额小于所有者权益总额，财务状况较好。权益乘数是表明企业财务杠杆的重要指标，2012 年为 1.61 较 2011 年的 1.58，有所上升，说明该公司在偿债有保障的前提下，加大了财务杠杆作用，有利于盈利能力的提高。由于产权比率和权益乘数是资产负债率的两个变形，分析结论与资产负债率的分析一致。

三、有形净值债务率

（一）有形净值债务率指标计算

有形净值债务率是负债总额与有形净值的比率。有形净值是从所有者权益中扣除土地使用权、商标权、专利权以及非专利技术等无形资产后的净额，即所有者所具有的有形资产的净值。该指标是为了更谨慎的评价企业偿债能力，是更为保守的产权比率。其计算公式如下：

有形净值债务率＝[负债总额÷（所有者权益−无形资产净值）]×100%

有形净值债务率可以用来反映企业在发生破产清算时债权人投入资本受到

所有者权益保护的程度，实质上是产权比率指标的延伸，但是更为谨慎和保守，因为在进行清算时，某些具有价值的无形资产不一定能用来偿债，比如企业的商誉，在衡量企业长期偿债能力时，将无形资产扣除，企业的偿债能力更为真实。

（二）有形净值债务率指标分析

有形净值债务率越大，说明企业面临的风险程度越大，对债务的偿还能力越弱；反之，该指标越小，说明企业面临的风险程度越小，对债务的偿还能力越强。

有形净值债务率揭示了负债总额与有形资产净值之间的关系，衡量的是企业陷入财务危机，面临破产清算的特殊情况下，企业债权人投入资本的保障程度，对企业债权人来说，该指标比产权比率更谨慎，所体现的债权安全性更高，因为其剔除了可能不会用于偿债的无形资产，使得企业偿债分析是建立于更加切实可靠的物质保障基础上。

（三）有形净值债务率案例分析

根据 ABC 股份有限公司 2012 年财务报表数据计算：

2012 年 有形净值债务率＝[9 671 769 283.02÷（15 851 313 238.45－3 544 320 551.04）]×100%＝78.59%

2011 年 有形净值债务率＝[8 330 475 643.24÷（14 442 430 455.62－3 169 255 227.66）]×100%＝73.90%

该公司 2012 年有形净值债务率为 78.59%，小于 1，说明即使考虑到破产清算的状况，该公司对债权人的保障程度依然很强，财务风险较小。该比率较 2011 年有所上升，说明该公司适度增加了举债。

四、已获利息倍数

（一）已获利息倍数指标计算

已获利息倍数也称为利息保障倍数，是指企业息税前利润与利息费用的比率。它表明企业息税前利润相当于企业利息费用的多少倍，用来衡量企业偿付债务利息的能力。其计算公式如下：

已获利息倍数＝息税前利润÷利息费用

其中，息税前利润＝利润总额＋利息费用＝净利润＋所得税费用＋利息费用

息税前利润，是指利润表中未扣除利息费用和所得税费用之前的利润。它可以用“利润总额加利息费用”来测算；也可以用“净利润加所得税费用加利

息费用”来测算。利息费用则是指本期发生的全部应付利息。不仅包括计入利润表中费用化的利息，还应该包括计入资产负债表中资本化的利息。费用化的利息，体现在利润表中的财务费用项目，而资本化利息，一般是计入资产负债表的在建工程项目中，不用在利润表中作为费用进行扣除，但是也会形成企业的一项负债，将来也是需要偿还的，将成为影响企业偿债能力的因素，因此需要考虑在内。但是，外部财务分析者很难获得利息费用的具体构成信息，所以通常用财务费用代替利息费用。此时，计算公式如下：

已获利息倍数＝息税前利润÷财务费用

＝（利润总额＋财务费用）÷财务费用

（二）已获利息倍数指标分析

已获利息倍数是从偿付债务利息的资金来源角度考察企业债务偿还能力，该指标越大，表明偿还到期利息的风险越小；反之，则风险越大。从长期来看，已获利息倍数至少是大于 1 的。如果该指标小于 1，则说明企业获取的收益不足以支付利息，到期本金的偿还就会更加困难；如果该指标等于 1，则说明企业赚取的收益刚好弥补利息费用，而企业经营过程会面临风险，会影响息税前利润，因此利息得到足额支付的保障不足，更保障不了到期本金的偿还。当然对于不同的行业，已获利息倍数的标准值也是存在差异的，因此在进行分析时，需要与本行业平均水平比较。

（三）已获利息倍数案例分析

根据 ABC 股份有限公司 2012 年财务报表数据计算：

2012 年　已获利息倍数＝（1 654 887 181.60＋243 688 889.95）÷243 688 889.95＝7.79

2011 年　已获利息倍数＝（1 490 115 808.90＋198 278 064.77）÷198 278 064.77＝8.52

该公司 2012 年已获利息倍数为 7.79，虽然较 2011 年的 8.52 有所降低，但是该指标大于 1，说明企业支付到期利息的能力较强，长期偿债能力也较强。

五、影响长期偿债能力的表外因素

上述长期偿债能力指标，都是根据财务报表数据计算而得。还有一些表外因素也会影响企业的长期偿债能力，必须引起足够重视。

（一）长期租赁

当企业急需某种设备或其他资产而又缺乏足够资金时，可以通过租赁的方式取得。租赁的形式包括融资租赁和经营租赁。融资租赁形成的负债会反映在资产负债表的长期应付款中，而经营租赁的负债则未反映在报表中。若企业的经营租赁金额较大、租期较长或经常发生时，就形成了一种长期性融资，到期必须支付租金，会对企业的偿债能力产生影响。

（二）或有事项

担保事项的时间长短不一，有的涉及企业的长期债务，有的涉及企业的短期债务。在分析长期偿债能力时，应根据有关资料判断担保责任带来的潜在长期负债问题。此外未决诉讼等或有事项，也会影响企业的偿债能力。

【课堂测试 7-3】

1. 能够反映企业长期偿债能力的指标是（　　）。

A. 资本积累率　　B. 已获利息倍数

C. 资产周转率　　D. 总资产收益率

2. 某公司的流动资产为 440 万元，非流动资产为 760 万元，流动负债为 244 万元，非流动负债为 156 万元，则该公司的产权比率为（　　）。

A. 50%　　B. 40%

C. 200%　　D. 100%

3. 某公司 2013 年年末资产总额为 3 200 万元，负债总额为 1 540 万元，该公司权益乘数为（　　）。

A. 1.93　　B. 0.61

C. 0.38　　D. 1.63

本章小结

偿债能力是指企业在一定期间内偿还各种到期债务的能力。不同的利益主体对财务报表的使用目的不同，对企业偿债能力的分析就有不同的作用。通过偿债能力分析，有利于债权人判断其债权收回的保证程度；有利于投资者判断投入资本的安全性和盈利性；有利于经营者优化资本结构和降低财务风险；有利于政府有关部门进行宏观经济管理等。

负债按照债务偿还期限可以分为短期负债和长期负债，因此对企业偿债能力的分析也可以分为短期偿债能力分析和长期偿债能力分析。短期偿债能力指标有：营运资本是指流动资产总额超过流动负债总额的剩余部分，也称为营运资金或净营运资本（净营运资金）；流动比率是流动资产与流动负债的比值，表明每一元流动负债有多少元流动资产作保障。速动比率又称酸性测试比率，是指速动资产对流动负债的比率，表示企业每一元的流动负债有多少的速动资产来保障。现金比率是指现金类资产与流动负债的比值。现金类资产包括企业持有的货币资金和现金等价物。

长期偿债能力分析指标有：资产负债率是负债总额与资产总额的比率，反映在企业资产总额中，从债权人方面筹集资金的比重。产权比率，是指负债总额与所有者权益的比率，表明每一元所有者权益借入的债务额，反映了企业所有者权益对债权人权益的保障程度。权益乘数是资产总额与所有者权益总额的比率，表明每一元所有者权益拥有的资产额。产权比率和权益乘数是资产负债率的另外两种表现形式。有形净值债务率是负债总额与有形净值的比率。有形净值是从所有者权益中扣除土地使用权、商标权、专利权以及非专利技术等无形资产后的净额，即所有者所具有的有形资产的净值。已获利息倍数也称为利息保障倍数，是指企业税前利润与利息费用的比率。它表明企业息税前利润相当于企业利息费用的多少倍，用来衡量企业偿付债务利息的能力。

篇后案例

尚德危机拉响债市警报

2013 年 3 月 20 日，经无锡市中院宣布，鉴于无锡尚德太阳能电力有限公司（下称“无锡尚德”）无法归还到期债务，正式裁定对无锡尚德实施破产重整。

截至 2 月底，无锡尚德共欠工行、农行、中行等在内的 9 家银行 71 亿元债务。实际上，在无锡尚德巨额债务曝光前，其境外上市母公司尚德电力（STP.NYSE）就已经被一笔高达 5.7 亿美元的到期可转债压垮。其 3 月 18 日发布的公告显示，公司本应于 3 月 15 日到期兑付的可转债中，仍有 5.41 亿美元的债务未支付金额，已经违约。随着无锡尚德破产以及尚德电力违约这一系列事件发生，企业债违约的警报再次在国内市场响起。

尚德电力 2013 年到期的 5.7 亿美元可转债来自于该公司 2007 年开始的一系列境外融资工作。彼时，尚德电力成功登陆纽交所已过两年，借力于光伏产业的美好前景，公司在境外并购了多家企业，规模越来越大，而正是可转债融资模式给其提供了强大的推动力。

公开信息显示，2007 年到 2008 年，尚德电力通过可转债发行获得了近 10 亿美元的融资支持，其中 2008 年以 3%利率发行的 5.7 亿美元可转债正是如今压垮尚德电力的这根“稻草”。

然而，数年过后，这家光伏企业的巨星光环日渐黯淡，还债压力日益增加。尚德电力 18 日的公告显示，公司已经收到 3%可转债托管人的通知，认为这笔可转债已经违约，债权人要求尽快付款。受此影响，该公司股价当日即下跌8.41%至0.641美元，近5个交易日累计下跌近50%。

尚德电力为兑付此部分可转债曾进行过多方努力，如申请将债券兑付期限延长，把债权人的身份转换为尚德所持电站资产的股东，但都以失败告终。

实际上，就在尚德电力海外出现兑付危机之时，多家企业在国内债券市场也是危机频发。如同是光伏企业的超日太阳（002506），虽然在本月7日用公司自有资金如期兑付了“11超日债”第一期利息共8980万元，暂时渡过兑付危机，但该公司面临严重亏损，持续经营能力较差。分析人士表示，该公司的资质和偿债能力并没有任何改变，因此金额总达10亿元、期限为5年的“11超日债”本息最后能否顺利收回仍存在很大风险。

资料来源：根据“时超. 尚德危机拉响债市警报 市场担忧违约风险蔓延至国内.经济导报. 2013-03-22.”整理

核心概念

营运资本（working capital）
流动比率（current ratio）
速动比率（quick ratio）
现金比率（cash ratio）
资产负债率（total debt ratio）
产权比率（debt-equity ratio）
权益乘数（equity multiplier）
有形净值债务率（debt to tangible assets ratio）
已获利息倍数（times interest earned）

思考题

1. 简述偿债能力分析的概念和作用。
2. 影响企业短期偿债能力的表外因素有哪些？
3. 影响企业长期偿债能力的表外因素有哪些？
4. 资产负债率与产权比率以及权益乘数之间有何联系？

练习题

一、单选题

1. 一般来说，偿还流动负债的资金来源于企业的（　　）。

A. 长期借款　　B. 短期借款
C. 流动资产　　D. 吸收投资

2. 酸性测试比率，又可以被称为（　　）。
A. 流动比率　　B. 现金比率
C. 保守速动比率　　D. 速动比率

3. 下列经济业务会使企业的速动比率提高的是（　　）。
A. 销售产成品　　B. 收回应收账款
C. 购买短期债券　　D. 用固定资产对外进行长期投资

4. 当企业发生下列经济事项时，可以增加流动资产的实际变现能力的是（　　）。
A. 取得应收票据贴现款　　B. 为其他单位提供债务担保
C. 拥有较多的长期资产　　D. 有可动用的银行贷款指标

5. 某企业 2013 年末流动资产为 300 万元，其中存货 180 万元，应收账款净额 30 万元，流动负债 150 万元，计算的速动比率为（　　）。
A. 2　　B. 0.8
C. 0.6　　D. 0.5

6. 在计算速动资产时，之所以要扣除存货项目，是由于存货（　　）。
A. 价值变动较大　　B. 质量难以保证
C. 数量不易确定　　D. 变现能力较差

7. 如果某公司流动比率大于 1，则说明（　　）。
A. 速动比率大于 1　　B. 现金比率小于 1
C. 企业短期偿债能力很好　　D. 营运资本大于零

8. 流动比率小于 1 时，如果该公司赊购原材料，将会（　　）。
A. 降低流动比率　　B. 降低营运资本
C. 增大营运资本　　D. 增大流动比率

9. 下列比率中，可以用来分析企业长期偿债能力的是（　　）。
A. 存货周转率　　B. 流动比率
C. 速动比率　　D. 已获利息倍数

10. 下列各项中，会导致企业资产负债率变化的经济业务是（　　）。
A. 收回应收账款
B. 接受所有者投资转入的固定资产
C. 用现金购买债券
D. 以固定资产对外投资

11. 某企业的流动资产为 160 万元，非流动资产为 440 万元，流动负债为 80 万元，非流动负债 120 万元，则资产负债率为（　　）。

A. 66. 67%　　　　B. 50%

C. 33. 33%　　　　D. 200%

12. 某公司 2013 年年末资产总额为 1 470 万元，负债总额为 780 万元，则该公司产权比率为（　　）。

A. 1.13　　　　B. 1.88

C. 0.53　　　　D. 0.88

13. 关于产权比率的计算，下列正确的是（　　）。

A. 所有者权益/负债　　　　B. 负债/（负债-资产）

C. 资产/负债　　　　D. 负债/所有者权益

14. 某公司 2013 年年末无形资产净值为 32 万元，负债总额为 2 556 万元，所有者权益总额为 4 580 万元，则该公司有形净值债务率为（　　）。

A. 55.8%　　　　B. 55.4%

C. 56.2%　　　　D. 178%

15. 在已获利息倍数指标中，利息费用是指本期发生的全部应付利息，不仅包括计入财务费用的利息费用，还应包括（　　）。

A. 汇兑损益

B. 计入在建工程的利息费用

C. 银行存款利息收入

D. 固定资产已投入使用之后的应付债券利息

二、多选题

1. 利息保障倍数的计算公式中，分子指的是（　　）。

A. 营业利润

B. 息税前利润

C. 利润总额加利息费用

D. 净利润加所得税费用加利息费用

E. 净利润加利息费用

2. 流动资产一般是短期资产，但有些资产由于不再具有较强的流动性，实质上已经转化为长期资产。下列项目中，变现能力较差的是（　　）。

A. 低值易耗品　　　　B. 超储积压的原材料

C. 超龄应收账款　　　　D. 准备销售的商品

E. 银行存款

3. 某公司总资产为 2 000 万，其中流动资产为 800 万，流动负债为 400 万，非流动负债为 600 万，所有者权益为 1 000 万，则下列说法中正确的是（　　）。

A. 营运资本为 400 万　　B. 流动比率为 2

C. 资产负债率为 50%　　D. 产权比率为 50%

E. 权益乘数为 50%

4. 在速动比率为 0.9 的情况下，会使得该比率提高的经济业务包括（　　）。

A. 股东投资 200 万元　　B. 从银行提取现金

C. 赊购商品　　D. 应收账款的收回

E. 申请到一笔短期借款

5. 如果某公司流动资产大于流动负债，期末以现金方式偿还一笔短期借款，则下列说法中正确的是（　　）。

A. 营运资本减少　　B. 营运资本增加

C. 营运资本不变　　D. 流动比率降低

E. 流动比率提高

6. 下列项目中，属于速动资产的是（　　）。

A. 存货　　B. 货币资金

C. 交易性金融资产　　D. 应收账款

E. 应收票据

7. 在计算速动比率时，要把存货从流动资产中剔除的原因有（　　）。

A. 存货估价问题导致与合理市价相差悬殊

B. 存货中可能含有已损失报废但还没作处理的不能变现的存货

C. 存货种类繁多，难以综合计算其价值

D. 存货的变现速度较慢

E. 部分存货可能已抵押给某债权人

8. 用于分析企业短期偿债能力的财务指标有（　　）。

A. 资产负债率　　B. 流动比率

C. 现金比率　　D. 已获利息倍数

E. 速动比率

9. 某企业 2012 年年末的流动资产为 187 955 万元，其中存货为 65 013 万元，流动负债为 111 440 万元。则下列说法中正确的是（　　）。

A. 营运资本为 76 515 万元　　B. 流动比率为 1.69

C. 速动比率为 1.80　　D. 流动比率为 2.19

E. 速动比率为 1.10

10. 影响短期偿债能力的表外因素包括（ ）。

A. 可动用的银行贷款指标
B. 准备很快变现的长期资产
C. 偿债能力的声誉
D. 未决诉讼形成的或有负债
E. 营运资本的合理性

11. 企业的长期债务包括（ ）。

A. 应付债券
B. 摊销期长的长期待摊费用
C. 长期应付款
D. 长期债券投资
E. 长期借款

12. 可用来分析企业长期偿债能力的财务指标包括（ ）。

A. 产权比率
B. 资产负债率
C. 有形净值债务率
D. 流动比率
E. 酸性测试比率

13. 影响有形净值债务率的因素有（ ）。

A. 流动资产
B. 营运资本
C. 股东权益
D. 负债总额
E. 无形资产净值

14. 下面关于有形净值债务率的叙述错误的是（ ）。

A. 有形净值债务率越大，企业长期偿债能力越强
B. 有形净值债务率即用负债总额除以有形资产总额
C. 有形资产净值就是用资产总额减去无形资产
D. 有形净值债务率越低越好
E. 有形净值债务率反映债权人在企业破产清算时能获得有形财产保障的程度

15. 关于资产负债率的叙述正确的是（ ）。

A. 对债权人来说，资产负债率越低越好
B. 对经营者来说，资产负债率应控制在适度的水平
C. 对债权人来说，资产负债率越高越好
D. 对经营者来说，资产负债率越低越好
E. 对股东来说，资产负债率越高越好

三、判断题

1. 营运资本指标是衡量企业短期偿债能力的绝对数指标。（ ）

2. 当营运资本大于零时，此时与营运资本对应的流动资产是以一定数额的长期负债或所有者权益为资金来源的，企业不能偿还短期债务的风险比较小。

（ ）

3. 从理论上讲，只要流动比率高于 1，借款人便具有偿还短期债务的能力。（ ）

4. 对企业而言，流动比率越高越好。（ ）

5. 通常情况下，速动比率保持在 1 左右比较合理。（ ）

6. 企业存在债务担保的情况下，会弱化企业的偿债能力。（ ）

7. 现金比率是指现金类资产与流动负债的比值，而其中的现金类资产即为资产负债表中的货币资金项目。（ ）

8. 流动比率、速动比率和现金比率这三个指标的共同点是分子相同。（ ）

9. 资产负债率是负债总额与资产总额的比例关系，因此，该指标数值越低越好。（ ）

10. 资产负债率是反映企业的长期偿债能力的指标。（ ）

11. 产权比率和权益乘数之和为 1。（ ）

12. 有形净值是从所有者权益中扣除土地使用权、商标权、专利权以及非专利技术等无形资产后的净额。（ ）

13. 有形净值债务率是比产权比率更为保守的指标。（ ）

14. 已获利息倍数的计算公式中，分子“息税前利润”，是指利润表中未扣除所得税费用之前的利润。（ ）

15. 已获利息倍数计算中利息费用仅指利润表中的财务费用。（ ）

四、业务题

1. 某企业 2012 年年初的速动比率为 0.75，流动比率为 2.08。该企业所在行业的平均流动比率为 2。该企业 2012 年简化资产负债表如表 7-1 所示。

表 7-1 资产负债表（简表）

单位：万元

资产	年初余额	年末余额	负债与所有者权益	年初余额	年末余额
货币资金	4 000	3 840	短期借款	8 000	11 200
应收账款	?	7 680	应付账款	4 000	3 200
其他应收款	0	256	其他应付款	2 400	800
存货	?	17 600	长期借款	16 000	16 000
固定资产	23 168	25 600	股东权益	22 720	23 776
合计	53 120	54 976	合计	53 120	54 976

要求：

（1）计算该企业 2012 年度的年初应收账款以及存货项目的金额。

（2）计算该企业2012年度年末的流动比率，并做出简要评价。

（3）分析该企业流动资产的质量以及短期偿债能力。

2. 某企业2012年年末负债总额为180万元，全部资产总额为340万元，2013年末负债总额为220万元，全部资产总额为360万元。

要求：计算该公司2012年和2013年的资产负债率、产权比率以及权益乘数，并做出简要评价。

3. 某公司2012年的营业收入为15 000万元，净利润为500万元，利息支出（全部计入财务费用）为300万元，所得税费用为100万。

要求：计算该公司2012年的息税前利润和已获利息倍数。

4. 某公司2012年度销售收入为1 125万元，利息费用为68万元，息税前利润为225万元，其他相关资料如表7-2所示。

表7-2 资产负债表（简表）

单位：万元

资产	年初数	年末数	负债和所有者权益	年初数	年末数
货币资金	75	68	短期借款	308	440
应收账款	240	285	长期借款	517	660
存货	108	420	所有者权益	760	850
固定资产	930	975			
无形资产	232	202			
合计	1 585	1 950	合计	1 585	1 950

要求：计算该公司2012年年末的资产负债率、产权比率、有形净值债务率以及2012年度的已获利息倍数。

5. 根据第三章和第四章练习题中，J公司资产负债表和利润表有关资料，计算该公司2012年的财务比率，包括：营运资本、流动比率、速动比率、现金比率、资产负债率、产权比率、有形净值债务率和已获利息倍数。

6. 请读者对所选择上市公司的偿债能力进行分析。

提示：可以计算相关偿债能力指标，并进行趋势分析，判断该公司偿债能力的变化。

第八章　营运能力分析

营运能力会直接关系到企业的偿债能力和盈利能力，从某种程度上可以看作是二者的基础，能够体现企业的经营绩效。通过本章学习，理解营运能力分析的概念以及营运能力分析对于企业不同利益相关者的作用；掌握营运能力分析常用财务指标的概念、计算以及分析时应注意的问题。

开篇案例

总资产周转率成为央企负责人任期考核基本指标

在《财富》500强这一衡量企业规模的榜单上，越来越多地出现中央企业的身影。规模快速扩张的同时，央企与国际同行之间的经营质量差距却日益明显。2012年《财富》500强榜首荷兰皇家壳牌石油公司的营业收入为4 844.89亿美元，利润为309.18亿美元，而排名第五的中石化集团收入为3 752.14亿美元，利润仅为94.52亿美元，收入利润率相当于壳牌的1/2。

尽管中央企业资产、收入规模较大，资产使用效率、营利能力、价值创造能力等还有较大提升空间。2012年12月29日，国务院国资委修订并公布了《中央企业负责人经营业绩考核暂行办法》(国资委令第30号)。彻底取消了主营业务收入增长率作为央企负责人任期考核的基本指标，取而代之以“总资产周转率”。2013年开始，主营业务收入增长率将不再成为中央企业负责人经营业绩考核的基本指标。这也意味着，国务院国资委已明确要求中央企业放弃以往一味追求收入增长、规模扩大的发展路径，从简单做大转向做强做优。

总资产周转率是指企业任期内平均主营业务收入同平均资产总额的比值。以总资产周转率指标替代收入增长率指标，反映出放弃一味追求收入增长的政策引导。多数情况下，收入的增长较多地依赖资产的增长，以至于对资产规模难以实施有效的控制。此举兼顾了收入和资产增长二者间的协同。

资料来源：根据“吴杰．央企负责人业绩考核新规解读：优化央企航向．国企.2013-03-28.”整理

第一节 营运能力分析的概念及作用

一、营运能力分析的概念

营运能力，也称为资产管理能力，是指企业充分利用现有资源创造社会财富的能力。其实质就是用尽可能少的资产，在尽可能短的时间，生产出尽可能多的产品，创造出尽可能多的收益。反映的是企业营运资产的效率和效益，体现的是企业资产周转速度和资产利用效果。

企业资产管理的目的，是使资产获得最大的增值，从而给企业带来最大的效益。而资产只有在经营周转中，实现营业收入后才可能产生增值。因此，评价企业营运能力高低，主要是取决于企业资产的周转速度。周转的速度越快，资产利用的效率越高，资产产生的增值越大，越有利于企业价值的创造。

企业的营运资产主要包括流动资产和固定资产。流动资产，具有流动性强，周转速度快的特点；固定资产虽然具有投入资金多，回收时间长，变现能力差、风险大等缺点，但是可以在企业长期生产经营过程中发挥作用，而且其使用成本属于非付现成本，能够对企业的经济效益和财务状况产生重大影响，并且能够体现企业的生产技术水平，是企业生产经营必不可少的资产。营运资产之所以将无形资产排除在外，主要是考虑到无形资产往往不能单独创造价值，需要通过或依附于其他有形资产才能发挥作用。

营运能力分析，主要是通过营业收入与企业各项资产的比例关系，分析各项资产的周转速度，以及各项资产对收入的贡献程度，体现的是资产的运用效率，它揭示了资产的运行状态和管理效果的好坏。而这种状况和效果会对企业的偿债能力和盈利能力产生重要的影响。

二、营运能力分析的作用

通过营运能力分析，不仅能够评价一个企业的经营水平和管理水平，还能对企业的发展做出预测，对企业各利益主体都有重大作用。具体而言，企业营运能力分析的作用主要体现在以下几个方面：

（一）有利于经营者优化资产结构，降低经营风险

经营者通过对企业营运能力的分析，可以发现与企业整体经营水平不相适应的资产结构，并及时地进行调整，加强对资产的管理，从而优化资产结构。

而且，资产是企业获取收益的基础，如果企业的非流动资产占用资金过多，或企业资产出现质量问题，不能实现企业资产自身价值，会引起企业资金积压，降低资产使用效率，导致企业财务状况质量下降。通过对企业营运能力的分析，可以发现现有资产存在的问题，优化资产结构，从而有效降低经营风险。

（二）有利于投资者判断资产收益能力以及财务安全性

投资者投入资本的目的在于实现资本的保值增值，只有企业具有良好的盈利性和财务安全性时，投资者才会做出投资决策。要想具有较强盈利性，这就需要高质量的资产作保障，企业存量资产的周转速度越快，实现收益的能力越强，同时，资产结构中流动性及变现能力强的资产比重越大，企业的偿债能力就越强，企业的财务安全性越有保障。通过资产结构和资产管理效果分析，可以很好地判断资本的安全程度以及企业未来收益的能力。投资者也可以根据营运能力分析结果，评价企业经营者的经营业绩，从中找出不足，以实现未来更大的收益。

（三）有利于债权人做出信贷决策

债权人能否做出贷款决策，主要是看企业偿债能力如何，即对于债权人来说，借入资金能否及时、足额的收回；另外，企业的收益状况和面临的风险程度，也很大程度上影响到企业债务的偿还，而这些都与企业对资产的利用效率有很大程度的关联，即与企业的营运能力有密切联系。债权人通过对企业营运能力的分析，可以判明其债权的物资保障程度或安全性，从而做出信贷决策。另外，通过对企业营运能力的分析，可以了解到企业的盈利能力和资产流动性，而这些都是企业能否偿还到期债务本金和利息的基础。

（四）有利于政府有关部门进行宏观决策

政府有关部门通过对企业资产利用效率的分析，可以判断企业经营是否稳定，财务状况是否良好，有无出现财务困境，有无经营不善的问题，从而有利于进行宏观决策。

【课堂测试 8-1】

1. 下列说法中不正确的是（　　）。

   A. 企业营运能力体现的是企业资产的利用效率

   B. 通过对企业营运能力的分析，可以帮助经营者调整资产结构

   C. 对企业债权人来说，不需要分析企业营运能力

   D. 投资者也可以利用营运能力分析的结果，评价经营者的业绩

第二节 营运能力分析

资产的营运能力可以反映企业资金利用的效率，表现为各项资产所占用资金的周转速度。衡量企业营运能力的财务指标主要有应收账款周转率、存货周转率、营业周期、流动资产周转率、固定资产周转率以及总资产周转率等。

一、应收账款周转率

（一）应收账款周转率指标计算

应收账款周转率是一定时期内商品赊销收入与应收账款平均余额的比率。表明的是应收账款的流动性，也就是变现速度。当用时间来表示时，就是应收账款周转天数，也称为平均收现期。其计算公式如下：

应收账款周转率（次数）＝商品赊销收入÷应收账款平均余额

应收账款平均余额＝（期初应收账款余额＋期末应收账款余额）÷2

应收账款周转天数＝计算期天数÷应收账款周转率（次数）

公式中的“商品赊销收入”，对于企业外部利益相关者而言，不易取得资料数据，通常会采用“营业收入”来代替。而分母中使用的应收账款，则包括了“应收账款”与“应收票据”等全部赊销应收款在内，但是要注意不能扣除坏账准备，应使用原值，而在资产负债表中列报的是“应收账款”和“应收票据”的账面净值。考虑到数据的易取得性，在计算时也可以采用报表中应收账款和应收票据数值。另外，为了保持分子、分母时间上的一致性，也为了保证应收账款各时点水平差异不要过大，计算时可以使用期初和期末应收账款的平均值。计算期天数，通常为一年，一般按360天计算。以下，计算期天数均用360天代替。

（二）应收账款周转率指标分析

一般而言，在一定时期内，企业的应收账款周转率越高，周转次数越多，周转期越短，表明企业应收账款回收速度越快，应收账款管理效率越高。及时收回应收款项，不仅可以避免坏账损失，而且还可以增强企业偿债能力；反之，应收账款周转率越低，说明过多的资金呆滞，影响资金周转，企业需要加强应收账款的管理。但是，应收账款的周转率并不是越高越好，应收账款是由赊销引起的，当企业的信用期间、信用标准等信用政策比较严格时，则会影响企业销售量，从而影响盈利水平。在对应收账款周转率进行评价时，要考虑企业的经营特点，并与所处行业平均水平或其他类似企业的指标相比较，也可以对同一企业进行不同时期的比较，判断企业应收账款管理水平。

（三）应收账款周转率案例分析

根据 ABC 股份有限公司 2012 年和 2011 年财务报表数据计算：

2012 年 应收账款平均余额＝（1 965 862 041.85＋1 852 485 665.87）÷2

＝1 909 173 853.86 (元)

应收账款周转率＝13 493 346 182.55÷1 909 173 853.86＝7.07（次）

应收账款周转天数＝360÷7.07＝50.94（天）

2011 年 应收账款平均余额＝（1 852 485 665.87＋1 755 616 057.4）÷2

＝1 804 050 861.635（元）

应收账款周转率＝12 723 112 480.03÷1 804 050 861.635＝7.05（次）

应收账款周转天数＝360÷7.05＝51.05（天）

（本例中仅使用了“应收账款”未包含“应收票据”）

该公司 2012 年的应收账款周转率为 7.07 次，较 2011 年的 7.05 次略有上升，平均收现期为 50.94 天，较 2011 年 51.05 天相差不大，说明企业的信用政策两年变化不大。此外，还应对比同行业水平，来判断该公司应收账款管理水平的高低。

篇中案例 8-1

应收账款回收难

云南铜业业绩预告显示，2013 年 1～9 月份，归属于上市公司股东的净利润为亏损 15 亿元至 15.5 亿元，同时基本每股收益为亏损 1.06 元至 1.09 元。相比 2012 年 1～9 月份的亏损 4 044.8 万元，亏损幅度达到近 3 倍。

至于业绩出现如此巨大额度亏损的原因，云南铜业称，2013 年 1～9 月份，有色金属市场行情下滑，公司主要产品销售价格均较上年同期出现不同程度地下跌，其中：电解铜价格下跌了 7%，黄金价格下跌了 15%，白银价格下跌了 28%。受此影响，公司 1～9 月份经营业绩同比大幅下降。

目前有色金属市场行情的不景气，云南铜业 2013 年全年业绩表现着实令人担忧。

首先，云南铜业面临巨额应收账款难以收回的难题。据了解，2013 年 7 月，云南铜业向云南省高院对昆明万宝集源生物科技有限公司（以下简称“万宝公司”）等九名被告提起诉讼，请求被告向原告支付所欠货款本金 2.74 亿元及利息、滞纳金、违约金、为实现债权发生的律师费等。此外，云南铜业还曾向云南高院提起对江门市江磁电工企业有限公司(下称“江门江磁”)的诉讼。截至2012年8月15日,江门江磁欠云南铜业货款6661.95万元,加上被银行追索的商业汇票款,江门江磁欠云南铜业货款共计8324.02万元。单是上述两笔诉讼涉及的货款金额就已经合计约3.57亿元。

其次,面对上述应收账款难以收回,云南铜业不得不增加计提,从而导致利润减少。据了解,截至2012年12月25日,云南铜业共持有逾期商业承兑票据5.58亿元,2012年年度报告中,公司已按扣除抵押物后的风险敞口金额全额计提了2.91亿元的坏账准备。云南铜业2013年中期财务报告也显示,公司应收账款中,万宝公司、天津金链德金属材料有限公司、天津天恒有色金属有限公司、江门江磁的计提比例分别为7.2%、87.96%、76.93%、43.56%,坏账准备合计2.86亿元。

资料来源:根据“任世磊.云南铜业爆出‘15亿巨亏黑洞’经营惨淡业绩堪忧惊业内.证券日报·中国资本证券网.2013-10-20.”整理

二、存货周转率

(一)存货周转率指标计算

存货周转率,是企业在一定时期营业成本与存货平均余额的比率。即企业的存货在一定时期内周转的次数,反映的是企业存货的质量和流动性。用时间表示就是存货周转天数。其计算公式如下:

存货周转率(次数)=营业成本÷存货平均余额

存货平均余额=(期初存货余额+期末存货余额)÷2

存货周转天数=360天÷存货周转率(次数)

(二)存货周转率指标分析

存货周转速度的快慢关系到企业供、产、存、销各个环节管理效率的高低,也就直接影响到企业的盈利水平和偿债能力,通过存货周转率的分析可以从不同环节找出企业存货管理中存在的问题,使存货管理在保证企业生产经营连续性的同时,尽可能少地占用经营资金,提高资金使用效率。一般而言,企业存货周转速度越快,即存货周转率越高,周转次数越多,周转天数越短,则说明企业存货占用水平低,存货的变现能力越强,企业盈利能力也会增强;反之,则表明企业存货运用效率低,存货出现积压,过多的资金占用在存货上,影响企业盈利能力。同时,存货周转率也从一定程度上反映了企业销售实现的快慢。一般情况下,存货周转速度越快,说明企业投入存货的资金从投入到完成销售的时间越短，企业销售能力越强；反之，如果存货周转速度慢，则说明企业的存货可能销路不畅，产生过多的存货积压，影响资金的回笼。

（三）存货周转率案例分析

根据ABC股份有限公司2012年和2011年财务报表数据计算：

2012年　存货平均余额＝（335 338 593.14＋376 713 935.49）÷2＝356 026 264.315（元）

存货周转率＝10 338 083 009.15÷356 026 264.315＝29.04（次）

存货周转天数＝360÷29.04＝12.40（天)

2011年　存货平均余额＝（376 713 935.49＋469 349 772.96）÷2＝42 3031 854.225（元）

存货周转率＝9 827 306 559.71÷42 3031 854.225＝23.23（次）

存货周转天数＝360÷23.23＝15.50（天)

该公司2012年存货周转率为29.04次，较2011年的23.23次有所提高，从而将存货周转天数从上年的15.50天缩短至12.40天，说明该公司存货管理水平有所提高。

篇中案例8-2

房地产行业提高存货周转率比保持利润率更重要

过去几年，较为激进的土地出让速度让部分三、四线城市累积了巨量库存。2011年上市开发企业销售业绩欠佳，除资产总额、房地产业务收入小幅上升外，运营规模类其余指标均出现小幅下滑。同时，房地产上市企业仍然处于较高的负债水平，而库存去化周期变长，资金回笼速度变缓，使企业面临较大的偿债压力。但2012年以来，房地产上市企业存货消化速度有所回升。

根据已披露2012年年报的上市公司数据统计显示，房地产行业2012年年度存货周转率（整体法）为0.2704次，2011年年度存货周转率（整体法）为0.2676次，同比增速为1.05%。

已披露的102家房地产上市公司2012年年报，其中，存货周转率高于1次的公司有9家，这9家公司存货周转情况如表8-1所示。

表8–1　2012年部分房地产上市公司存货周转情况表

公司名称	存货周转率（次）	存货天数（天）	存货金额（万元）
道博股份	35.41	10	319.49
中国国贸	34.24	11	3 218.02

续表

公司名称	存货周转率（次）	存货天数（天）	存货金额（万元）
刚泰控股	6.34	57	20 558.61
高新发展	2.32	155	52 524.2
中关村	2.18	165	116 683.11
大港股份	1.35	266	141 118.64
*ST 珠江	1.3	276	10 974.92
华鑫股份	1.18	305	60 988.67
天宸股份	1.03	349	3 220.09

对此，分析人士表示，从目前房地产市场形势来看，提高存货周转率比保持利润率更重要，因为前者是生存问题，后者是发展问题。但存货周转率这个指标并不被大多数人所知，也因此许多人忽略了它的重要性。

现在房地产企业要尽可能地争取发展资源，包括尽快消化存货，提高现有项目库存去化率，改善资产质量，最大程度的增强现金流。面对大到整体经济面的宏观调控，细到房地产企业债务风险和流动资金不足，房地产企业必须依靠存货周转来支撑，作为衡量和评价企业购入存货、投入生产、销售收回等各环节管理状况的综合性指标，存货周转率在当下显得尤为重要。

资料来源：根据“吴珊. 2012 年年度存货周转率同比增速为 1.05% 房地产提高存货周转率比保持利润率更重要.证券日报.2013-4-22.”整理

三、营业周期

（一）营业周期指标计算

营业周期是从企业取得存货开始到销售存货并收回现金为止的时间。营业周期的长短取决于应收账款周转天数和存货周转天数，因此，营业周期计算公式如下：

营业周期＝存货周转天数＋应收账款周转天数

存货周转天数是指从购入存货到售出存货平均需要的天数，应收账款周转天数是指从应收账款发生到应收账款收回平均需要的天数，所以存货周转天数与应收账款天数之和就等于从购入存货或到售出存货并收取现金平均需要的天数，即营业周期。

（二）营业周期指标分析

营业周期长短对企业的生产经营具有重大的影响。营业周期每增加一天，说明企业可能需要筹措其他资金来弥补资金缺口，往往会增加资金成本。而营业周期越短，说明企业资产的利用效率越高，收益能力相应增强，资产的流动性越强，相应的风险水平会降低。

另外，在利用营业周期分析企业营运能力的时候，由于企业存货计价方法的不同，可能会导致企业期末存货价值不同，从而影响存货周转天数的计算结果，最终影响企业营业周期；而企业坏账准备的计提方法、计提比例也可以由企业自行确定，这样计算得到的应收账款周转天数，也将影响营业周期的长短。因此，需要结合企业其他情况来分析企业的营运能力。

（三）营业周期案例分析

根据 ABC 股份有限公司 2012 年和 2011 年存货周转天数和应收账款周转天数计算：

2012 年 营业周期＝12.40＋50.94＝63.34（天）

2011 年 营业周期＝15.50＋51.05＝66.55（天）

该公司 2012 年营业周期为 63.34 天较 2011 年略有缩短，主要是由于该公司加强了存货管理，存货周转天数有所下降所致。

四、流动资产周转率

（一）流动资产周转率指标计算

流动资产周转率是指企业一定时期内营业收入与流动资产平均余额的比率，反映了企业流动资产的周转速度和综合利用效率。用时间表示就是流动资产周转天数。其计算公式如下：

流动资产周转率（次数）＝营业收入÷流动资产平均余额

流动资产平均余额＝（期初流动资产余额＋期末流动资产余额）÷2

流动资产周转天数＝360 天÷流动资产周转率（次数）

（二）流动资产周转率指标分析

企业的流动资产周转率越高，流动资产的周转速度越快，周转次数越多，表明企业流动资产的利用效果越好，从而保障企业的盈利能力和偿债能力；反之，则表明企业利用流动资产进行经营的能力差，效率低。企业在进行流动资产周转率分析时，要以企业以前年度水平、同行业平均水平作为标准进行对比分析，找出其中存在的问题，提高企业流动资产的利用效率。流动资产周转率的高低，主要取决于流动资产构成项目比重和各自的周转率大小。

（三）流动资产周转率案例分析

根据 ABC 股份有限公司 2012 年和 2011 年财务报表数据计算：

2012 年 流动资产平均余额＝（6 756 330 944.97＋5 793 162 583.90）÷2＝6 274 746 764.435 (元)

流动资产周转率＝13 493 346 182.55÷6 274 746 764.435＝2.15（次）

流动资产周转天数＝360÷2.15＝167.41（天）

2011 年 流动资产平均余额＝（5 793 162 583.90＋5 868 477 493.79）÷2＝5 830 820 038.845（元）

流动资产周转率＝12 723 112 480.03÷5 830 820 038.845＝2.31（次）

流动资产周转天数＝360÷2.31＝155.57（天）

该公司 2012 年流动资产周转天数为 167.41 天，较 2011 年的 155.57 天略有上升，在应收账款周转率和存货周转率上升的情况下，流动资产周转率有所下降，说明是由其他流动资产周转率下降引起的，通过对该公司资产负债表的分析，可能是由于预付款项增加所致。

五、固定资产周转率

（一）固定资产周转率指标计算

固定资产周转率是指企业一定时期的营业收入与固定资产平均净值的比率。反映企业利用固定资产的价值创造能力，是衡量固定资产利用效率的指标。用时间表示就是固定资产周转天数。其计算公式如下：

固定资产周转率（次数）＝营业收入÷固定资产平均净值

固定资产平均净值＝（期初固定资产净值＋期末固定资产净值）÷2

固定资产周转天数＝360 天÷固定资产周转率（次数）

（二）固定资产周转率指标分析

一般情况下，固定资产周转率越高，说明企业固定资产利用越充分，固定资产投资得当，能够创造出更多的产能，企业的经济效益较高；反之，则说明企业固定资产周转速度慢，利用效率低，过多的固定资产出现闲置，企业需要合理配置固定资产，改善生产设备等固定资产的利用效率，提高企业产能，从而提高经济效益。另外，在计算时用到的是固定资产净值，而固定资产净值是在固定资产原值的基础上扣除折旧以后的结果，而在计算折旧时，不同的折旧方法以及折旧年限等的确定都会影响所提折旧额，最终影响到固定资产周转率。而且，由于固定资产的价值通常较高，固定资产的增加，会使企业前后各期的固定资产周转率产生较大变动，在进行固定资产周转率分析时要结合企业实际情况，并参照以前年度或行业平均水平进行比较分析。

（三）固定资产周转率案例分析

根据ABC股份有限公司2012年和2011年财务报表数据计算：

2012年 固定资产平均净值＝（11 279 871 142.35＋10 975 918 357.11）÷2＝11 127 894 749.73 (元)

固定资产周转率＝13 493 346 182.55÷11 127 894 749.73＝1.21（次）

固定资产周转天数＝360÷1.21＝296.89（天）

2011年 固定资产平均净值＝（10 975 918 357.11＋11 073 294 202.8）÷2＝11 024 606 279.955 (元)

固定资产周转率＝12 723 112 480.03÷11 024 606 279.955＝1.15（次）

固定资产周转天数＝360÷1.15＝311.94（天）

该公司2012年固定资产周转率较2011年略有提升，从而使固定资产周转天数从2011年的311.94天，下降到296.89天，说明固定资产利用效率有了一定的提升。

六、总资产周转率

（一）总资产周转率指标计算

总资产周转率是指企业一定时期内营业收入与总资产平均余额的比率，反映总资产的利用效率和管理水平。用时间表示就是总资产周转天数。其计算公式如下：

总资产周转率（次数）＝营业收入÷总资产平均余额

总资产平均余额＝（期初资产总额＋期末资产总额）÷2

总资产周转天数＝360天÷总资产周转率（次数）

（二）总资产周转率指标分析

总资产周转率反映企业总资产的周转速度。总资产周转率越高，表明企业总资产周转速度越快，企业利用全部资产进行经营的效率越高，企业的盈利能力也越强；反之，企业利用全部资产的效率比较低，企业资金出现浪费，从而影响到企业的盈利能力。

影响总资产周转率的主要因素是企业营业收入水平和各项资产的利用状况。要提高企业总资产的营运能力，首先要确定各项资产的合理比重，尤其是流动资产和固定资产的比例关系，防止流动资产或固定资产出现闲置。其次，要提高各项资产的利用效率，比如流动资产中应收账款和存货的周转速度及固定资产的利用效率。最后应做到在总资产规模不变的情况下尽可能扩大营业收入。

对该指标进行分析时，要结合企业实际情况，根据企业以前年度的实际数值，以及同行业的平均水平做标准，进行比较分析。

（三）总资产周转率案例分析

根据 ABC 股份有限公司 2012 年和 2011 年财务报表数据计算：

2012 年 总资产平均余额＝（25 523 082 521.47＋22 772 906 098.86）÷2＝24 147 994 310.165 (元)

总资产周转率＝13 493 346 182.55÷24 147 994 310.165＝0.559（次）

总资产周转天数＝360÷0.559＝644.26（天)

2011 年 总资产平均余额＝（22 772 906 098.86＋22 311 460 277.24）÷2＝22 542 183 188.05（元）

总资产周转率＝12 723 112 480.03÷22 542 183 188.05＝0.564（次）

总资产周转天数＝360÷0.564＝637.83（天)

该公司 2012 年较 2011 年总资产周转率基本持平，略有下降。通过前面的分析，可能是由于流动资产周转率略有下降所致。

【课堂测试 8-2】

1. 简述营业周期的概念和分析时应注意的问题。
2. 简述固定资产周转率分析时应注意的问题。

本章小结

营运能力，也称为资产管理能力，是指企业充分利用现有资源创造社会财富的能力。营运能力分析，主要是通过销售收入与企业各项资产的比例关系，分析各项资产的周转速度，以及各项资产对收入的贡献程度，体现的是资产的运用效率，它揭示了资产的运行状态和管理效果的好坏。通过营运能力分析，有利于经营者优化资产结构，降低经营风险；有利于所有者判断资产收益能力以及财务安全性；有利于债权人做出信贷决策；有利于政府有关部门进行宏观决策。

资产利用效果如何可以通过资产周转速度快慢来体现。资产周转速度反映企业各项资产周转使用效率，主要财务指标有应收账款周转率、存货周转率、营业周期、流动资产周转率、固定资产周转率以及总资产周转率等。应收账款周转率是一定时期内商品赊销收入与应收账款平均余额的比率。表明的是应收账款的流动性，也就是变现速度。存货周转率，是企业在一定时期营业成本与存货平均余额的比率。即企业的存货在一定时期内周转的次数，反映的是企业存货的质量和流动性。营业周期是从企业取得存货开始到销售存货并收回现金为止的时间。营业周期的长短取决于应收账款周转天数和存货周转天数。流动资产周转率是指企业一定时期内营业收入与流动资产平均余额的比率，反映了企业流动资产的周转速度和综合利用效率。固定资产周转率是指企业一定时期的营业收入与固定资产平均净值的比率。反映企业利用固定资产的价值创造能力，是衡量固定资产利用效率的指标。总资产周转率是指企业一定时期内营业收入与总资产平均余额的比率，反映总资产的利用效率和管理水平。

篇后案例

大举扩张的后果

在中材集团 2009 年入主祁连山后，祁连山就开启了大举债大扩张的大幕。公司通过新建生产线和并购重组方式，加快了在甘肃、青海两省重点区域的战略布局，形成了十一大水泥生产基地和七大区域销售市场，水泥产能由 2009 年初的 680 万吨，增长到 2012 年 9 月末的 1700 万吨，增幅达 150%。按照公司的说法，大肆扩张是“提高市场占有率，强化公司在甘、青地区水泥市场的龙头地位”。

但有专家统计指出，甘肃目前已投产新型干法水泥生产线已经达到 38 条，年熟料产能 2790 万吨，折合水泥产能约 4300 万吨。而去年甘肃水泥产量为 2726 万吨，今年 1～8 月水泥产量 2260 万吨，同比增长 26.2%，即使按照此增速计算，今年的水泥产量也不过 3440 万吨。相比目前已投产的产能来看，仍有超过 20%的产能得不到有效利用，如果考虑到在建的项目，产能过剩现象已经较为明显。

按照常理，祁连山大肆新建和收购生产线，公司营收相应大幅增长才合乎情理，但 2009 年至今，公司负债总额增长了 4 倍，公司营收增长竟低于 1 倍。财务数据显示，2009 年公司营业收入为 24.58 亿元，2010 年为 29.87 亿元，2011 年为 36.25 亿元，2012 年前三季度仅为 32.08 亿元。

大额投资并没有带来营收大幅增长，这是公司经营比较危险的一个信号。更令人大跌眼镜的是，公司的净利润竟然接连下滑。2010 年公司净利润为 4.91 亿元，2011 年则下降到 3.32 亿元，2012 年前三季度净利润仅为 1.67 亿元。而且水泥行业在 2011 年均实现了同比大幅增长，但祁连山却“特立独行”，净利润竟然同比出现了下滑。

从经营数据来看，公司各项经营与发展指标均大幅下滑。公司存货周转率近三年（从 2010 年到 2012 年前三季度）的数据分别为 5.75%、4.66%和 3.95%，公司应收账款周转率分别为 20.08%、9.67%和 4.73%，总资产周转率分别为 0.54%、0.48 和 0.35%，营业利润增长率分别为 23.96%、-32.39%和-78.60%。

资料来源：根据“江汉平.祁连山大举扩张拉响资金链警报.中国证券报·中证网.2012-11-26.”整理

核心概念

应收账款周转率（receivables turnover）
应收账款周转天数（days' sales in receivables）
平均收现期（average collection period）
存货周转率（inventory turnover）
存货周转天数（days' sales in inventory）
营业周期（operating cycle）
流动资产周转率（current assets turnover）
固定资产周转率（fixed assets turnover）
总资产周转率（total assets turnover）

思考题

1. 简述营运能力分析的概念和作用。
2. 简述影响应收账款周转率高低的因素。
3. 简述存货周转率的分析。
4. 如何提高企业总资产周转率？

练习题

一、单选题

1. 和应收账款的形成最为相关的是（　　）。
   A. 全部销售收入　　B. 赊销收入
   C. 营业外收入　　D. 提供劳务收入
2. 从理论上说，计算应收账款周转率时应使用的收入指标是（　　）。
   A. 主营业务收入　　B. 赊销净额
   C. 销售收入　　D. 销售毛利
3. 从理论上说，应收账款周转率中的应收账款应为（　　）。
   A. 未扣除坏账准备的应收账款期末金额

B. 未扣除坏账准备的应收账款平均金额

C. 扣除坏账准备后的应收账款平均余额

D. 扣除坏账准备后的应收账款期末金额

4. 某企业期初应收账款余额为 24 万元，期末应收账款余额为 30 万元，本期实现的销售收入为 300 万元，其中，赊销收入为 160 万元，则该企业的应收账款周转天数为（　　）。

A. 60.75 天　　B. 32.4 天

C. 67.54 天　　D. 53.97 天

5. 已知某企业 2012 年营业收入为 520 万元，年初应收账款余额为 200 万元，年末应收账款余额为 250 万元，则企业应收账款周转次数（　　）。

A. 2.31 次　　B. 2.22 次

C. 2.5 次　　D. 2.08 次

6. 关于存货周转率，下列说法中错误的是（　　）。

A. 存货周转率越高，周转天数越短

B. 通货膨胀条件下，采用先进先出法计算出的存货周转率偏低

C. 上市公司在对期末存货计提存货跌价准备的情况下，存货周转率必然变大

D. 存货周转率＝营业收入÷存货平均余额

7. 某企业年末流动比率为 2.5，速动比率为 1.5，产品销售成本为 60 万元，假设年初和年末的存货相同，年末的流动负债为 50 万元，则存货周转率为（　　）。

A. 1.2 次　　B. 1.5 次

C. 2.5 次　　D. 0.8 次

8. 某公司 2012 年度存货平均占用为 60 万元，2013 年度平均占用为 80 万元。如果存货周转天数从 2012 年的 60 天降到 2013 年的 50 天，则该公司的营业成本 2013 年比 2012 年增长（　　）。

A. 40%　　B. 5%

C. 50%　　D. 60%

9. 如果某企业的应收账款周转率为 6 次，存货周转天数为 200 天，则该公司营业周期为（　　）。

A. 140 天　　B. 260 天

C. 130 天　　D. 200 天

10. 不影响企业资产管理能力的财务指标是（　　）。

A. 应收账款周转率　　B. 存货周转率
C. 固定资产周转率　　D. 资产负债率

11. 在计算总资产周转率时使用的收入指标是（　　）。

A. 补贴收入　　B. 其他业务收入
C. 投资收入　　D. 营业收入

12. 某公司本期的营业收入为 6 000 万元，期初资产总额为 7 200 万元，期末资产总额为 8 600 万元，该公司总资产周转率为（　　）。

A. 0.76 次　　B. 0.83 次
C. 0.69 次　　D. 0.78 次

13. 假设某公司期末流动资产为 19 130 万元，期初流动资产为 16 920 万元，本期营业收入为 21 054 万元，则该公司流动资产周转率为（　　）。

A. 1.17 次　　B. 1.10 次
C. 1.24 次　　D. 1.07 次

14. 某公司 2012 年流动资产周转率为 6 次，2012 年流动资产平均余额为 8 000 万元，固定资产平均余额为 12 000 万元，假设不存在其他资产，则总资产周转天数为（　　）。

A. 150 天　　B. 85 天
C. 60 天　　D. 75 天

15. 假设某公司期末固定资产原值为 20 000 万元，累计折旧为 6 000 万元，期初固定资产原值为 17 000 万元，累计折旧为 5 100 万元，本期营业收入为 21 000 万元，则该公司固定资产周转率为（　　）。

A. 1.05 次　　B. 1.24 次
C. 1.62 次　　D. 1.14 次

二、多选题

1. 反映企业营运能力的指标有（　　）。

A. 总资产周转率　　B. 成本费用利润率
C. 流动资产周转率　　D. 存货周转率
E. 应收账款周转率

2. 反映资产周转速度的财务指标包括（　　）。

A. 平均收现期　　B. 存货周转率
C. 流动资产周转率　　D. 总资产周转率
E. 权益乘数

3. 可能使企业应收账款周转率下降的原因有（　　）。

A. 赊销比例的提高
B. 客户故意拖延付款
C. 增强了现金折扣力度
D. 坏账准备的计提
E. 企业信用条件放宽

4. 计算存货周转率时，应考虑的因素有（ ）。
A. 主营业务收入
B. 期初存货净额
C. 期末存货净额
D. 主营业务成本
E. 赊销收入

5. 下列经济业务会影响企业存货周转率的是（ ）。
A. 收回应收账款
B. 销售产成品
C. 购买原材料
D. 偿付应付账款
E. 产品完工验收入库

6. 在下列选项中，影响固定资产周转率的因素有（ ）。
A. 折旧方法和年限
B. 流动资产比重
C. 营业收入
D. 固定资产突然上升
E. 形成固定资产的资金来源

7. 下列关于固定资产周转率的表述中，正确的有（ ）。
A. 固定资产周转率低，说明固定资产投资得当，结构合理
B. 不同折旧方法对固定资产净值有影响
C. 不同行业的固定资产状况不同，因此不便于比较
D. 固定资产的净值会影响固定资产周转率
E. 固定资产周转率越低越好

8. 下列关于营业周期的说法中，正确的有（ ）。
A. 营业周期的长短受存货周转天数和应收账款周转天数的影响
B. 存货周转天数越长，营业周期也就越长
C. 应收账款周转天数越短，营业周期越长
D. 营业周期越长，说明资产利用效率越高
E. 营业周期越短，盈利能力越差

9. 影响企业总资产周转率的因素包括（ ）。
A. 资产的管理水平
B. 所处行业及其经营背景
C. 资产构成及其质量
D. 企业的资本结构
E. 营业收入的高低

10. 一般来说，企业应收账款周转率提高，说明（ ）。
A. 平均收现期越短
B. 应收账款流动性增强

C. 发生坏账的可能性越小
D. 应收账款占用的资金将会增加
E. 企业信用标准较为宽松

11. 一般来说，应收账款的周转率降低，则说明（ ）。
A. 应收账款收回迅速
B. 应收账款周转天数变长
C. 应收账款流动性减弱
D. 有利于提高资产收益
E. 促进短期偿债能力

12. 下列关于存货周转率的说法，正确的有（ ）。
A. 存货周转次数越多，表明存货周转越快
B. 存货周转次数越少，表明存货周转越快
C. 存货周转天数越多，表明存货周转越快
D. 存货周转天数越少，表明存货周转越快
E. 存货周转天数越少，表明存货积压越少

13. 下列关于营业周期的说法中，正确的有（ ）。
A. 营业周期越短，资产的效率越高，其收益能力也越强
B. 营业周期越短，资产的流动性越强，资产风险越低
C. 营业周期的长短与应收账款周转天数和存货周转天数相关
D. 营业周期越长越好
E. 营业周期越长，资产的流动性越强，资产风险越低

14. 下列关于流动资产周转率的说法中，正确的有（ ）。
A. 计算流动资产周转率时，分子为营业成本
B. 周转次数越多，则周转天数越短
C. 流动资产周转率并非越高越好，流动资产周转率过高说明流动资产未充分利用
D. 流动资产周转率的高低，应结合企业历史资料或行业水平判断
E. 流动资产周转率与应收账款周转率的高低无关

15. 经营者对营运能力分析的主要目的体现在（ ）。
A. 优化资产结构
B. 降低经营风险
C. 分析企业偿债能力
D. 判断资本增值情况
E. 判断企业盈利能力

三、判断题

1. 分析企业的流动比率，可以判断企业的营运能力。（ ）

2. 应收账款周转率反映企业应收账款的周转速度，应收账款周转率越大，对企业越有利。（ ）

3. 企业的应收账款周转率越高越好，说明企业能够收回账款的速度越快，形成坏账机率越小。（ ）

4. 计算应收账款周转率时，不论是内部还是外部利益相关者，都要选择由于赊销产生的收入额。（ ）

5. 计算存货周转率时，其分子是营业收入。（ ）

6. 当企业存货出现大量积压时，存货的周转率会降低，也会影响企业的盈利能力。（ ）

7. 存货周转速度越快，则存货的流动性越强，存货转换为现金或应收账款的速度也就越快。（ ）

8. 营业周期是指企业从销售存货到收回货款的这一段时期。（ ）

9. 不考虑其他条件，当物价上升时，若企业发出存货的计价方法为先进先出法，则此时存货周转率会提高。（ ）

10. 固定资产周转率是衡量固定资产利用效率的指标，反映企业利用固定资产创造效益的能力。（ ）

11. 若固定资产净值增加幅度低于销售收入净额增长幅度，则会引起固定资产周转率增大，表明企业的营运能力有所提高。（ ）

12. 应付账款周转天数和存货周转天数之和即企业的营业周期。（ ）

13. 总资产周转率越高，企业利用全部资产进行经营的效率越高。（ ）

14. 在总资产规模不变的情况下，提高营业收入，会提高总资产周转率。（ ）

15. 资产周转次数越多，周转天数越多，表明资产周转速度越快。（ ）

四、业务题

1. 某公司近三年的资产负债表相关项目的数额如表 8-2 所示。

表 8-2 资产负债表相关项目表

单位：万元

项目	2011 年	2012 年	2013 年
流动资产	13 200	16 080	16 080
其中：应收账款	5 664	6 168	6 840
存货	6 360	5 568	6 420
固定资产	22 800	20 040	21 000
资产总额	52 800	48 360	53 520

已知该公司 2013 年营业收入为 62 790 万元，比 2012 年增长了 20%，营业成本为 49 056 万元，比 2012 年增长了 18%。

要求：

（1）根据上述资料，计算该公司2012年和2013年的应收账款周转率、存货周转率、流动资产周转率、固定资产周转率以及总资产周转率。

（2）对该公司的资产管理能力进行简要评价。

2. 某企业2012年度有关资料如下：期末流动比率为3，速动比率为1.5；流动负债为7.5万元；期初存货为11.25万元，平均应收账款为30万元；营业收入为150万元；毛利率为30%。

要求：根据上述资料计算该公司应收账款周转天数和存货周转天数。

3. 某公司2011年营业收入净额为3450万元，全部资产平均余额为1 380万元，流动资产平均余额为552万元，2012年度营业收入净额为3 969万元，全部资产平均余额为1 470万元，流动资产平均余额为660万元。

要求：

（1）计算2011年与2012年度的总资产周转率、流动资产周转率和流动资产占全部资产的比重；

（2）根据上述计算，对该公司营运能力财务指标的变化做出简要分析。

4. 某公司2012年初流动资产为240万元，年初存货为120万元，年初应收账款为76万元。2012年年末流动负债为140万元，年末流动比率为2.2，年末速动比率为1.2。全年应收账款周转率为5次，全年营业收入为400万元，营业成本为312万元。

要求：

（1）计算该公司2012年年末流动资产、年末存货和年末应收账款；

（2）计算该公司2012年流动资产周转率和存货周转率。

5. 根据第三章和第四章练习题中，J公司资产负债表和利润表有关资料，计算该公司2012年的财务比率，包括：应收账款周转率、存货周转率、营业周期、流动资产周转率、固定资产周转率和总资产周转率。

6. 请读者对所选择上市公司的营运能力进行分析。

提示：可以计算相关营运能力指标，并进行趋势分析，判断该公司营运能力的变化。

第九章　盈利能力分析

企业是以盈利为目的的组织，能否获取利润或者盈利的稳定性会影响到企业的生存和发展。通过本章学习，理解盈利能力分析的概念以及盈利能力分析对于企业不同利益相关者的作用；掌握盈利能力分析常用财务指标的概念、计算以及分析时应注意的问题。

开篇案例

小王手上有一部分闲置资金，想通过购买股票来实现更多收益。他想：作为一名理性投资者，应该遵循股神巴菲特的价值投资理念，即通过分析公司多年财务报表，来考察一个公司的内在价值，买入股价低于内在价值的股票，等到股价高于内在价值时卖出。

如何寻找价值被低估的股票呢？小王看到上市公司披露了很多财务指标，比如净资产收益率、每股收益、市盈率、市净率等等，那这些财务指标究竟是什么含义？有什么作用？能否通过这些财务指标的分析来判断公司的盈利能力，从而做出投资决策呢？

第一节　盈利能力分析的概念及作用

一、盈利能力分析的概念

盈利能力是指企业在一定时期内获取利润的能力，即通过企业投入与产出的关系来衡量企业获利的能力。利润是各利益主体共同关注的重点，它不仅是投资者取得投资收益、债权人收回本息的资金来源，更能体现经营者的业绩，也是企业生产经营的结果。盈利能力体现了企业运用资金，开展经营活动，实现资金增值的能力，对企业发展至关重要。盈利能力分析是通过一定的分析方法，从经营管理的各个方面，对企业能获取多少利润的能力进行分析。

二、盈利能力分析的作用

企业的经营活动能否具有较强的盈利能力，关系到企业的生存和发展。无论是对于企业的投资者、经营者、债权人还是企业职工以及政府有关部门等利益相关者，分析企业的盈利能力，都是非常必要的。各利益相关者通过对企业盈利能力的分析，可以从企业各个创造利益的环节了解企业，掌握企业对资产的管理情况，以及发现在经营管理中存在的问题，促进企业持续稳定的发展。由于各利益相关者对企业关注点不同，盈利能力分析对其具有不同的作用。具体而言，企业盈利能力分析的作用主要体现在以下几个方面：

（一）有利于投资者做出投资决策，保护自身权益

不论是企业现有投资者还是潜在投资者，对企业投资的根本目的在于实现资本的保值增值，即要求一定程度的投资报酬，也就是能够直接获取利润。因此，相对于企业偿债能力和营运能力，投资者更关注企业的盈利能力，不仅是关注一定时期的盈利水平，更对盈利水平的稳定性和持久性关注，以获得资本收益，并保障投入资本的安全。通过对盈利能力的分析，投资者可以预测企业的发展前景，从而做出保持或追加投资的决策。

（二）有利于经营者发现管理问题，改善经营业绩

企业经营者与所有者之间存在委托代理关系，经营者接受所有者的委托，对其投入资本进行管理，以实现其资本的保值增值。盈利能力指标也是所有者评价企业经营者履行受托责任的核心指标。企业经营者通过日常经营管理活动，最大限度地获取利润，从而维持企业持续稳定地发展，以履行受托责任。经营者通过对盈利能力的分析，可以发现经营过程中存在的问题，有利于采取措施，改善企业的经营业绩。

（三）有利于债权人衡量投入资金的安全性

对于债权人来说，通过对企业盈利能力的分析可以衡量贷款本金和利息收回的安全性。企业利润是偿还负债的主要资金来源，当然对于短期债权人来说，流动资产是债务偿还的保证。但是，企业具有较高的盈利能力，才是偿还债务的根本，对于长期债权人来说，更为侧重企业盈利能力的稳定与持久。另外，通过对企业盈利能力的分析，可以帮助债权人将贷款流向利润率高，安全性强的企业，从而使贷款更安全，收回的保证程度更高。

（四）有利于政府有关部门行使社会管理职能

政府社会管理职能的行使，离不开财政的支持，而国家财政的主要来源是

税收收入。企业作为最主要的纳税主体，创造的利润越多，对国家财政的贡献也越大，国家就越有资金投入到社会运转中。税收来源于经济，又反作用于经济。通过对企业盈利能力的分析，可以帮助政府有关部门判断企业经营活动的效果如何，是否需要调整相关政策，以促进企业的稳步发展，从而保证国家财政的稳定性，有利于行使社会管理职能，促进国家健康稳定发展。

另外，对于企业员工来说，更为关注企业盈利能力。企业的盈利与否以及盈利水平高低，直接关系到企业员工的切身利益。企业具有较高的盈利水平，就能为员工提供更好的福利待遇，员工的需求得到满足，就会更加努力地为企业工作，而稳定的职工结构，也更能促进企业的发展。因此，企业员工通过对企业盈利能力的分析，可以判断该企业能否提供丰厚的薪酬、稳定的职位、更好的发展机会，从而确定是否服务于企业。

【课堂测试 9-1】

1. 下列说法中正确的有（　　）。

　A. 企业盈利能力是一定时期获取利润的能力

　B. 企业投资者进行投资的根本目的是实现资本的增值保值

　C. 对于短期债权人来说，企业具有足够的流动资产是偿还债务的保证

　D. 企业的盈利能力可以影响到国家经济政策的制定

　E. 企业盈利能力高低关系到员工的福利待遇高低

2. 企业的利益相关者为什么需要对企业盈利能力进行分析？

第二节　盈利能力分析

盈利能力分析是企业财务分析的重点，对企业偿债能力、营运能力的分析，最终也是为了盈利能力的提高，从而保证企业持续稳定的发展。盈利能力的分析通常采用利润率指标，主要涉及与营业活动有关的盈利能力指标以及与投入资产以及资本有关的盈利能力指标。即衡量企业盈利能力的财务指标主要有销售毛利率、销售净利率、成本费用利润率、总资产收益率和净资产收益率等。

一、销售毛利率

（一）销售毛利率指标计算

销售毛利率也称为营业毛利率，是指企业一定时期销售毛利与营业收入之间的比率。表示 1 元营业收入扣除掉营业成本后，有多少钱可以用来承担各项

期间费用，并能形成盈利。其计算公式如下：

销售毛利率＝（销售毛利÷营业收入）×100%

其中，销售毛利＝营业收入－营业成本

该公式可以理解为每一元销售收入能为企业带来多少毛利。

（二）销售毛利率指标分析

销售毛利率是被广泛用于分析企业盈利能力大小的指标。销售毛利对企业非常重要，是企业创造利润的起点。企业只有创造足够的毛利，才能补偿各项期间费用，并最终形成盈利。

一般而言，销售毛利率越高，越能够补偿发生的期间费用，企业获取较高利润的可能性越大；反之，企业毛利不足以补偿期间费用，出现亏损的可能性越大。影响企业销售毛利率的因素很多，比如，产品售价、产品生产成本以及产品结构等。一般而言，产品售价越高，产品生产成本越低，相应的销售毛利率也越高；反之，则越低。但是，不同的产品价格弹性不一样，也会影响到产品销量，因此，企业需确定合适的定价政策。对于同一行业中的企业而言，销售毛利率的差异不会太大。企业可以与行业平均标准做比较，分析本企业在行业中的地位以及自身存在的问题。当然，如果在同一行业中，企业所采取的竞争战略不同，毛利率也会有较大的差别。采用差异化战略的企业，毛利率一般较高，而采用低成本战略的企业，必须维持较低的毛利率。

（三）销售毛利率案例分析

根据 ABC 股份有限公司 2012 年财务报表数据计算：

2012 年

销售毛利＝13 493 346 182.55－10 338 083 009.15＝3 155 263 173.4(元)

销售毛利率＝(3 155 263 173.4÷13 493 346 182.55)×100%＝23.38%

2011 年

销售毛利＝12 723 112 480.03－9 827 306 559.71＝2 895 805 920.32（元）

销售毛利率＝(2 895 805 920.32÷12 723 112 480.03)×100%＝22.76%

该公司 2012 年销售毛利率为 23.38%，较 2011 年的 22.76%，有所提高，说明该公司加强了企业的成本控制，从而提高了毛利率。

篇中案例 9-1

长城电脑亏损困局：毛利率水平和钢铁差不多

PC 已经是夕阳产业，利润渐薄。在国内，只有联想集团和神舟电脑过得不错。联想靠规模和品牌优势，神舟主要定位三、四线市场价格优势，日子暂时无忧。在国内，方正科技把PC业务与宏基进行合作。而原来以PC为主业的长城电脑和七喜控股被迫转型和多元化，做云计算和其他相关业务。

PC业务的利润率低到什么程度？近五年来，长城电脑的综合毛利率一直在8%以下，七喜控股的毛利率也不到9%。今年上半年，长城电脑综合毛利率7.71%，而PC业务只有6.03%。这种毛利率水平并不比钢铁行业强多少。

在PC价格往下走，市场日趋饱和的情况下，联想和神舟代表国内PC生产商的方向。联想是大品牌＋多元化。所以，你看到联想的产品还能在激烈的市场中拥有品牌溢价。所以，你看到联想多元化布局，进军地产、金融这些公认的暴利行业。

神舟电脑走的低成本中低端路径。神舟电脑毛利率几乎是长城电脑和七喜控股的两倍。2009年至2011年，神舟电脑的毛利率分别为15.22%、15.81%、15.55%。这也是当时神舟电脑备受质疑的地方。但你得承认，神舟电脑的成本控制能力在国内是最出色的。

而长城电脑恰恰是在两条路径中迷失。传统PC、显示器、液晶电视业务往下沉，早已跌出一线PC生产商，沦为二线品牌。2011年，长城电脑扣除非经常性损益后净利润为亏损4 936万，这是12年来，长城电脑经营利润最差的一年，但凭借资产处置和政府补贴才保持盈利。2012年前三季，长城电脑扣非利润是亏损5 894万，但凭借变卖资产和政府补贴，仍然盈利1136万。问题在于：长城电脑还有多少资产可以变卖？取之于税收的政府补贴是否填得上无底洞。

资料来源：根据“丁青云. 长城电脑亏损困局：毛利率水平和钢铁差不多. 理财周报.2012-12-24.”整理

二、销售净利率

（一）销售净利率指标计算

销售净利率是指企业实现的净利润与营业收入的比率。反映企业1元营业收入给企业带来的净利润的数额。其计算公式如下：

销售净利率＝（净利润÷营业收入）×100%

净利润是扣除所得税费用之后的税后利润，它不仅反映企业销售环节的获利能力，更体现了最终为所有者创造财富的能力。

（二）销售净利率指标分析

一般而言，销售净利率越大，说明企业的盈利能力越强；反之，企业盈利能力越弱。但是，由于净利润是考虑了非经常性损益的基础上得到的结果，在分析时，应注意与净利润的内部结构结合起来考虑，若净利润的增加主要由营业外收支或公允价值变动收益引起，需关注其盈利的可持续性。

（三）销售净利率案例分析

根据 ABC 股份有限公司 2012 年财务报表数据计算：

2012 年 销售净利率＝（1 403 541 987.24÷13 493 346 182.55）×100%＝10.40%

2011 年 销售净利率＝（1 289 120 181.31÷12 723 112 480.03）×100%＝10.13%

该公司 2012 年销售净利率为 10.40%，较 2011 年的 10.13%，略有提升，说明企业盈利能力有所增强。

三、成本费用利润率

（一）成本费用利润率指标计算

成本费用利润率是指企业一定时期利润总额与成本费用总额的比率，揭示了成本、费用项目与企业利润的关系。可以衡量企业生产经营过程中投入与产出之间的联系程度。其计算公式如下：

成本费用利润率＝（利润总额÷成本费用总额）×100%

其中，成本费用总额＝营业成本＋营业税金及附加＋销售费用＋管理费用＋财务费用

（二）成本费用利润率指标分析

成本费用利润率表示每一元资产耗费所产生的盈利额，该比率越高，表示企业能以较低的资源消耗获取较高的利润，企业的盈利水平越高；反之，说明企业盈利水平越低。通过对成本费用利润率的分析，可以找出企业在成本管理中存在的问题，以了解企业成本费用超支或节约的原因，从而进一步评价成本费用管理工作，确定各部门在成本费用管理中的责任。

（三）成本费用利润率案例分析

根据 ABC 股份有限公司 2012 年财务报表数据计算：

2012 年

成本费用总额＝10 338 083 009.15＋198 649 193.57＋0＋1 274 410 205.30＋243 688 889.95＝12 054 831 297.97（元）

成本费用利润率＝（1 654 887 181.60÷12 054 831 297.97）×100%＝13.73%

2011 年

成本费用总额＝9 827 306 559.71＋227 791 003.76＋0＋1 188 021 869.68＋198 278 064.77＝11 441 397 497.92（元）

成本费用利润率＝（1 490 115 808.90÷11 441 397 497.92）×100%＝13.02%

该公司 2012 年成本费用利润率为 13.73%，较上年的 13.02%，略有上升，说明成本费用控制水平有所提高。

四、总资产收益率

（一）总资产收益率指标计算

总资产收益率也称为总资产报酬率，是指企业一定时期内的收益与总资产平均余额的比率。反映的是企业资产利用的综合效果，衡量企业运用全部资产盈利的能力。其计算公式如下：

总资产收益率＝（息税前利润÷总资产平均余额）×100%

其中，息税前利润＝利润总额＋利息费用＝净利润＋所得税费用＋利息费用

总资产平均余额＝（期初资产总额＋期末资产总额）÷2

之所以选择息税前利润作为企业经营活动的收益，是因为企业资产所占用的资金不仅是由所有者提供的，有一部分也来源于债权人。支付给债权人的利息费用，也是利用企业资源所创造出来的，而所得税更是由于企业有经营所得才交纳的，因此都需要包括在内。考虑到数据的易取得性，利息费用可以用财务费用代替。在计算总资产收益率时，分子也可以采用净利润。

（二）总资产收益率指标分析

总资产收益率越高，说明企业资产管理的效果越好，企业的盈利能力越高；反之，资产收益率越低，说明企业资产利用效率不高，企业的盈利能力越低。通过该指标的分析，可以促进企业提高单位资产的收益水平。一般情况下，企业可以将该指标与负债利息率相比较，如果该指标大于负债利息率，则表明企业可以充分利用财务杠杆，进行负债经营，获取更多的收益。

（三）总资产收益率案例分析

根据 ABC 股份有限公司 2012 年和 2011 年财务报表数据计算：

2012 年 息税前利润＝1 654 887 181.60＋243 688 889.95＝1 898 576 071.55（元）

2012 年 总资产平均余额＝（25 523 082 521.47＋22 772 906 098.86）÷2＝24 147 994 310.165 (元)

总资产收益率＝(1 898 576 071.55÷24 147 994 310.165)×100%＝7.86%

2011 年 息税前利润＝1 490 115 808.90＋198 278 064.77＝1 688 393 873.67（元）

2011 年 总资产平均余额＝（22 772 906 098.86＋22 311 460 277.24）÷2＝22 542 183 188.05（元）

总资产收益率＝（1 688 393 873.67÷22 542 183 188.05）×100%＝7.49%

该公司 2012 年总资产收益率为 7.86%，较 2011 年的 7.49% 略有提高，说明利用总资产创造盈利的能力有所提高。

五、净资产收益率

（一）净资产收益率指标计算

净资产收益率也称为股东权益报酬率，是净利润与平均净资产的比率。表明企业所有者投入资本所获得的报酬。其计算公式如下：

净资产收益率＝（净利润÷所有者权益平均余额）×100%

所有者权益平均余额＝（期初所有者权益余额＋期末所有者权益余额）÷2

所有者权益是指企业资产扣除掉负债后的余额，也称为净资产。

（二）净资产收益率指标分析

净资产收益率是从投资者的角度考虑其投资报酬率，反映了所有者投入资本的增值能力以及投资者报酬实现的程度，是企业投资者最为关注的指标。该指标越大，说明企业的盈利能越强，反之，则越弱。利用该指标评价企业盈利能力时，不受企业所处行业以及企业规模的影响，因此使用范围较广。而且相同的总资产收益率下，由于企业资本结构的不同，可能会有不同的净资产收益率。

（三）净资产收益率案例分析

根据 ABC 股份有限公司 2012 年和 2011 年财务报表数据计算：

2012 年所有者权益平均余额＝（15 851 313 238.45＋14 442 430 455.62）÷2＝15 146 871 847.035（元）

净资产收益率＝(1 403 541 987.24÷15 146 871 847.035)×100%＝9.27%

2011 年所有者权益平均余额＝（14 442 430 455.62＋13 582 645 353.1）÷2＝14 012 537 904.36（元）

净资产收益率＝(1 289 120 181.31÷14 012 537 904.36)×100%＝9.20%

该公司 2012 年净资产收益率为 9.27%，较 2011 年的 9.20%略有提高，说明从投资者的角度考虑，该公司的盈利能力也有所提高。

【课堂测试 9-2】

1. 从销售净利率的计算公式可知，当其他因素不变时，营业收入越大，销售净利率（　　）。

A. 越高　　B. 越低

C. 不变　　D. 无法确定

2. 在总资产收益率的计算公式中，分母是（　　）。

A. 税后净利　　B. 期末资产总额

C. 息税前利润　　D. 总资产平均余额

3. 能够说明企业资产管理的效果，反映资产盈利能力的财务指标是（　　）。

A. 总资产周转率　　B. 销售净利率

C. 总资产报酬率　　D. 应收账款周转率

第三节　上市公司盈利能力分析

上市公司是指其股票在证券交易所上市交易的股份有限公司。对上市公司盈利能力进行分析时，除了分析一般的财务指标外，还必须考虑一些特殊的指标，如每股收益、市盈率、每股净资产、市净率以及股利支付率等。

一、每股收益

（一）每股收益指标计算

每股收益（EPS），是指企业本年净利润与当年发行在外的普通股股数的比率，表示企业普通股股东每持有一股普通股所能享有的企业净利润或需承担的企业净亏损。每股收益是用于反映企业的经营成果，衡量普通股的盈利水平及投资风险，据以评价企业盈利能力、预测企业成长潜力、确定企业股票价格的重要财务指标。每股收益分为基本每股收益和稀释每股收益。

1. 基本每股收益

基本每股收益是用归属于普通股股东的当期净利润与发行在外普通股加权平均数相比得到的。其计算公式如下：

基本每股收益＝归属于普通股股东的当期净利润÷当期发行在外普通股的加权平均数

其中，发行在外普通股的加权平均数＝期初发行在外普通股股数＋当期新

发行普通股股数×已发行时间÷报告期时间－当期回购普通股股数×已回购时间÷报告期时间

已发行时间、已回购时间以及报告期时间一般按照天数计算，在不影响计算结果的前提下，也可以按月计算。

2. 稀释每股收益

稀释每股收益，考虑了企业存在稀释性潜在普通股的情况。稀释性潜在普通股是指假设当前转换为普通股会减少每股收益的潜在普通股，主要包括可转换债券、认股权证以及股份期权等。不管是可转换债券还是认股权证、股份期权，其持有人在条件允许的情况下都有取得公司股份的可能性，此时，流通股股数增加，每股收益会降低，具有稀释作用。它是在调整当前归属于普通股净利润以及发行在外普通股加权平均数的基础上计算得到的。其计算公式如下：

稀释每股收益＝调整后归属于普通股股东的当期净利润÷（当期发行在外普通股的加权平均数＋假定稀释性潜在普通股转换为已发行普通股而增加的普通股股数的加权平均数）

（二）指标分析

对投资者而言，每股收益指标比其他指标更直观。该指标越大，表明上市公司的盈利能力越强，股东投资效益就越好，每一股所得利润越多；反之，每一股所得利润越少。但是并非每股收益越多，就意味着每股分红越多，还取决于公司的股利政策。

由于不同公司每股收益所含的净资产不同，即每股收益的投入量不同，每股收益指标不便于公司之间的比较。当然，每股收益与股票价格存在一定的相关性，一般情况下，每股收益提高，公司股票市价也会相应提高，但是若较高的每股收益是以很高的负债率和较大的财务风险为代价时，公司股价与每股收益未必出现正相关。

由于净利润包括了非经常性损益项目，而非经常性损益项目具有偶然性，不够稳定，因此，在分析每股收益的时候，将其剔除会更有利于投资者做出投资决策。

二、市盈率

（一）市盈率指标计算

市盈率是指普通股每股市价与每股收益的比值。反映投资者对每元净利润愿意支付的价格，可以用来估计股票的投资价值和投资风险。其计算公式如下：

市盈率＝每股市价÷每股收益

（二）市盈率指标分析

一般而言，市盈率越低，表明投资者能够以较低的价格购入股票以期取得回报，投资风险较低。如果市盈率过高，可能是该股票受到追捧，该股票的价格具有泡沫，价值被高估。但是，若公司正处于快速成长期，未来发展势头良好，或者具有特殊优势，能够保证在低风险情况下持久获利时，较高的市盈率则体现了公司的价值。

市盈率可以用来估计股票投资的风险和报酬，一般来说，市盈率越高，表明市场对企业的未来越看好。充满发展机会的新兴行业市盈率普遍较高，而成熟工业的市盈率普遍较低。所以，该指标不能用于不同行业企业之间的比较。

市盈率的计算取决于每股市价和每股收益。而每股市价除了受公司自身经营状况影响外，还受到宏观形势和投资者心理等多种因素的影响，波动性较大。当每股收益很小或者为负数时，据此计算出来的市盈率可能极高或者没有实际意义。此外，该指标代表的是公司过去的业绩，对公司未来的发展只能起参考借鉴的作用。单纯使用市盈率指标来判断公司未来发展，过于片面，应结合其他相关指标、市场行情等进行分析。

篇中案例 9-2

IPO 风向拐大弯 众信旅游发行市盈率不及行业均值 6 成

2014 年 1 月 12 日晚间证监会发布《关于加强新股发行监管的措施》，第二天，消费板块两只新股公布定价，众信旅游确定发行价 23.15 元，贵人鸟确定发行价 10.6 元，市盈率均低于行业平均水平。

业内人士表示，证监会要求市盈率过高的企业提前三周作风险提示，将放慢发行节奏。此前奥赛康 67 倍的发行价令市场震惊，但随后即公告暂缓发行，此后又有数家新股根据上述《措施》精神推迟刊登相关发行公告，而已定价的新股市盈率多低于平均水平。

众信旅游是出境旅游专业运营商，主要从事出境旅游的批发、零售业务，以及商务会奖旅游业务。该公司 1 月 13 日晚间发布公告称，公司首次发行 A 股的发行价格确定为 23.15 元/股，对应市盈率为 22.05 倍。

有分析师指出，此次发行价格低于预期。23.15 元/股对应的 2012 年摊薄后市盈率为 22.05 倍，低于行业最近一个月平均静态市盈率 38.32 倍。此前有分析师表示，众信旅游 2013 年每股收益预计在 1.7 左右，预计发行价在 35 元/股以上。

资料来源：根据“大智慧阿思达克通讯社.IPO 风向拐大弯 众信旅游发行市盈率不及行业均值 6 成.2014-1-14.”整理

三、每股净资产

（一）每股净资产指标计算

每股净资产是指期末归属于普通股的净资产（即股东权益）与期末普通股股数总额的比率。反映的是企业发行在外的每股普通股所享有的净资产价值。其计算公式如下：

每股净资产＝期末归属于普通股的净资产÷期末普通股股数总额

在公司不存在优先股的情况下，期末归属于普通股的净资产就是公司报表上的股东权益，若存在优先股，则需将其扣除。

（二）每股净资产指标分析

对该指标进行分析，可以衡量公司发展的潜力，判断投资价值以及投资风险。一般情况下，每股净资产越大，说明公司的发展潜力越强，股票越具有投资价值，投资风险越小；反之，说明该公司投资风险较大。但是该指标并不是越大越好，因为，如果该公司的资金大部分来自于股东投资，对外举债规模较小，则不能充分利用负债的财务杠杆作用，公司的盈利可能一般，未来的成长可能缓慢。对于以获取高收益为目标的投资者来说，不是最好的选择。

四、市净率

（一）市净率指标计算

市净率是指普通股股票每股市价与每股净资产的比率。反映的是普通股股价相当于每股净资产的倍数。其计算公式如下：

市净率＝每股市价÷每股净资产

（二）指标分析

市净率体现的是每股市价与每股净资产的关系。一般而言，每股净资产体现的是股票的账面价值，是历史成本计价的结果，每股市价是股票交易的结果，属于股票的现行价值。市净率越高，说明股票市价越高于其账面价值，表明企业资产质量良好，有较好的发展潜力，具有很好的投资价值，但对投资者来说也蕴含了较大的潜在风险；反之，则说明企业资产质量较差，发展前景堪忧。一般认为，市净率达到3倍，就可以树立较好的公司形象，吸引更多投资。

篇中案例 9-3

16个行业出现破净股 147只个股破净提示“见底”信号

破净股（市净率低于1的股票）的数量一直被认为是大盘见底的信号之一，因此在上证指数跌破2000点关口后，破净股数量备受市场关注。统计显示，截至2014年3月11日，沪深两市共有147只个股破净，沪市A股平均市净率最低为2.17倍。而2005年998点大底时曾有203只个股破净，而2008年1664点大底时更是有高达214只个股破净。从市净率角度看，2005年末市场见底时，沪市A股平均市净率最低为1.61倍，2008年末市场见底时，沪市A股平均市净率最低为2.02倍。

对此，分析人士指出，牛市看PE（市盈率），熊市看PB（市净率，即每股股价与每股净资产的比率）。如果用市净率这个指标来衡量，当前A股市场整体已经进入安全区域，部分行业市净率接近历史底部，投资者可以在低市净率个股中，寻找具有安全边际和长期投资价值的蓝筹股。

从行业角度来看，其中998点时，各板块破净股个数占行业成份股数量的比例来看，钢铁以41.38%居首位。到了1664点，板块破净占比上，钢铁依然以60.61%“称雄”。而今年板块破净占比上，银行板块以87.5%“称霸”，钢铁板块以63.64%的比例位居第二位。

其中，银行板块中14只银行股破净。而钢铁板块中，河北钢铁、*ST鞍钢、马钢股份、本钢板材等钢铁股破净幅度较“深”。

值得一提的是，目前“破净”入围板块却悄悄增多，申万一级行业中，有16个行业出现破净股，它们分别如下：交通运输（24只）、钢铁（21只）、采掘（20只）、银行（14只）、房地产（13只）、化工（12只）、机械设备（10只）、建筑装饰（6只）、建筑材料（6只）、轻工制造（6只）、公用事业（4只）、有色金属（3只）、汽车（3只）、纺织服装（2只）、商业贸易（2只）、通信（1只）。

资料来源：黄作金. 16个行业出现破净股 147只个股破净提示“见底”信号. 证券日报. 2014-03-12.

五、股利支付率

（一）股利支付率指标计算

股利支付率又称股利发放率或股利分配率，是指普通股每股股利与普通股每股收益的比率。反映了公司当年每股收益中，有多大比例用于支付股利。其计算公式如下：

股利支付率＝普通股每股股利÷普通股每股收益

（二）股利支付率指标分析

股利支付率没有固定的标准，该指标大小取决于公司股利政策、盈利状况以及公司的成长性。股利支付率越大，说明公司当期分配给股东的股利越多。股东能够获取更多的实际收益；反之，则说明公司将赚取的利润积累于公司内部，很少向股东支付，可能是公司积累多些，进行扩大再生产，也有可能是公司资金不足。该指标一般应该小于1，若超过1，则说明公司动用了以前年度未分配利润来参与当期的股利分配。另外，公司的全部净利发放完股利之后，就成为公司的留存收益，所以知道了公司的股利支付率也就间接知道了公司的留存收益率，两个指标互为补数。其计算公式如下：

留存收益率＝1－股利支付率

公司留存收益率越大，说明公司积累资金越多，越有利于公司未来的发展，但是，过大的留存收益率，会使股东丧失对公司的信心，因为长期不支付股利，会减少股东的当期收益。因此，公司要结合实际情况，确定合理的股利支付率。

【课堂测试 9-3】

1. 甲公司决定发行股票以筹集资金，某券商预计该公司当年每股收益为0.50元，确定发行市盈率是26倍，则该券商对该股票的报价为多少元？

2. 某公司2012年期初发行在外的普通股股数为30 000万股；3月31日增发普通股15 000万股；10月1日回购普通股6 000万股，以备将来奖励职工。该公司当年实现净利润18 000万元，计算该公司2012年度基本每股收益。

本章小结

盈利能力是指企业在一定时期内获取利润的能力，即通过企业投入与产出的关系来衡量企业获利的能力。通过对企业盈利能力的分析，有利于所有者做出投资决策，保护自身权益；有利于经营者发现管理问题，改善经营业绩；有利于债权人衡量投入资金的安全性；有利于政府部门行使社会管理职能等。

销售毛利率也称为营业毛利率，是指企业一定时期销售毛利与企业营业收入的比率。销售净利率是指企业实现的净利润与营业收入的比率。反映企业1元营业收入给企业带来的净利润的数额。成本费用利润率是指企业一定时期利润总额与成本费用总额的比率，揭示了成本、费用项目与企业利润的关系。总资产收益率也称为总资产报酬率，是指企业一定时期内的收益与总资产平均余额的比率。净资产收益率也称为股东权益报酬率，是净利润与平均净资产的比率。表明企业所有者投入资本所获得的报酬。

每股收益（EPS），是指企业本年净利润与当年发行在外的普通股股数的比率，表示企业普通股股东每持有一股普通股所能享有的企业净利润或需承担的企业净亏损。每股收益分为基本每股收益和稀释每股收益。基本每股收益是用归属于普通股股东的当期净利润与发行在外普通股加权平均数相比得到的；稀释每股收益，考虑了企业存在稀释性潜在普通股的情况主要包括可转换债券、认股权证以及股份期权等。市盈率是指普通股每股市价与每股收益的比值。反映投资者对每元净利润愿意支付的价格，可以用来估计股票的投资价值和投资风险。每股净资产是指期末归属于普通股的净资产（即股东权益）与期末普通股股数总额的比率。市净率是指普通股股票每股市价与每股净资产的比率。反映的是普通股股价相当于每股净资产的倍数。股利支付率又称股利发放率或股利分配率，是指普通股每股股利与普通股每股收益的比率。

篇后案例

IPO 被否主要原因——缺乏持续盈利能力

据中国证监会网站的数据，在 2012 年进行 IPO 审核的企业中，177 家企业首发获通过，37 家公司首发未通过，6 家企业取消审核，6 家被暂缓表决，另有 64 家企业被“终止审查”。

证监会共公布了 37 家上会企业被否原因的说明公告。统揽这 37 家公司 IPO 被否的原因，虽然企业情况千差万别，但总结起来主要归结于以下几个方面：关联交易、独立性缺失、持续盈利能力、募集资金使用、主体资格问题、规范运作与内部控制和财务会计问题等。我们注意到，在 37 家被否企业中，有 15 家企业是败在了持续盈利能力问题上。由此可见，持续盈利能力不足仍为企业过会失败的最大拦路虎。

能够持续盈利是企业发行上市的一项最基本要求。《首次公开发行股票并上市管理办法》第三十七条中规定了发行人不得有影响持续盈利能力的情形。证监会《公开发行证券的公司信息披露内容与格式准则》中也对企业盈利能力分析所必含的内容以及发行人应披露对可能影响其盈利能力判断的风险因素进行了相关规定。综合上述规定以及历史上众多过会案例，具体而言，可从以下五个方面来判断企业的持续盈利能力：

首先，从公司业务运营角度来看，决定企业持续盈利能力的自身因素包括企业核心技术（该核心技术是否为原创）、核心员工以及其主要产品、服务的品种结构、用途和原料供应等方面。

其次，从公司所处外部环境来看，决定企业持续盈利能力的外在因素包括企业在行业中所处地位、行业环境、市场空间以及产品的销售情况、主要客户等方面。

第三，从公司的商业模式来看，公司的业务拓展模式、经营特色、交易模式是否能够满足发展需要，其发展性、适应性和可复制性等决定了企业的持续盈利能力。这些决定了企业创造高增值财富的能力和快速发展的空间。

第四，从公司的盈利水平与质量来看，决定企业持续盈利能力的因素还包括与关联方之间是否存在过度依赖的关系，市场成分是否过分单一，所享受的税收优惠与政府补贴是否较大比例地影响其收入，客户和供应商的稳定程度、集中程度以及质量如何，依赖程度如何。

最后，从公司的发展前景来看，包括是否符合国家产业政策，是否符合建设创新型国家的大方向，等等。

从 2012 年的过会失败案例中，我们可以总结出企业缺乏持续盈利能力主要体现为以下各具体原因：行业前景不乐观，毛利率、利润下滑，库存过高、变现能力差，对大客户过度依赖或客户过于分散，过度依赖海外市场等。

资料来源：根据“王佳月. 2012 年 IPO 被否主要原因——缺乏持续盈利能力之解析.中国律师网. 2013-04-28.”整理

核心概念

销售毛利率（gross profit margin）
销售净利率（profit margin）
总资产收益率（return on assets）
净资产收益率（return on equity）
每股收益（earnings per share）
市盈率（price-earnings ratio）
每股净资产（book value per share）
市净率（market-to-book ratio）
股利支付率（dividend payout ratio）

思考题

1. 简述盈利能力分析的概念和作用。
2. 简述企业盈利能力分析的一般财务指标有哪些？
3. 简述影响销售毛利率的因素。
4. 对上市公司进行盈利能力分析时，还需要考虑哪些财务指标？
5. 简述基本每股收益和稀释每股收益的概念和分析时应注意的问题。

练习题

一、单选题

1. 甲产品的销售单价是270元，单位成本是180元，本月实现销售2 000件，则本月实现的毛利为（　　）。

A. 540 000元　　B. 180 000元

C. 360 000元　　D. 150 000元

2. 某公司2012年实现利润情况如下：营业收入实现5 600万元，营业成本为4 500万元，销售费用为560万元，管理费用为300万元，财务费用为20万元，所得税费用为50万元，无其他成本费用发生，则销售净利率是（　　）。

A. 3. 04%　　B. 19. 64%

C. 80. 36%　　D. 10%

3. 反映企业盈利能力的指标是（　　）。

A. 资产负债率　　B. 平均收现期

C. 总资产周转率　　D. 净资产收益率

4. 某公司当年实现销售收入2 800万元，净利润360万元，总资产周转率为2.5%，则总资产收益率为（　　）。

A. 5.14%　　B. 12.86%

C. 25.26%　　D. 32.14%

5. 企业利润总额中最基本、最经常发生，同时也是最稳定的因素是（　　）。

A. 公允价值变动收益　　B. 营业外收入

C. 投资收益　　D. 营业收入

6. 总资产收益率可以反映企业的（　　）。

A. 盈利能力　　B. 偿债能力

C. 资产周转效率　　D. 风险水平

7. 总资产报酬率的分子一般采用（　　）。

A. 利润总额　　B. 息税前利润

C. 营业利润　　D. 息前利润

8. 主要用于企业盈利能力分析的报表是（　　）。

A. 资产负债表　　B. 现金流量表

C. 利润表　　D. 所有者权益变动表

9. 成本费用利润率越高，则说明企业（　　）。

A. 盈利能力越低

B. 单位资源消耗所产生的经济效益越高

C. 成本费用数额越高

D. 为获得利润而付出的代价越大

10. 上市公司盈利能力分析与一般企业盈利能力分析的区别关键在于（　　）。

A. 利润水平　　B. 股东权益

C. 股利发放　　D. 股票价格

11. 某公司2013年实现的归属于普通股股东的净利润为5 600万元。该公司2013年1月1日发行在外的普通股为10 000万股，6月30日定向增发1 200万股普通股，10月1日自公开市场回购240万股拟用于高层管理人员股权激励，则该公司2013年基本每股收益为（　　）。

A. 0.50元　　B. 0.51元

C. 0.53元　　D. 0.56元

12. 某企业有普通股200万股，当年实现的利润总额为200万元，股票市场上该股票价格为10元/股，假设利润总额与企业应纳税所得额相同，所得税税率为25%，则该企业的市盈率为（　　）。

A. 10倍　　B. 13.33倍

C. 50倍　　D. 7.5倍

13. 已知某公司上年的每股收益为1.5元，每股净资产为3元。如果目前的市盈率为20倍，则该公司市净率为（　　）。

A. 20倍　　B. 10倍

C. 15倍　　D. 30倍

14. 普通股股利与普通股每股收益的比值，被称为（　　）。

A. 每股收益　　B. 权益报酬率

C. 市盈率　　D. 股利支付率

15. 某上市公司每股市价为20元，每股收益为1元，每股股利为0.4元，则下列说法中，错误的是（　　）。

A. 市盈率为20倍　　B. 股利支付率为40%

C. 留存收益率为40%　　D. 股利支付率与公司股利政策相关

二、多选题

1. 最能够体现企业经营利润，剔除筹资方式和所得税税率影响的指标是（　　）。

A. 净利润　　B. 未分配利润

C. 利润总额与利息费用之和　　D. 销售毛利
E. 息税前利润

2. 影响企业单一产品毛利率变动的因素，包括（　）。
A. 销售单价　　B. 计划销售单价
C. 单位成本　　D. 销售数量
E. 生产数量

3. 下列项目中，能够影响企业销售净利率的因素，包括（　　）。
A. 营业外支出　　B. 资产减值损失
C. 财务费用　　D. 主营业务收入
E. 营业成本

4. 可用于分析非上市公司盈利能力的财务指标，包括（　　）。
A. 总资产收益率　　B. 净资产收益率
C. 销售毛利率　　D. 销售净利率
E. 每股收益

5. 下列项目中，数值越高则表明企业盈利能力越强的指标有（　　）。
A. 流动比率　　B. 市盈率
C. 销售净利率　　D. 净资产收益率
E. 总资产收益率

6. 下列项目中，能够影响企业总资产收益率的因素包括（　　）。
A. 流动比率　　B. 销售净利率
C. 总资产周转率　　D. 资产负债率
E. 速动比率

7. 下列关于每股净资产的说法，正确的有（　　）。
A. 每股净资产是期末归属于普通股的净资产与期末普通股股数总额的比率
B. 每股净资产是期末净资产与期末持有股票股数总额的比率，包括优先股在内
C. 一般来说，每股净资产越大，说明公司的发展潜力越强，股票越具有投资价值
D. 反映的是企业发行在外的每股普通股所享有的净资产市场价值
E. 该指标越大越好

8. 下列说法中正确的有（　　）。
A. 净资产收益率也称为股东权益报酬率，是净利润与平均净资产的比

率

B. 净资产是指企业资产扣除掉负债后的余额

C. 净资产收益率反映了所有者投入资本的增值能力以及投资者报酬实现的程度

D. 净资产收益率越大，说明企业的盈利能力越强

E. 净资产收益率受到总资产收益率的影响

9. 下列表述中正确的有（ ）。

A. 计算基本每股收益只需考虑当期实际发行在外的普通股

B. 当期企业派发股票股利、公积金转增资本等会增加发行在外普通股数量

C. 企业派发股票股利、公积金转增资本不影响所有者权益金额

D. 每股收益越大越好，可以用于不同公司的比较

E. 在企业利润不变的情况下，企业派发股票股利会减少每股收益。

10. 成本费用利润率的计算中，属于成本费用总额的项目，包括（ ）。

A. 营业成本　　B. 所得税费用

C. 销售费用　　D. 管理费用

E. 营业外支出

11. 以下各项可能属于上市公司潜在普通股的有（ ）。

A. 可转换公司债券　　B. 股票股利

C. 现金股利　　D. 认股权证

E. 股份期权

12. 下列关于市净率的说法中，正确的有（ ）。

A. 是指普通股股票每股市价与每股净资产的比率

B. 每股净资产体现的是股票的账面价值

C. 市净率越高越好

D. 市净率低于 1，表明股票市价低于其账面价值

E. 市净率低于 1，表明股票市价高于其账面价值

13. 下列关于市盈率的说法中，正确的有（ ）。

A. 债务比重大的公司市盈率较低

B. 一般来说，市盈率很高，则投资风险较大

C. 预期公司成长性较好，则市盈率较低

D. 预期公司成长性较好，则市盈率较高

E. 市盈率高低受到每股净资产的影响

14. 下列关于市盈率指标的表述中，正确的有（ ）。
    A. 市盈率越高，说明企业的市场价值越高
    B. 市盈率越低，说明企业的市场价值越高
    C. 市盈率越高，说明投资者愿意为每 1 元收益付出的价格越高
    D. 市盈率越低，说明在每股市场价格一定的情况下企业的每股收益越低
    E. 市盈率越高，说明大多数投资者对企业未来的预期良好
15. 下列关于股利支付率的说法中，正确的有（ ）。
    A. 股利支付率越高越好
    B. 一般来说，处于成长中的公司，股利支付率较高
    C. 一般来说，处于成长中的公司，股利支付率较低
    D. 股利支付率越高，则留存收益率也越高
    E. 股利支付率的高低与公司股利政策有关

三、判断题

1. 对于短期债权人来说，一般不需要分析企业盈利能力。（ ）
2. 销售毛利是营业收入扣除营业成本后的差额。（ ）
3. 其他因素不变的情况下，企业产品售价越高，销售毛利率越低。（ ）
4. 销售净利率不仅反映企业销售环节的获利能力，更体现了最终为所有者创造财富的能力。（ ）
5. 成本费用利润率越高，表示企业能以较低的资源消耗获取较高的利润，企业的盈利水平越高。（ ）
6. 企业营运能力的高低不影响盈利能力。（ ）
7. 净资产收益率是反映盈利能力的核心指标。（ ）
8. 企业资本结构保持不变时，总资产收益率越高，则净资产收益率就越高。（ ）
9. 考虑了可转换债券后，一定会稀释每股收益。（ ）
10. 股票价格的变动对每股收益不产生影响。（ ）
11. 市盈率是指普通股每股市价与每股收益的比值。（ ）
12. 每股净资产越大，则说明企业股票市价越高（ ）
13. 市净率越高，说明该公司越值得投资。（ ）
14. 股利支付率越大，说明公司当期分配给股东的股利越多。（ ）
15. 留存收益率与股利支付率互为倒数。（ ）

四、业务题

1. 某股份有限公司是一家从事机电生产的企业。该公司近三年的主要财务数据如表 9-1 所示。

表 9-1 近三年主要财务数据表

单位：万元

项目	2010 年	2011 年	2012 年
净利润	—	3 600	4 050
营业收入	—	27 000	30 000
年末总资产	12 000	13 500	15 000
年末股东权益	6 750	8 100	9 000

要求：计算该公司 2011 年和 2012 年的净资产收益率、销售净利率、总资产周转率和平均权益乘数（计算时资产、负债与权益指标用平均值）。

2. 某公司 2012 年度营业收入为 1 440 万元，营业成本为营业收入的 60%，销售净利率为 10%，期初应收账款为 48 万元，期末应收账款为 72 万元；期初资产总额为 1 200 万元，其中存货为 100 万元，存货周转次数为 8 次，期末存货是资产总额的 10%。公司现有普通股 200 万股（年度内普通股股数未发生变化），该公司股票每股市价为 15 元。

要求：根据上述资料，计算该公司的应收账款周转率、总资产净利率和市盈率。

3. 某股份有限公司所有的股票均为发行在外的普通股，每股面值 1 元。该公司 2012 年度部分业务资料如下：

（1）2012 年初股东权益金额为 36 750 万元，其中股本 15 000 万元；

（2）4 月 1 日该公司分配现金股利 750 万元，并以每 10 股送 3 股的形式分配股票股利；

（3）7 月 1 日增发新股 6 750 万股；

（4）为了奖励职工，11 月 1 日回购本公司 2 250 万股股票；

（5）2012 年度公司可供股东分配的净利润为 7 905 万元。

要求：计算该公司 2012 年度的基本每股收益。

4. 某公司 2012 年简要利润表如表 9-2 所示。

表 9-2　利润表

单位：千元

项目	2012 年度	2011 年度
一、营业收入	120 000	–
减：营业成本	100 000	–
营业税金及附加	800	–
销售费用	2 500	–
管理费用	8 000	–
财务费用	400	–
二、营业利润	8 300	–
加：营业外收入	200	–
减：营业外支出	100	–
三、利润总额	8 400	–
减：所得税费用	2 000	–
四、净利润	6 400	–

要求：计算该公司 2012 年度销售毛利率、销售净利率和成本费用利润率。

5. 根据第三章和第四章练习题中，J 公司资产负债表和利润表有关资料，计算该公司 2012 年的财务比率，包括：销售毛利率、销售净利率、成本费用利润率、总资产收益率和净资产收益率。

6. 请读者对所选择上市公司的盈利能力进行分析。

提示：可以计算相关盈利能力指标，并进行趋势分析，判断该公司盈利能力的变化。

第十章 财务综合分析

通过财务分析可以判明企业的财务状况、经营成果和现金流量等情况，也可以分别从偿债能力、营运能力和盈利能力方面对企业筹资活动、投资活动和经营活动进行了深入、细致的分析，但要对企业整体情况做出评价，则需要进行财务综合分析。通过本章学习，理解财务综合分析的概念和作用；理解中央企业综合绩效评价方法；理解经济增加值的概念、作用、计算与分析；掌握沃尔评分法的分析步骤；掌握杜邦分析法及其分析步骤，能够运用杜邦分析法对企业进行财务综合分析。

开篇案例

如何对企业进行综合评价呢？

同学小王已经对一家上市公司进行了全面的财务分析，阅读了该公司的报表附注、分析了该公司的资产负债表、利润表、现金流量表等会计报表，计算了该公司有关偿债能力、营运能力和盈利能力的财务指标。可是，他仍然说不清这家公司的整体情况？他在想：有没有像评选“三好学生”，从“德”、“智”、“体”三个方面对学生进行评价类似的分析方法，对企业进行综合评价呢？

同学小王的想法很好，最早的财务综合分析方法——沃尔评分法，就是通过对企业各项财务指标的评分，从而判断企业财务状况的分析方法。

第一节 财务综合分析概述

一、财务综合分析的概念

财务综合分析是指将各项财务分析的内容和指标结合起来，全面、系统地对企业财务状况和经营成果进行剖析与评价，从而对企业整体经营绩效作出判断的过程。

不论是对资产负债表、利润表、现金流量表和所有者权益变动表的分析，还是对企业偿债能力、营运能力和盈利能力的分析，都只是从不同的侧面对企业的财务状况和经营成果做出了具体的分析。但企业的经济活动是一个有机的整体，只有将相互联系的各种报表、各项指标综合起来，才能全面评价企业的经营绩效。

财务综合分析的方法主要有沃尔评分法、杜邦分析法和经济增加值（EVA）分析等。

二、财务综合分析的作用

财务综合分析的作用主要体现在以下几个方面：

（一）有利于评价企业的经营绩效

要评价企业的经营绩效，只计算几个简单的、孤立的财务比率，或者将财务指标堆叠在一起，不可能得出合理、正确的综合性结论。只有将企业的偿债能力、营运能力和盈利能力等各项分析指标有机地结合起来，作为一个完整的体系，才能从总体上把握企业的经营绩效。

（二）有利于分析影响企业经营绩效的因素

企业中各项财务指标都不是孤立存在的，往往受到各种因素的影响。通过分析影响企业经营绩效的因素并计算影响程度，可以分清影响企业的有利因素和不利因素、主要因素和次要因素，以便查明原因，制定改进措施，挖掘企业潜力，提高经济效益。

（三）有利于同一企业不同时期和不同企业之间的比较

财务综合分析，在一定程度上减少了规模以及行业的差异，根据分析结果有利于对同一企业不同时期以及不同企业之间进行比较。通过比较，可以总结经验、吸取教训、发现差距、赶超先进，从整体上把握企业的财务状况和经营成果。

【课堂测试 10-1】

1. 为什么要进行财务综合分析？
2. 为什么说财务综合分析便于企业间的比较？

第二节 沃尔评分法

一、沃尔评分法概述

（一）沃尔评分法概念

亚历山大·沃尔在20世纪初提出了信用能力指数的概念，以此来评价企业的信用水平，开创了财务综合分析的先河。他选择了流动比率、产权比率（所有者权益/负债）、固定资产比率（资产/固定资产）、存货周转率、应收账款周转率、固定资产周转率、所有者权益周转率（营业收入/所有者权益）七项财务比率，用线性关系将它们结合起来，并分别给定各个比率在100分的总分中所占的分数，即权重，然后确定各个比率的标准值，用比率的实际值与标准值相除得到的相对值乘以权重，计算出各个比率的得分，最后将七个比率的得分加总得到总分，即信用能力指数。这种分析方法，被称为沃尔评分法。沃尔评分法如表10-1所示。

表10-1 沃尔评分法

财务比率	权重 ①	标准值 ②	实际值 ③	相对值 ④=③÷②	评分 ⑤=①×④
流动比率	25	2			
产权比率	25	1.5			
固定资产比率	15	2.5			
存货周转率	10	8			
应收账款周转率	10	6			
固定资产周转率	10	4			
所有者权益周转率	5	3			
合计	100				

沃尔评分法为综合评价企业的财务状况提供了一种非常重要的思路，即将分散的财务指标通过一个加权体系综合起来，计算综合得分，从而对企业作出综合评价。如果最终评分接近或超过100分，表明企业财务状况基本符合要求或财务状况较好；如与100分有较大差距，则表明企业财务状况不佳。

然而，沃尔评分法在理论上存在一定的缺陷，即未能说明为什么选择这七个财务比率，而不是更多或者更少，或者选择其他财务比率；也未能说明各个财务比率所占权重的合理性以及财务比率的标准值是如何确定的。在技术上，也存在一定的缺陷，当某指标严重异常时，会对总评分产生不合逻辑的重大影响，这个缺陷是由相对值与权重相乘而引起的。

（二）沃尔评分法案例分析

根据ABC股份有限公司2012年财务报表，使用沃尔评分法，可以判断该公司信用水平。该公司沃尔评分表如表10-2所示。

表10-2 ABC公司沃尔评分表

财务比率	权重 ①	标准值 ②	实际值 ③	相对值 ④=③÷②	评分 ⑤=①×④
流动比率	25	2	1.18	0.59	14.81
产权比率	25	1.5	1.64	1.09	27.32
固定资产比率	15	2.5	2.26	0.91	13.58
存货周转率	10	8	29.04	3.63	36.30
应收账款周转率	10	6	7.07	1.18	11.78
固定资产周转率	10	4	1.21	0.30	3.03
所有者权益周转率	5	3	0.89	0.30	1.48
合计	100				108.30

从上表可以看出，该公司综合得分为108.30分，说明该公司财务状况比较好，信用水平较高。但需要注意的是，其固定资产周转率、所有者权益周转率相对值仅为0.3，流动比率相对值为0.59，均小于1，说明与标准值存在较大差距，对此应重点关注。此外，该公司存货周转率较高，相对值为3.63，在权重为10分的情况下，由于相乘的作用，该项得分最终为36.30分，也使得总分大幅提高。

二、沃尔评分法的分析步骤

虽然沃尔评分法存在着理论上的缺陷，但是它在实践中仍被广泛应用并得到不断地改进和发展。尽管人们应用沃尔评分法时所选择的财务比率不断地变化，各个比率的权重不断地修正，各个比率的标准值不断地调整，评分方法不断地改进，甚至加入一些非财务指标作为参考，但是沃尔评分法的基本思路始终没有改变，其分析的基本步骤也没有发生大的变化。沃尔评分法的基本分析步骤如下：

（一）选择财务比率

不同的财务分析主体在选择财务比率时可能不尽相同，但都应注意所选择的比率要具有代表性，能够全面反映企业盈利能力、偿债能力和营运能力，而且选择的财务比率还应具有变化方向上的一致性，即比率变大表示经营绩效改善，比率变小表明经营绩效变差。一般来说，盈利能力比率通常选择净资产收益率、销售净利率、总资产收益率等；偿债能力比率通常选择流动比率、股权比率（所有者权益/总资产）、已获利息倍数等；营运能力比率通常选择应收账款周转率、存货周转率、总资产周转率等。

（二）确定各项财务比率的权重

权重分配的标准，是依据各个比率的重要程度确定的，越重要的比率分配的权重越高。比率重要性的判断应结合财务分析的目的，一般来说，盈利能力比率分配的权重高些，但特别关心企业偿债能力的财务分析主体可能会增加偿债能力比率的权重。因此，权重的分配带有一定的主观色彩，分配不当可能会影响评价的结果。

（三）确定各项财务比率的标准值

财务比率的标准值是判断财务比率高低的标准，标准值可以是本企业的历史水平、竞争对手的水平，也可以是同行业的平均水平等。最常见的是选择同行业的平均水平作为财务比率的标准值。

权重的分配和标准值的确定，需要综合考虑多方面的因素，并且在长期的分析实践中不断修正。

（四）计算各项财务比率的实际值

利用企业相关的财务数据计算各个财务比率的实际值。

（五）计算各项财务比率的得分

计算得分最常见的方法是：将比率的实际值除以标准值得到一个相对值，再用这个相对值乘以该比率的权重，即得到该比率的得分。有时，为避免个别比率异常对总分造成不合理的影响，可以为每个比率的得分确定一个上限和一个下限，即每个比率的最高得分不得高于其上限，最低得分不得低于其下限。例如，可以确定每个比率的最高得分不能高于权重分数的 1.5 倍，最低得分不能低于权重分数的 50%。

（六）计算综合得分并做出评价

将各个财务比率的实际得分加总，计算出企业的综合得分，通过综合得分可以判断企业经营绩效。如果企业综合得分接近 100 分，说明企业经营绩效接近于行业平均水平；如果企业综合得分明显超过 100 分，说明企业经营绩效优于行业平均水平；如果企业综合得分大大低于 100 分，则说明企业经营绩效较差，应当积极查找问题，采取措施加以改善。

三、中央企业综合绩效评价

沃尔评分法在实践中有着非常广泛的应用。以我国为例，20 世纪 90 年代以来，各部委颁布了一系列的综合评价体系。这些综合评价体系虽然财务比率不断创新，标准不断变化，结构不断调整，计分方法不断修正，考虑的因素也越来越周全，但始终没有脱离沃尔评分法的基本思想。

目前，企业综合绩效评价主要依据《中央企业综合绩效评价管理暂行办法》及其实施细则进行。2006 年 4 月 7 日，国务院国有资产监督管理委员会公布了《中央企业综合绩效评价管理暂行办法》（国资委令第 14 号）。同年 9 月 12 日，为规范开展中央企业综合绩效评价工作，有效发挥综合绩效评价工作的评判、引导和诊断作用，推动企业提高经营管理水平，根据《中央企业综合绩效评价管理暂行办法》，国资委又印发了《中央企业综合绩效评价实施细则》。

下面以《中央企业综合绩效评价实施细则》为例，说明企业综合绩效评价体系，包括：评价指标与权重、评价标准选择、评价计分、企业综合绩效评价结果等方面。

（一）评价指标与权重

企业综合绩效评价指标由二十二个财务绩效定量评价指标和八个管理绩效定性评价指标组成。

1. 财务绩效定量评价指标

财务绩效定量评价指标由反映企业盈利能力状况、资产质量状况、债务风险状况和经营增长状况等四个方面的八个基本指标和十四个修正指标构成，用于综合评价企业财务会计报表所反映的经营绩效状况。

企业盈利能力状况以净资产收益率、总资产报酬率两个基本指标和销售（营业）利润率、盈余现金保障倍数、成本费用利润率、资本收益率四个修正指标进行评价，主要反映企业一定经营期间的投入产出水平和盈利质量。

企业资产质量状况以总资产周转率、应收账款周转率两个基本指标和不良资产比率、流动资产周转率、资产现金回收率三个修正指标进行评价，主要反映企业所占用经济资源的利用效率、资产管理水平与资产的安全性。

企业债务风险状况以资产负债率、已获利息倍数两个基本指标和速动比率、现金流动负债比率、带息负债比率、或有负债比率四个修正指标进行评价，主要反映企业的债务负担水平、偿债能力及其面临的债务风险。

企业经营增长状况以销售（营业）增长率、资本保值增值率两个基本指标和销售（营业）利润增长率、总资产增长率、技术投入比率三个修正指标，主要反映企业的经营增长水平、资本增值状况及发展后劲。

2. 管理绩效定性评价指标

企业管理绩效定性评价指标包括战略管理、发展创新、经营决策、风险控制、基础管理、人力资源、行业影响、社会贡献等八个方面的指标，主要反映企业在一定经营期间所采取的各项管理措施及其管理成效。

战略管理评价主要反映企业所制定战略规划的科学性，战略规划是否符合企业实际，员工对战略规划的认知程度，战略规划的保障措施及其执行力，以及战略规划的实施效果等方面的情况。

发展创新评价主要反映企业在经营管理创新、工艺革新、技术改造、新产品开发、品牌培育、市场拓展、专利申请及核心技术研发等方面的措施及成效。

经营决策评价主要反映企业在决策管理、决策程序、决策方法、决策执行、决策监督、责任追究等方面采取的措施及实施效果，重点反映企业是否存在重大经营决策失误。

风险控制评价主要反映企业在财务风险、市场风险、技术风险、管理风险、信用风险和道德风险等方面的管理与控制措施及效果，包括风险控制标准、风险评估程序、风险防范与化解措施等。

基础管理评价主要反映企业在制度建设、内部控制、重大事项管理、信息化建设、标准化管理等方面的情况，包括财务管理、对外投资、采购与销售、存货管理、质量管理、安全管理、法律事务等。

人力资源评价主要反映企业人才结构、人才培养、人才引进、人才储备、人事调配、员工绩效管理、分配与激励、企业文化建设、员工工作热情等方面的情况。

行业影响评价主要反映企业主营业务的市场占有率、对国民经济及区域经济的影响与带动力、主要产品的市场认可程度、是否具有核心竞争能力以及产业引导能力等方面的情况。

社会贡献评价主要反映企业在资源节约、环境保护、吸纳就业、工资福利、安全生产、上缴税收、商业诚信、和谐社会建设等方面的贡献程度和社会责任的履行情况。

3. 指标权重

财务绩效定量评价指标权重确定为 70%，管理绩效定性评价指标权重确定为 30%。在实际评价过程中，财务绩效定量评价指标和管理绩效定性评价指标的权数均按百分制设定，分别计算分项指标的分值，然后按 70:30 折算。企业综合绩效评价指标及权重表见表 10-3 所示。

表 10-3 企业综合绩效评价指标及权重表

评价内容与权数		财务绩效(70%)				管理绩效(30%)	
		基本指标	权数	修正指标	权数	评议指标	权数
盈利能力状况	34	净资产收益率	20	销售(营业)利润率	10		
		总资产报酬率	14	盈余现金保障倍数	9		
				成本费用利润率	8		
				资本收益率	7	战略管理	18
资产质量状况	22	总资产周转率	10	不良资产比率	9	发展创新	15
		应收账款周转率	12	流动资产周转率	7	经营决策	16
				资产现金回收率	6	风险控制	13
债务风险状况	22	资产负债率	12	速动比率	6	基础管理	14
		已获利息倍数	10	现金流动负债比率	6	人力资源	8
				带息负债比率	5	行业影响	8
				或有负债比率	5	社会贡献	8
经营增长状况	22	销售（营业）增长率	12	销售（营业）利润增长率	10		
		资本保值增值率	10	总资产增长率	7		
				技术投入比率	5		

（二）评价标准选择

财务绩效定量评价标准划分为优秀（A）、良好（B）、平均（C）、较低（D）、较差（E）五个档次，管理绩效定性评价标准分为优（A）、良（B）、中（C）、低（D）、差（E）五个档次。

对应五档评价标准的标准系数分别为 1.0、0.8、0.6、0.4、0.2，差（E）以下为 0。标准系数是评价标准的水平参数，反映了评价指标对应评价标准所达到的水平档次。

评价组织机构应当认真分析判断评价对象所属行业和规模，正确选用财务绩效定量评价标准值。

（三）评价计分

企业综合绩效评价计分方法采取功效系数法和综合分析判断法，其中：功效系数法用于财务绩效定量评价指标的计分，综合分析判断法用于管理绩效定性评价指标的计分。

1. 财务绩效定量评价基本指标计分方法

财务绩效定量评价基本指标计分是按照功效系数法计分原理，将评价指标实际值对照行业评价标准值，按照规定的计分公式计算各项基本指标得分。计算公式为：

基本指标总得分＝∑单项基本指标得分

单项基本指标得分＝本档基础分＋调整分

本档基础分＝指标权数×本档标准系数

调整分＝功效系数×（上档基础分－本档基础分）

上档基础分＝指标权数×上档标准系数

功效系数＝（实际值－本档标准值）/（上档标准值－本档标准值）

本档标准值是指上下两档标准值居于较低等级一档。

2. 财务绩效定量评价修正指标计分方法

财务绩效定量评价修正指标的计分是在基本指标计分结果的基础上，运用功效系数法原理，分别计算盈利能力、资产质量、债务风险和经营增长四个部分的综合修正系数，再据此计算出修正后的分数。计算公式为：

修正后总得分＝Σ 各部分修正后得分

各部分修正后得分＝各部分基本指标分数×该部分综合修正系数

某部分综合修正系数＝Σ 该部分各修正指标加权修正系数

某指标加权修正系数＝（修正指标权数/该部分权数）×该指标单项修正系数

某指标单项修正系数＝1.0+（本档标准系数＋功效系数×0.2－该部分基本指标分析系数），单项修正系数控制修正幅度为 0.7～1.3

某部分基本指标分析系数＝该部分基本指标得分/该部分权数

在计算修正指标单项修正系数过程中，对于一些特殊情况做如下规定：

（1）如果修正指标实际值达到优秀值以上，其单项修正系数的计算公式如下：

单项修正系数＝1.2＋本档标准系数－该部分基本指标分析系数

（2）如果修正指标实际值处于较差值以下，其单项修正系数的计算公式如下：

单项修正系数＝1.0－该部分基本指标分析系数

（3）如果资产负债率≥100%，指标得 0 分；其他情况按照规定的公式计分。

（4）如果盈余现金保障倍数分子为正数，分母为负数，单项修正系数确定为 1.1；如果分子为负数，分母为正数，单项修正系数确定为 0.9；如果分子分母同为负数，单项修正系数确定为 0.8。

（5）如果不良资产比率≥100%或分母为负数，单项修正系数确定为 0.8。

（6）对于销售（营业）利润增长率指标，如果上年主营业务利润为负数，本年为正数，单项修正系数为 1.1；如果上年主营业务利润为零本年为正数，或者上年为负数本年为零，单项修正系数确定为1.0。

（7）如果个别指标难以确定行业标准，该指标单项修正系数确定为1.0。

3. 管理绩效定性评价指标计分方法

管理绩效定性评价指标的计分一般通过专家评议打分形式完成，聘请的专家应不少于7名；评议专家应当在充分了解企业管理绩效状况的基础上，对照评价参考标准，采取综合分析判断法，对企业管理绩效指标做出分析评议，评判各项指标所处的水平档次，并直接给出评价分数。计分公式为：

管理绩效定性评价指标分数＝Σ单项指标分数

单项指标分数＝（Σ每位专家给定的单项指标分数）/专家人数

4. 综合绩效评价分数

在得出财务绩效定量评价分数和管理绩效定性评价分数后，应当按照规定的权重，耦合形成综合绩效评价分数。计算公式为：

企业综合绩效评价分数＝财务绩效定量评价分数×70%＋管理绩效定性评价分数×30%

（四）企业综合绩效评价结果

企业综合绩效评价结果以评价得分、评价类型和评价级别表示。

评价类型是根据评价分数对企业综合绩效所划分的水平档次，用文字和字母表示，分为优（A）、良（B）、中（C）、低（D）、差（E）五种类型。

评价级别是对每种类型再划分级次，以体现同一评价类型的不同差异，采用在字母后标注“＋、－”号的方式表示。

企业综合绩效评价结果以85、70、50、40分作为类型判定的分数线。

1. 评价得分达到85分以上（含85分）的评价类型为优（A），在此基础上划分为三个级别，分别为：A++≥95分；95分＞A+≥90分；90分＞A≥85分。

2. 评价得分达到70分以上（含70分）不足85分的评价类型为良（B），在此基础上划分为三个级别，分别为：85分＞B+≥80分；80分＞B≥75分；75分＞B-≥85分。

3. 评价得分达到50分以上（含50分）不足70分的评价类型为中（C），在此基础上划分为两个级别，分别为：70分＞C≥60分；60分＞C-≥50分。

4. 评价得分在40分以上（含40分）不足50分的评价类型为低（D）。

5. 评价得分在40分以下的评价类型为差（E）。

（五）企业综合绩效评价方法案例分析

《中央企业综合绩效评价实施细则》第五十四条规定，各地区国有资产监督管理机构开展所监管企业的综合绩效评价工作，可参照本细则执行。以ABC

股份有限公司 2012 年财务会计报告为例说明企业综合绩效评价方法。其中，财务绩效定量评价指标的计分采用功效系数法；管理绩效定性评价指标的计分采用综合分析判断法，一般通过专家评议打分形式完成。因此，对于管理绩效不便做出评价，以下仅对该公司财务绩效进行分析与评价。

1. 选择评价标准

ABC 股份有限公司属于交通运输业之港口业，根据国务院国资委财务监督与考核评价局 2013 年印发的《企业绩效评价标准值 2013》，选择港口业全行业绩效评价标准值作为评价标准。绩效评价标准值见表 10-4 所示。

表 10-4 绩效评价标准值

港口业

范围：全行业

项 目	优秀值	良好值	平均值	较低值	较差值
一、盈利能力状况					
净资产收益率（%）	1.3	−3.3	−6	−12.7	−19.9
总资产报酬率（%）	1.2	−0.7	−2.3	−7.4	−10.8
主营业务利润率（%）	18.5	13.7	7.7	−1.6	−8.2
盈余现金保障倍数	10.9	2.9	0.6	0.1	−1.4
成本费用利润率（%）	23.3	15.9	6	−7.4	−13.8
资本收益率（%）	11.6	7.5	4	−5.6	−14.5
二、资产质量状况					
总资产周转率（次）	1.6	1.2	0.8	0.2	0.1
应收账款周转率（次）	21.4	15.8	6.3	4.5	2.5
不良资产比率（%）	0.2	0.5	1.1	1.9	3.2
流动资产周转率（次）	3.8	2.4	0.9	0.6	0.4
资产现金回收率（%）	11.6	7.6	2.3	−0.1	−5.9
三、债务风险状况					
资产负债率（%）	34.5	42.9	55	68.8	82
已获利息倍数	6.4	5.5	4	1	−2.1
速动比率（%）	147.6	113.5	88	65	47.1
现金流动负债比率（%）	17.6	11.1	2.5	−1.2	−12.7
带息负债比率（%）	39	48.2	60	83.5	93.9
或有负债比率（%）	0.1	0.9	5.4	13.9	23.2
四、经营增长状况					
销售（营业）增长率（%）	21.9	15	6.9	−0.2	−14.9
资本保值增值率（%）	109.8	104.6	102.3	95.7	89.2
销售（营业）利润增长率（%）	21	13.4	3.8	−4.9	−20.7
总资产增长率（%）	20	14.7	6.7	−0.6	−14
技术投入比率（%）	0.8	0.5	0.3	0.2	0.1

2. 计算财务绩效评价指标实际值

根据 ABC 股份有限公司 2012 年财务报告，计算财务绩效基本指标和修正指标实际值。该公司财务绩效指标见表 10-5 所示。

表 10-5　ABC 公司财务绩效指标

评价内容	基本指标	实际值	修正指标	实际值
盈利能力状况	净资产收益率（%）	9.27	销售（营业）利润率（%）	10.40
	总资产报酬率（%）	7.86	盈余现金保障倍数	1.19
			成本费用利润率（%）	13.73
			资本收益率（%）	26.67
资产质量状况	总资产周转率（次）	0.56	不良资产比率（%）	0.20
	应收账款周转率（次）	7.06	流动资产周转率（次）	2.15
			资产现金回收率（%）	6.90
债务风险状况	资产负债率（%）	37.89	速动比率（%）	112.62
	已获利息倍数	7.79	现金流动负债比率（%）	31.53
			带息负债比率（%）	61.15
			或有负债比率（%）	0.00
经营增长状况	销售（营业）增长率（%）	6.05	销售(营业)利润增长率(%)	7.98
	资本保值增值率（%）	107.70	总资产增长率（%）	12.08
			技术投入比率（%）	0.33

3. 财务绩效定量评价计分

（1）ABC 股份有限公司基本指标评价计分

根据功效系数法，计算 ABC 股份有限公司 2012 年财务绩效基本指标得分。基本指标计分表见表 10-6 所示。

表 10-6　ABC 公司基本指标计分表

项　目	权数	实际值	本档标准值	上档标准值	本档标准系数	上档标准系数	功效系数	上档基础分	本档基础分	调整分	单项基本指标得分	分析系数
一、盈利能力状况	34										34.00	1.00
净资产收益率	20	9.27	1.3	1.3	1	1			20	0.00	20.00	
总资产报酬率	14	7.86	1.2	1.3	1	1			14	0.00	14.00	
二、资产质量状况	22										12.59	0.57
总资产周转率	10	0.56	0.2	0.8	0.4	0.6	0.60	6	4	1.20	5.20	
应收账款周转率	12	7.07	6.3	15.8	0.6	0.8	0.08	9.6	7.2	0.19	7.39	
三、债务风险状况	22										21.03	0.96
资产负债率	12	37.89	42.9	34.5	0.8	1	0.60	12	9.6	1.43	11.03	
已获利息倍数	10	7.79	6.4	6.4	1	1		10	10	0.00	10.00	

续表

项　目	权数	实际值	本档标准值	上档标准值	本档标准系数	上档标准系数	功效系数	上档基础分	本档基础分	调整分	单项基本指标得分	分析系数
四、经营增长状况	22										16.10	0.73
销售（营业）增长率	12	6.05	−0.2	6.9	0.4	0.6	0.88	7.2	4.8	2.11	6.91	
资本保值增值率	10	107.7	104.6	109.8	0.8	1	0.60	10	8	1.19	9.19	
合　计											83.73	

（2）ABC 股份有限公司修正指标评价计分

根据功效系数法，计算 ABC 股份有限公司 2012 年财务绩效修正后指标得分。修正指标计分表见表 10-7 所示。

表 10-7　ABC 公司修正指标计分表

项　目	权数	实际值	本档标准值	上档标准值	本档标准系数	功效系数	分析系数	单项修正系数	控制后修正系数	加权修正系数	基本指标分数	修正后得分
一、盈利能力状况	34						1			0.82	34	27.75
销售(营业)利润率	10	10.4	7.7	13.7	0.6	0.45	1	0.69	0.7	0.21		
盈余现金保障倍数	9	1.19	0.6	2.9	0.6	0.26	1	0.65	0.7	0.19		
成本费用利润率	8	13.73	6	15.9	0.6	0.78	1	0.76		0.18		
资本收益率	7	26.67	11.6	11.6	1		1	1.2		0.25		
二、资产质量状况	22									1.24	12.59	15.61
不良资产比率	9	0.2	0.2	0.2	1		0.57	1.63	1.3	0.53		
流动资产周转率	7	2.15	0.9	2.4	0.6	0.83	0.57	1.19		0.38		
资产现金回收率	6	6.9	2.3	7.6	0.6	0.87	0.57	1.2		0.33		
三、债务风险状况	22									1.01	21.03	21.23
速动比率	6	112.62	88	113.5	0.6	0.97	0.96	0.84		0.23		
现金流动负债比率	6	31.53	17.6	17.6	1		0.96	1.24		0.34		
带息负债比率	5	61.15	83.5	60	0.4	0.95	0.96	0.63	0.7	0.16		
或有负债比率	5	0	0.1	0.1	1		0.96	1.24		0.28		
四、经营增长状况	22									0.96	16.10	15.41
销售（营业）利润增长率	10	7.98	3.8	13.4	0.6	0.44	0.73	0.96		0.43		
总资产增长率	7	12.08	6.7	14.7	0.6	0.67	0.73	1		0.32		
技术投入比率	5	0.33	0.3	0.5	0.6	0.15	0.73	0.9		0.20		
合　计											83.73	80.00

4. 财务绩效评价

ABC 股份有限公司基本指标得分为 83.73 分，修正后总得分为 80.00 分。参照企业综合绩效评价结果，评价得分达到 70 分以上（含 70 分）不足 85 分的评价类型为良（B），在此基础上划分为三个级别，分别为：85 分＞B+≥80 分；80 分＞B≥75 分；75 分＞B-≥85 分。该公司财务绩效评分类型为良（B），评分级别为 B+。

从该公司盈利能力状况来看，基本指标得分 34 分，为该项满分，且净资产收益率和总资产报酬率远超过行业优秀水平；修正后得分 27.75 分，原因在于营业利润率、盈余现金保障倍数和成本费用利润率较行业平均水平略高，未达到良好值，降低了该公司盈利能力水平。

从该公司资产质量状况来看，基本指标得分仅为 12.59 分，较该项满分 22 分有较大差距，分析系数仅为 0.57，原因在于总资产周转率处于行业较低值和平均值之间，应收账款周转率处于平均值与良好值之间，该公司应加强总资产周转效率，做好资产管理，加强应收账款管理；修正后得分 15.61 分，较基本指标得分有所提高，原因在于不良资产控制较好，处于优秀水平，流动资产周转率和资产现金回收率处于行业平均值和良好值之间。

从债务风险状况来看，基本指标得分 21.03 分，修正后指标得分 21.23 分，接近该项满分 22 分，说明该公司偿债能力较好，几乎不存在偿债风险。

从经营增长情况来看，基本指标得分 16.10 分，较该项满分 22 分有一定差距，分析系数为 0.73，原因在于销售增长率较低，处于较低值和平均值之间，资本保值增值率较好，处于良好值和优秀值之间，该公司应促进销售，提高营业增长率；修正后得分 15.41 分，较基本指标得分有所下降，无论是营业利润增长率、总资产增长率还是技术投入比率均处于平均值和良好值之间。

总之，ABC 公司财务绩效综合评价为良好，债务风险状况最佳，盈利能力水平良好，不足的是资产质量状况和经营增长情况。建议该公司应加强资产管理，提高营运能力，设法增加营业收入，提高营业增长率。

【课堂测试 10-2】

1. 判断最初亚历山大·沃尔使用的沃尔评分法，可以用于评价企业的经营成果是否正确。

2. 你认为沃尔评分法的分析步骤中，最关键的是什么？

第三节 杜邦分析法

一、杜邦分析法概述

杜邦分析法又称杜邦财务分析体系，是指根据各主要财务指标之间的内在联系，建立财务分析指标体系，综合分析企业财务状况和经营成果的分析方法。这种方法由美国杜邦公司率先采用，故称为杜邦分析法。

杜邦分析法的核心指标是净资产收益率。其基本原理是将净资产收益率逐级分解为多项财务指标的乘积，从而有助于深入分析企业的经营业绩。

对净资产收益率的指标分解如下：

$$净资产收益率=\frac{净利润}{平均净资产}=\frac{净利润}{平均总资产}\times\frac{平均总资产}{平均净资产}$$

净资产收益率＝总资产净利率×平均权益乘数

又，

$$总资产净利率=\frac{净利润}{平均总资产}=\frac{净利润}{营业收入}\times\frac{营业收入}{平均总资产}$$

总资产净利率＝销售净利率×总资产周转率

因此，

净资产收益率＝销售净利率×总资产周转率×平均权益乘数

由此可见，净资产收益率这一综合性指标，被分解为销售净利率、总资产周转率和平均权益乘数的乘积，而这三项指标分别代表了企业的盈利能力、营运能力和偿债能力。

利用杜邦分析法进行财务综合分析时，还可以将销售净利率和总资产周转率进一步分解，将各项财务指标之间的关系绘制成杜邦分析图，从而有利于发现净资产收益率变动的具体原因。杜邦分析图如图 10-1 所示。

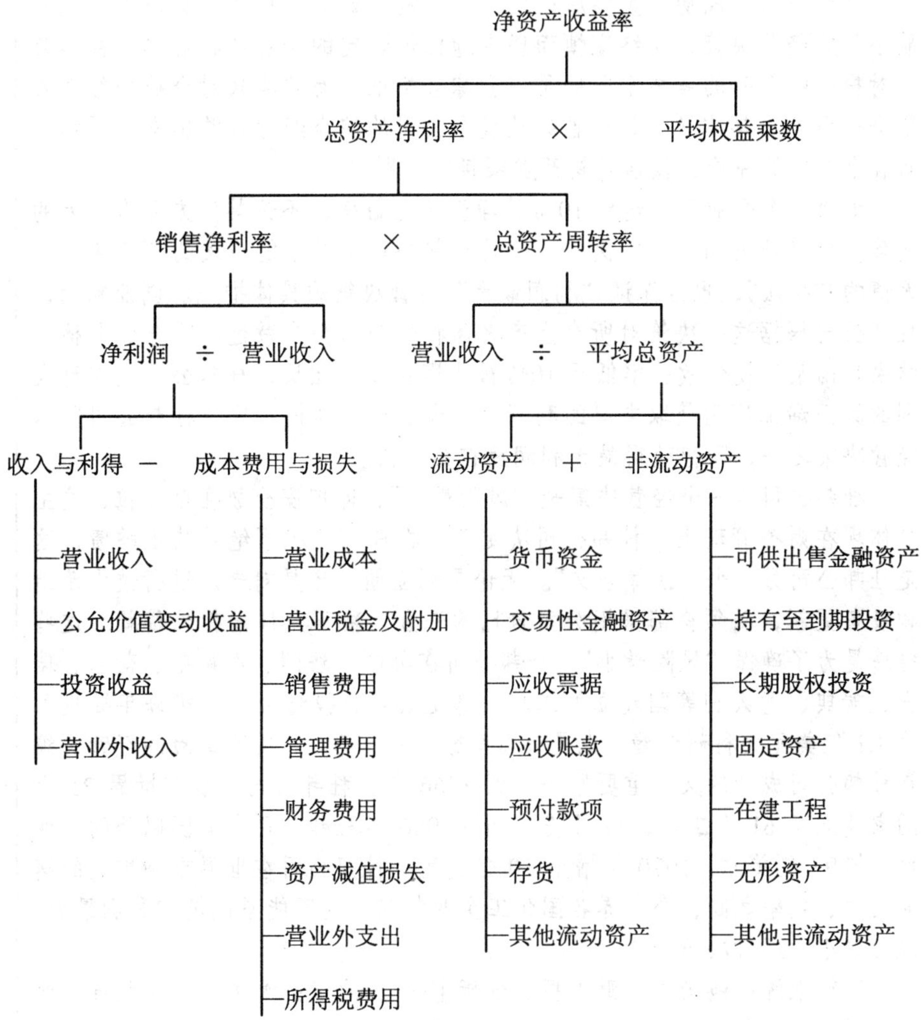

图 10-1　杜邦分析图

篇中案例 10-1

杜邦公司“利润最大、风险最小”的经营战略

著名的美国杜邦公司创建于 1802 年，距今已有 200 多年的历史了。它的创始人爱里迪尔·依涅·杜邦 1802 年创建了第一个制造火药的工厂，以此为起点使杜邦公司成为目前世界上最大的化工跨国公司。据 1984 年的统计，杜邦公司当年营业额为 359.15 亿美元，居世界化学工业企业的第一位。

杜邦公司的成功，重要原因之一就是他们始终坚持“利润最大、风险最小”的经营决策，始终谨慎而坚定地保证预定的净资产收益率。杜邦公司对投资收益率的考核采取的是一套综合标准，而并非只对企业的经营效果进行评价。具体做法是：首先从整个公司的综合经营效益出发，再加上对各个部门的评价，包括对新开发项目的特别评价。

如果一个企业不能达到10%的净资产收益率，不论其他方面有多大的优势，也必须关闭，无一例外。这是杜邦公司绝对不能违反的“法律”和无情的“执法”，也是保证“利润最大”经营决策的具体措施。创业初期，杜邦公司根据这一决策对所有生产火药和炸药的企业做过一次全面考核，结果是因某厂投资效益率低于10%被当即关闭。相反，杜邦公司设在意大利的聚丙烯工厂因获取丰厚的利润而扩大了生产规模。这是杜邦公司基本经营决策之一，即把获得最大利润放在第一位。

杜邦公司另一个经营决策是“风险最小”，即把安全放在第一位，这主要体现在财务管理上。杜邦公司决定不论在任何情况下绝对禁止举债，这是杜邦公司另一个“法律条文”。无论是创立新厂还是对老厂进行技术改造和设备更新，必须全部采用公司自己的资金，决不允许借款或贷款。这些措施是为了确保“风险最小”。杜邦公司在英国、法国、卢森堡、荷兰、瑞士、瑞典、意大利等国建立的工厂，都是公司自投资金。公司每年要投入约1.1亿美元的科研经费，也是公司全额投资。总之，决不冒险的经营决策是杜邦公司成功的又一重要原因。到1966年，杜邦公司先后在世界21个国家建立了61个工厂，31个分公司。1966年杜邦公司在美国以外的营业额为5.97亿美元，1970年增至10亿美元。杜邦公司在世界市场扩展的速度之快、效率之高，令世界各国化工企业赞叹。这不能不说是“利润最大、风险最小”经营决策的成功。

资料来源：池国华．财务报表分析［M］．北京：清华大学出版社，北京交通大学出版社，2008．

二、杜邦分析法的分析步骤

利用杜邦分析法对企业进行财务综合评价时，可以按照以下分析思路进行：

（一）净资产收益率分析

净资产收益率是综合性最强的财务分析指标，是杜邦分析体系的核心。净资产收益率反映了企业所有者投入资本的获利能力，而增加股东财富是企业财务管理的重要目标之一，无论是企业的股东还是经营者对此都十分关心。净资产收益率的高低取决于企业的总资产净利率和平均权益乘数两个指标，而总资产净利率又取决于销售净利率和总资产周转率。因此，净资产收益率水平的高低取决于反映盈利能力的总资产净利率和销售净利率、反映企业营运能力的总资产周转率以及反映企业偿债能力的权益乘数。通过杜邦分析法的分解，可以将净资产收益率这一综合指标发生变化的原因具体化，从而提供比单一指标更丰富的信息。

（二）总资产净利率分析

总资产净利率是影响净资产收益率的最重要指标，综合性也很强，反映了企业全部资产的盈利水平。总资产净利率的高低取决于销售净利率和总资产周转率，说明企业经营活动的获利能力和所有资产的运营效率决定着全部资产的获利水平。因此，对总资产净利率的分析可以进一步深入到经营活动和资产管理两个方面。

（三）销售净利率分析

销售净利率是反映企业盈利能力的重要财务指标。销售净利率反映了净利润和营业收入的关系。要打算提高销售净利率，一是要增加企业营业收入，二是要降低成本费用。因此，对销售净利率的分析，可进一步深入到各项收入与费用、利得和损失中，深入挖掘影响企业盈利能力的具体原因。增加收入是企业提高盈利水平的重要途径，通过收入构成分析可以判断企业盈利能力的稳定性和可持续性。降低成本费用是提高盈利水平的另一条重要途径，通过对企业成本费用的构成进行分析，可以判断企业成本费用控制水平。

（四）总资产周转率分析

总资产周转率是反映企业营运能力的重要财务指标。总资产周转率受到营业收入和平均总资产的影响。因此，要提高总资产周转率，一方面要开拓市场，增加营业收入，另一方面需要控制资产占用资金的数额并合理安排资产结构。由此可见，营业收入的提高对企业来说非常重要，其既有利于提高销售净利率，又可提高总资产周转率。另外，对总资产周转率的分析，还应结合流动资产周转率、固定资产周转率、应收账款周转率和存货周转率等进行分析，判断各资产组成部分的使用效率，分析影响总资产周转率的主要问题。

（五）平均权益乘数分析

权益乘数是反映企业资本结构和偿债能力的指标，对提高净资产收益率起到杠杆作用。权益乘数主要受资产负债率指标的影响，负债比率越大，权益乘数越大，财务杠杆程度也越高，给企业带来较多杠杆利益的同时，也给企业带来了较多的财务风险。反之，说明企业负债程度较低，意味着企业利用财务杠杆的能力较弱，但债权人的权益却得到较大的保障。因此，保持适当的平均权益乘数，必须合理安排资产、负债和所有者权益三者的关系，即合理安排企业的资本结构。

综上所述，通过杜邦分析法可以将企业的盈利能力、营运能力和偿债能力联系起来，通过自上而下的分析，不仅能了解企业财务状况和经营成果的全貌以及财务指标之间的相互关系，还可以查明各项主要财务指标增减变动的影响因素及存在问题，为实现财务管理目标提供基本思路，即提高净资产收益率的根本途径在于扩大销售、节约成本费用、合理配置资源、加速资金周转、优化资本结构等。

三、杜邦分析法案例分析

根据上述杜邦分析法的基本原理和分析步骤，对 ABC 股份有限公司 2012 年和 2011 年的财务状况和经营成果进行综合分析。

（一）相关财务指标计算

ABC 公司相关财务数据，如表 10-8 所示。

表 10-8 ABC 公司相关财务数据

项　目	2012 年度	2011 年度
净利润	1 403 541 987.24	1 289 120 181.31
营业收入	13 493 346 182.55	12 723 112 480.03
平均总资产	24 147 994 310.17	22 542 183 188.05
平均净资产	15 146 871 847.04	14 012 537 904.36

根据上述财务数据，计算该公司 2012 年和 2011 年相关财务比率，如表 10-9 所示。

表 10-9 ABC 公司相关财务比率

项　目	2012 年	2011 年
净资产收益率	9.27%	9.20%
总资产收益率	5.81%	5.72%
销售净利率	10.40%	10.13%
总资产周转率	0.5588	0.5644
平均权益乘数	1.5943	1.6087

（二）杜邦分析法综合分析

净资产收益率是综合性最强的财务分析指标，是杜邦分析体系的核心。净资产收益率反映了企业所有者投入资本的获利能力，该公司2012年净资产收益率为9.27%，较2011年的9.20%略有上升，说明投资者投入资本的获利能力有所增强。从上表可以看出2012年净资产收益率的略有上升，是总资产净利率略有上升和平均权益乘数略有下降综合后的结果。总资产净利率的略有上升，是销售净利率略有上升和总资产周转率略有下降综合后的结果。

下面利用因素分析法定量分析销售净利率、总资产周转率和平均权益乘数对净资产收益率的影响程度。

净资产收益率＝销售净利率×总资产周转率×平均权益乘数

2012年 净资产收益率9.27%＝10.40%×0.5588×1.5943

2011年 净资产收益率9.20%＝10.13%×0.5644×1.6087

净资产收益率变动0.07%＝9.27%－9.20%

2012年与2011年相比，净资产收益率上升了0.07%。

销售净利率的变动对净资产收益率的影响为：

（10.40%－10.13%）×0.5644×1.6087＝0.24%

总资产周转率的变动对净资产收益率的影响为：

10.40%×（0.5588－0.5644）×1.6087＝－0.09%

平均权益乘数的变动对净资产收益率的影响为：

10.40%×0.5588×（1.5943－1.6087）＝－0.08%

三项因素变动对净资产收益率的影响之和为：

0.24%＋（－0.09%）＋（－0.08%）＝0.07%

通过分析得知，净资产收益率上升了0.07%，其中销售净利率的上升导致净资产收益率上升了0.24%，总资产周转率的下降导致净资产收益率下降了0.09%，平均权益乘数的下降导致净资产收益率下降了0.08%。

这三项因素对净资产收益率的影响均不是太大，说明该公司经营比较稳定。通过上述分析，发现总资产周转率使净资产收益率有一定程度的降低，因此可以通过提高营业收入，做好资产管理的措施而提高总资产周转率。另外，平均权益乘数也使得净资产收益率有一定程度的降低，因此适度提高负债比例，发挥财务杠杆作用，也可以提高净资产收益率。当然，还应该结合其他分析方法，对比同行业其他公司的数据进行分析。

【课堂测试10-3】

分析某公司2012年净资产收益率的变化。该公司相关财务指标如表10-10

所示。

表 10-10 相关财务指标表

项 目	2012 年	2011 年
净资产收益率	16%	11.25%
销售净利率	16%	15%
总资产周转率	0.4	0.5
平均权益乘数	2.5	1.5

要求：

（1）按照杜邦分析法的分析步骤，对该公司进行财务综合评价；

（2）采用因素分析法，定量分析各因素对净资产收益率变动的影响程度，并做出简要评价。

第四节 经济增加值分析

一、经济增加值的概念及作用

经济增加值（Economic Value Added，简称 EVA），是指企业税后净经营利润与全部投入资本（债务资本和权益资本之和）成本之间的差额，即一定时期公司所有成本被扣除后的剩余收益。经济增加值的作用主要体现在：

（一）考虑了权益资本成本，能够与股东财富相联系

经济增加值在计算资本成本时，不仅考虑了债务资本的成本，而且考虑了权益资本的成本。只有资本获得的收益能够补偿全部资本成本时，企业才为股东创造了价值。经济增加值直接与股东财富的创造相联系，经济增加值越多，为股东创造的财富也越多。

（二）不仅仅是一种业绩评价指标，更是一种价值管理体系

经济增加值不仅仅是一种业绩评价指标，更可以作为企业的价值管理体系。企业能够以经济增加值为基础建立激励制度，并将其经营理念融入到日常管理中，持续为股东创造价值，推动企业长远发展。

（三）在一定程度上避免了管理者的利润粉饰行为和短视行为

在计算 EVA 时，需要对财务报表的相关内容进行一系列调整，消除了谨慎性原则和权责发生制下利润受影响的不合理因素，一定程度上减少了会计政策选择和会计估计的主观性对报表的影响，以及管理者为获得良好的利润指标而

进行报表粉饰的行为。同时，通过调整，EVA 指标还可以约束管理者的短视行为。比如，按照会计准则的规定，研究阶段费用、市场开拓费用等支出均要费用化计入当期损益，若以利润指标作为业绩评价标准，极易导致管理者的短视行为；但在 EVA 下，这些支出均应资本化处理，这就使得管理者在决策时更关注企业的长远发展，克服了短视行为。

篇中案例 10-2

EVA 产生的背景及在中国的发展

1964 年 Joel M.Stern 从芝加哥商业学院毕业后，进入大通曼哈顿银行，通过实际考察和不懈思考，他深感当时流行的会计准则和会计收益、EPS 等在衡量公司市场价值方面存在严重缺陷，于是提出 EVA 方法；1982 年，Joel M.Stern 离开大通曼哈顿银行，与 G.Bennett Stewart 合伙成立斯腾斯特（SternStewart）财务咨询公司，专门从事 EVA 应用咨询，并将 EVA 注册为商标；1988 年 Joel M.Stern 创办《应用公司财务期刊》，介绍和推广 EVA。斯腾斯特公司每年计算全美 1000 家上市公司的 EVA 和市场增加值（MVA），并在《财富》杂志刊登。由于 EVA 结果与常规的销售收入、会计利润或股票市值等指标排序结果大相径庭，因而产生了较大的反响。例如，英特尔、可口可乐、微软等公司资本收益远远超过资本成本，EVA > 0，被视为价值创造能力强的公司；而通用汽车、AT&T、IBM 等公司资本收益低于资本成本，EVA < 0，被认为股东价值受到破坏。美国不少投资分析家认为，用未来预期经济增加值解释公司股票价格比目前流行的每股收益或净资产收益率好。高盛、第一波士顿等投资银行以及麦肯锡、毕马威等管理、会计咨询公司都尝试用 EVA 指标代替每股收益进行投资价值分析和管理咨询。而机构投资者则逐渐以 EVA 来评价公司为股东创造价值的能力。

2000 年斯腾斯特公司进驻中国并首次推出了《中国上市公司财富创造和毁灭排行榜》公布了中国上市公司 EVA 的排名，引起了社会各界的巨大反响。并在 2001 年和 2002 年相继推出了新的 EVA 排名，这在中国尚在成熟和发展过程中的资本市场上，无疑是一个大胆但十分必要的尝试，尽管这只是一个不尽完善的开始。2002 年，斯腾斯特公司就中国上市公司整体价值情况的调查显示，从 1998～2002 年，连续五年中国上市公司整体 EVA 的均值都在零以下，按照 EVA 的标准，中国上市公司不仅没有为股东创造价值，反而在毁灭价值。

由于中国股市的特殊性以及计算 EVA 时所涉及的大量会计调整项目，

EVA 在中国的推广困难重重。2003 年斯腾斯特公司退出了中国市场。引用中国证监会的一句话“中国企业必须采用更好的方法进行经营管理和提高资本效率。斯腾斯特公司所展示的管理技术给中国迅速成长的企业带来了先进的理念和方法，具有十分广阔的前景”。

资料来源：王化成．财务报表分析［M］．北京：北京大学出版社，2007．

二、经济增加值的计算与分析

（一）经济增加值的计算

经济增加值的计算公式为：

经济增加值(EVA)＝税后净经营利润（NOPAT）－加权平均资本成本(WACC)×资本总额(TC)

其中，税后净经营利润（NOPAT）是以现金流为基础的经济利润，是在报告期营业利润的基础上做相应调整，消除会计谨慎性原则及权责发生制原则对会计信息的影响，从会计利润计算调整得出。加权平均资本成本（WACC）是企业加权平均资本成本，TC 是企业使用的全部资本，包括股权资本和债务资本两个部分。

（二）经济增加值的会计调整

美国思腾思特公司针对公认会计原则提出了 160 多项调整项目。这些项目涉及面很广，主要涵盖了以下方面：折旧费用、重组费用、坏账识别、商誉的摊销、货币贬值、战略性投资等。但是，实务中应当要在保证准确全面的基础上，考虑是否简单易行，因此，美国思腾思特公司建议客户采取大约 5～15 项调整，每个客户要针对自身的情况选择调整事项，并确认所选择的调整事项是有利于公司业绩改善的。

基本的评判标准有：所选择的调整事项要对 EVA 有实质性的影响，数据是确切可得的，而且因调整产生的收益大于成本，管理层要能够理解这些调整，即使非财务人员也能理解并操作。

（三）经济增加值的分析

经济增加值是资本在特定时期内创造的收益或者称为剩余收益。如果经济增加值为正值，说明企业创造了价值；如果经济增加值为负值，说明企业摧毁了应有的价值；如果经济增加值为零，说明企业刚好补偿了资本成本。还可以将企业的经济增加值作趋势分析，判断企业是否持续为股东创造价值。

三、经济增加值在我国的应用

2009 年 12 月，国资委正式发布的第二次修订后的《中央企业负责人经营业绩考核暂行办法》规定：自 2010 年起将 EVA 全面正式的纳入中央企业负责人业绩考核体系中实施，权重为经营业绩的 40%。

2012 年 12 月，国务院国资委第三次修订并公布了《中央企业负责人经营业绩考核暂行办法》，深化经济增加值考核，引导中央企业提升发展质量，进一步强化业绩考核的价值导向，绝大多数中央企业 EVA 考核指标权重提高到 50%，利润总额指标权重下降为 20%。该办法自 2013 年 1 月 1 日起施行。在暂行办法的附件 1 中详细介绍了经济增加值考核细则。

（一）经济增加值考核细则

1. 经济增加值的定义及计算公式

经济增加值是指企业税后净营业利润减去资本成本后的余额。具体计算公式为：

经济增加值＝税后净营业利润－资本成本

＝税后净营业利润－调整后资本×平均资本成本率

税后净营业利润＝净利润＋（利息支出＋研究开发费用调整项）×（1−25%）

企业通过变卖主业优质资产等取得的非经常性收益在税后净营业利润中全额扣除。

调整后资本＝平均所有者权益＋平均负债合计－平均无息流动负债－平均在建工程

2. 会计调整项目说明

（1）利息支出是指企业财务报表中“财务费用”项下的“利息支出”。

（2）研究开发费用调整项是指企业财务报表中“管理费用”项下的“研究与开发费”和当期确认为无形资产的研究开发支出。对于勘探投入费用较大的企业，经国资委认定后，将其成本费用情况表中的“勘探费用”视同研究开发费用调整项按照一定比例（原则上不超过 50%）予以加回。

（3）无息流动负债是指企业财务报表中“应付票据”、“应付账款”、“预收款项”、“应交税费”、“应付利息”、“应付职工薪酬”、“应付股利”、“其他应付款”和“其他流动负债（不含其他带息流动负债）”；对于“专项应付款”和“特种储备基金”，可视同无息流动负债扣除。

（4）在建工程是指企业财务报表中的符合主业规定的“在建工程”。

3. 资本成本率的确定

（1）中央企业资本成本率原则上定为5.5%。

（2）对军工等资产通用性较差的企业，资本成本率定为4.1%。

（3）资产负债率在75%以上的工业企业和80%以上的非工业企业，资本成本率上浮0.5个百分点。

4. 其他重大调整事项

发生下列情形之一，对企业经济增加值考核产生重大影响的，国资委酌情予以调整：

（1）重大政策变化；

（2）严重自然灾害等不可抗力因素；

（3）企业重组、上市及会计准则调整等不可比因素；

（4）国资委认可的企业结构调整等其他事项。

综上，国资委颁布的经济增加值考核细则计算相对简单，具有可操作性。在计算公式中将研究开发费用和符合主业的在建工程作为调整项予以调整，可以看出国家是鼓励自主创新和战略性投资的。而企业通过变卖主业优质资产等取得的非经常性收益在税后净营业利润中全额扣除，也说明企业不能“不务正业”，而应将主业做大做强。

一般来说，资本成本是指组成资本结构的各种资本要素成本的加权平均数。计算加权平均资本成本时，需要分别计算债务资本成本和权益资本成本等个别资本要素的成本，再以市场价值为权重加权平均得出。其中，权益资本成本的计算较为复杂。国资委将中央企业资本成本原则上定为5.5%，大大简化了EVA的计算，便于现阶段对中央企业负责人进行业绩考核。

（二）经济增加值案例分析

《中央企业负责人经营业绩考核暂行办法》第四十五条规定，各省、自治区、直辖市国有资产监督管理机构，设区的市、自治州级国有资产监督管理机构对国家出资企业负责人的经营业绩考核，可参照本办法执行。

以ABC股份有限公司为例，根据该公司2012年财务会计报告数据及“经济增加值考核细则”中的经济增加值计算公式和资本成本率，说明经济增加值的计算与分析。

1. 税后净营业利润的计算

税后净营业利润＝净利润＋（利息支出＋研究开发费用调整项）×（1−25%）

企业通过变卖主业优质资产等取得的非经常性收益在税后净营业利润中全额扣除。

以该公司“营业外收入”作为非经常性收益的调整项扣除，将上述公式调整为：

税后净营业利润＝净利润＋（利息支出＋研究开发费用调整项－营业外收入）×（1-25%）

该公司 2012 年年度报告中，财务报表附注的“财务费用”项目附注披露了利息支出为 283 120 819.38 元，在其他相关信息和资料中披露了研发支出情况，其中本期费用化研发支出 43 132 830.00 元，本期资本化研发支出 1 696 210.00 元，研发支出合计 44 829 040.00 元。根据上述信息，该公司税后净营业利润的计算表如表 10-11 所示。

表 10-11 ABC 公司 2012 年税后净营业利润计算表

项 目	2012 年
净利润①	1 403 541 987.24
利息支出②	283 120 819.38
研究开发费用③	44 829 040.00
非经常性收益④	41 434 842.57
调整项合计⑤=②+③-④	286 515 016.81
调整项税后影响⑥=⑤×（1-25%）	214 886 262.61
税后净营业利润⑦=①+⑥	1 618 428 249.85

2. 调整后资本的计算

（1）平均无息流动负债的计算

ABC 公司 2012 年平均无息流动负债计算表如表 10-12 所示

表 10-12 ABC 公司 2012 年无息流动负债计算表

项 目	2012 年	2011 年	平均
应付票据	631 876 423.41	79 439 278.65	355 657 851.03
应付账款	1 860 417 731.36	1 813 402 652.73	1 836 910 192.05
预收款项	677 523 225.74	447 688 033.17	562 605 629.46
应交税费	99 258 317.78	57 767 197.27	78 512 757.53
应付利息	2 110 880.00	50 325.00	1 080 602.50
应付职工薪酬	68 381 946.06	62 001 223.99	65 191 585.03
应付股利	233 493 512.87	28 546 703.45	131 020 108.16
其他应付款	127 863 110.22	104 845 717.00	116 354 413.61
无息流动负债合计	3 700 925 147.44	2 593 741 131.26	3 147 333 139.35

（2）调整后资本的计算

ABC 公司 2012 年调整后资本计算表如表 10-13 所示

表 10-13 ABC 公司 2012 年调整后资本计算表

项 目	2012 年	2011 年	平均
所有者权益①	15 851 313 238.45	14 442 430 455.62	15 146 871 847.04
负债合计②	9 671 769 283.02	8 330 475 643.24	9 001 122 463.13
无息流动负债③	3 700 925 147.44	2 593 741 131.26	3 147 333 139.35
在建工程④	1 098 642 073.13	221 266 384.01	659 954 228.57
调整后资本 ⑤=①+②-③-④	20 723 515 300.90	19 957 898 583.59	20 340 706 942.25

3. 经济增加值的计算与分析

资本成本按照 5.5%计算，ABC 公司 2012 年经济增加值为：

经济增加值＝税后净营业利润－调整后资本×平均资本成本率

＝1 618 428 249.85－20 340 706 942.25×5.5%

＝499 689 368.02（元）

ABC 股份有限公司 2012 年度经济增加值为 499 689 368.02 元，为正值，说明该公司价值提升，能够为股东创造价值。

【课堂测试 10-4】

为什么说经济增加值在一定程度上避免了管理者的利润粉饰行为和短视行为，请举例说明。

本章小结

财务综合分析是指将各项财务分析内容和指标结合起来，全面、系统地对企业财务状况和经营成果进行剖析与评价，从而对企业整体经营绩效做出判断的过程。通过财务综合分析，有利于评价企业的经营绩效；有利于分析影响企业经营绩效的因素；有利于同一企业不同时期和不同企业之间的比较。财务综合分析的方法主要有沃尔评分法、杜邦分析法和经济增加值（EVA）分析等。

沃尔评分法的分析步骤是：选择财务比率；确定各项财务比率的权重；确定各项财务比率的标准值；计算各项财务比率的实际值；计算各项财务比率的得分；计算综合得分并做出评价。沃尔评分法在实践中有着非常广泛的应用。目前，我国企业综合绩效评价主要依据《中央企业综合绩效评价管理暂行办法》及其实施细则进行。

杜邦分析法又称杜邦财务分析体系，是指根据各主要财务指标之间的内在联系，建立财务分析指标体系，综合分析企业财务状况和经营成果的分析方法。杜邦分析法的核心指标是净资产收益率。其基本原理是将净资产收益率逐级分解为多项财务指标的乘积，从而有助于深入分析企业的经营业绩。净资产收益率这一综合性指标，被分解为销售净利率、总资产周转率和平均权益乘数的乘积，而这三项指标分别代表了企业的盈利能力、营运能力和偿债能力。

经济增加值，是指企业税后净经营利润与全部投入资本（债务资本和权益资本之和）成本之间的差额，即一定时期公司所有成本被扣除后的剩余收益。经济增加值主要作用有：考虑了权益资本成本，能够与股东财富相联系；不仅仅是一种业绩评价指标，更是一种价值管理体系；在一定程度上避免了管理者的利润粉饰行为和短视行为。如果经济增加值为正值，说明企业创造了价值；如果经济增加值为负值，说明企业摧毁了应有的价值；如果经济增加值为零，说明企业刚好补偿了资本成本。

篇后案例

ZY 公司的财务综合分析

ZY 公司是一家提供综合集装箱航运服务的主要全球供应商之一，业务包括提供集装箱航运价值链内广泛系列的集装箱航运、集装箱码头、集装箱租赁以及货运代理及船务代理服务。该公司自 2007 年上市，2008 年至 2012 年仅有两年盈利，其余三年均为亏损。该公司自 2008 年至 2012 年五年来净资产收益率及其影响因素的变化情况如表 10-14 所示。

表 10-14 净资产收益率及其影响因素表

项目	2012 年	2011 年	2010 年	2009 年	2008 年
净资产收益率	-17.72%	-15.73%	13.83%	-11.77%	20.72%
总资产净利率	-5.04%	-5.73%	5.52%	-5.28%	10.35%
销售净利率	-11.29%	-12.83%	9.92%	-12.09%	10.37%
总资产周转率	0.45	0.45	0.56	0.44	1.00
权益乘数	3.51	2.74	2.50	2.23	2.00

从上表可以看出，这五年来该公司净资产收益率仅有两年为正数，其他三年为负，2008 年净资产收益率最高为 20.72%，2009 年骤降为-11.77%，2010 年由负转正，但也仅有 13.83%，较 2008 年也下降不少，随后的 2011 年和 2012 年均为负值，且 2012 年较 2011 年更低。总之，近五年净资产收益率呈快速下降趋势。

究其原因，可以看出销售净利率的变化与净资产收益率变化类似，2008年为正，2009年由正转负，2010年由负转正，但2011年和2012年销售净利率均为负值。销售净利率可以反映企业的盈利能力，和企业经营活动相关，可以看出，这五年企业经营状况不佳，可能与其所处行业状况相关。

再看总资产周转率，2008年总资产周转率为1，而2009年骤降到0.44，2010年有所上升为0.56，2011年和2012年均为0.45，较2010年有所下降。总资产周转率变动趋势也和净资产收益率变动趋势基本一致。总资产周转率反映企业的营运能力，一方面取决于企业的营业收入，另一方面取决于各项资产的利用状况，可以看出该公司资产管理效率也有待提高。

值得注意的是，在该公司所处行业状况不佳的情况之下，ZY公司权益乘数这五年逐年走高，从2008年的2倍，一直上升到2012年的3.51倍。权益乘数可以反映企业的资本结构，负债比率越大，权益乘数越高，到2012年资产负债率已经超过70%，财务杠杆水平较高。在给公司带来较多杠杆利益的同时，也带来了较多的财务风险。该公司2008年总资产净利率为10.35%，而由于财务杠杆的作用，净资产收益率达到了20.72%。而在2009年、2011年和2012年，在企业经营不佳的情况下，过度的使用财务杠杆，会使得利息支出加大，从而进一步侵蚀股东财富。2012年，在总资产净利率为-5.04%的情况下，由于财务杠杆的作用，净资产收益率降低到-17.72%。

核心概念

财务综合分析（comprehensive financial analysis）
沃尔评分法（Alexander Wall system）
杜邦分析法（Du Pont identity）
净资产收益率（return on equity）
销售净利率（profit margin）
总资产周转率（total asset turnover）
权益乘数（equity multiplier）
经济增加值（Economic Value Added，EVA）
税后净营业利润（net operating profit after tax，NOPAT）
资本成本（capital cost）

思考题

1. 简述财务综合分析的概念和作用。
2. 简述沃尔评分法的分析步骤。
3. 简述杜邦分析法的概念及主要财务指标之间的相互关系。
4. 简述经济增加值的概念和作用。

练习题

一、单选题

1. 财务综合分析的方法，不包括（　　）。

A. 沃尔评分法　　B. 营运能力分析
C. 杜邦分析法　　D. 经济增加值分析

2. 开创财务综合分析先河的分析方法是（　　）。

A. 沃尔评分法　　B. 资产负债表分析
C. 杜邦分析法　　D. 经济增加值分析

3. 最初的沃尔评分法，主要用于综合分析企业的（　　）。

A. 财务状况　　B. 经营成果
C. 现金流量　　D. 所有者权益变动

4. 如果使用沃尔评分法，计算出某企业最终评分为110分，表明该企业财务状况（　　）。

A. 较差　　B. 较好
C. 一般　　D. 无法确定

5. 中央企业综合绩效评价中，用于财务绩效定量评价指标的计分方法是（　　）。

A. 因素分析法　　B. 功效系数法
C. 综合分析判断法　　D. 比率分析法

6. 中央企业综合绩效评价中，用于管理绩效定性评价指标的计分方法是（　　）。

A. 因素分析法　　B. 功效系数法
C. 综合分析判断法　　D. 比率分析法

7. 中央企业综合绩效评价中，财务绩效定量评价标准，采用的是（　　）。

A. 历史标准　　B. 行业标准
C. 经验标准　　D. 目标标准

8. 财务绩效定量评价标准，对应良好（B）档次的标准系数为（ ）。

A. 1.0 B. 0.8

C. 0.6 D. 0.4

9. 某企业综合绩效评价得分为 75 分，其评价类型为（ ）。

A. 优（A） B. 良（B）

C. 中（C） D. 低（D）

10. 杜邦分析法的核心指标是（ ）。

A. 净资产收益率 B. 销售净利率

C. 总资产周转率 D. 权益乘数

11. 在杜邦分析法中，假设其他情况相同，下列说法中错误的是（ ）。

A. 权益乘数大则财务风险大 B. 权益乘数大则净资产收益率大

C. 资产负债率大则权益乘数大 D. 权益乘数大则总资产净利率大

12. 企业的资产负债率越高，权益乘数（ ）。

A. 越低 B. 越高

C. 不变 D. 无法判断

13. 在其他因素不变的情况下，权益乘数提高，一般会使企业的净资产收益率（ ）。

A. 提高 B. 降低

C. 不变 D. 无法判断

14. 经济增加值大于零，表明企业价值（ ）。

A. 增加 B. 减少

C. 不变 D. 无法判断

15. 关于经济增加值的计算中，需要计算的利润指标是（ ）。

A. 营业利润 B. 利润总额

C. 净利润 D. 税后净营业利润

二、多选题

1. 财务综合分析的作用，包括（ ）。

A. 有利于评价企业的经营绩效

B. 有利于分析影响企业经营绩效的因素

C. 有利于评价企业的营运能力

D. 有利于企业间的比较

E. 有利于分析企业的现金流量状况

2. 中央企业综合绩效评价中，用于评价企业财务绩效的四方面分别是（ ）。

A. 盈利能力状况　　B. 资产质量状况
C. 债务风险状况　　D. 现金流量状况
E. 经营增长状况

3. 中央企业综合绩效评价中，反映企业盈利能力状况的基本指标包括（ ）。

A. 净资产收益率　　B. 总资产周转率
C. 总资产报酬率　　D. 成本费用利润率
E. 销售利润率

4. 中央企业综合绩效评价中，反映企业资产质量状况的基本指标包括（ ）。

A. 资产负债率　　B. 总资产周转率
C. 总资产报酬率　　D. 应收账款周转率
E. 销售利润率

5. 中央企业综合绩效评价中，反映企业债务风险状况的基本指标包括（ ）。

A. 资产负债率　　B. 总资产周转率
C. 已获利息倍数　　D. 流动比率
E. 速动比率

6. 中央企业综合绩效评价中，反映企业经营增长状况的基本指标包括（ ）。

A. 销售增长率　　B. 总资产周转率
C. 资本保值增值率　　D. 总资产增长率
E. 净资产收益率

7. 中央企业综合绩效评价中，属于企业管理绩效定性评价的指标有（ ）。

A. 战略管理　　B. 发展创新
C. 经营决策　　D. 风险控制
E. 人力资源

8. 在杜邦分析法中，影响净资产收益率的因素主要有（ ）。

A. 销售净利率　　B. 总资产周转率
C. 速动比率　　D. 平均权益乘数

E. 销售增长率

9. 在杜邦分析法中，影响总资产净利率的因素有（　　）。

A. 销售净利率　　B. 总资产周转率
C. 流动比率　　D. 平均权益乘数
E. 资产负债率

10. 在其他因素都不变的情况下，提高企业的营业收入，能够提高的财务指标有（　　）。

A. 销售净利率　　B. 流动比率
C. 平均权益乘数　　D. 资产负债率
E. 总资产周转率

11. 通过杜邦分析法可知，能够提高净资产收益率的根本途径在于（　　）。

A. 扩大销售　　B. 节约成本费用
C. 合理配置资源　　D. 加速资金周转
E. 优化资本结构

12. 经济增加值的主要作用有（　　）。

A. 与股东财富相联系
B. 可以作为价值管理体系
C. 与净利润评价指标相同
D. 一定程度上避免了管理者的短视行为
E. 一定程度上避免了管理者的利润粉饰行为

13. 关于经济增加值会计调整的基本评判标准，下列说法中正确的有（　　）。

A. 数据是确切可得的
B. 所选择的调整事项要对 EVA 有实质性的影响
C. 因调整产生的收益应大于成本
D. 必须将所有调整项目予以调整
E. 管理层要能够理解这些调整

14. 在中央企业负责人经营业绩考核细则中，对于经济增加值的会计调整，包括（　　）。

A. 利息支出　　B. 研究开发费用
C. 广告费　　D. 符合主业的在建工程
E. 非经常性收益

15. 财务综合分析的方法，主要有（ ）。

A. 沃尔评分法　　B. 营运能力分析

C. 杜邦分析法　　D. 经济增加值分析

E. 偿债能力分析

三、判断题

1. 杜邦分析法开创了财务综合分析的先河。（ ）

2. 最初的沃尔评分法主要用于评价企业的经营成果。（ ）

3. 沃尔评分法中，权重的分配具有客观性，不存在分配不当而影响评价结果的情况。（ ）

4. 采用最初的沃尔评分法，评价企业财务状况时，不会出现综合得分大于100分的情况。（ ）

5. 中央企业综合绩效评价中，财务绩效评价计分方法为功效系数法。（ ）

6. 综合分析判断法用于管理绩效定性评价指标的计分。（ ）

7. 中央企业综合绩效评价中，不会出现综合绩效评价分数大于100分的情况。（ ）

8. 中央企业综合绩效评价中，财务绩效定量评价标准值应统一采用行业平均标准。（ ）

9. 杜邦分析法是指根据各主要财务指标之间的内在联系，建立财务分析指标体系，综合分析企业财务状况和经营成果的分析方法。（ ）

10. 杜邦分析法的核心指标是总资产净利率。（ ）

11. 在其他因素不变的情况下，控制企业的成本费用，会使得销售净利率提升。（ ）

12. 权益乘数越大，总资产净利率越高。（ ）

13. 权益乘数越大，财务杠杆程度越高。（ ）

14. 一般来说，企业净利润越大，经济增加值也越高。（ ）

15. 在实际应用经济增加值时，会计调整项目越多越好。（ ）

四、业务题

1. 某公司2013年度的部分财务比率权重、标准值和实际值如表10-15所示。

表 10-15　某公司 2013 年度部分财务比率表

财务比率	权重	标准值	实际值
流动比率	25	2	1.5
产权比率	25	1.5	2.4
固定资产比率	15	2.5	1.6
存货周转率	10	8	11
应收账款周转率	10	6	7
固定资产周转率	10	4	2.2
所有者权益周转率	5	3	1.2

要求：运用沃尔评分法分析该公司的财务状况。

2. 某公司 2012 年销售净利率为 8%，总资产周转率为 1.3，平均权益乘数为 2.5；2013 年部分报表数据如下：年初资产总额为 900 万元，负债总额为 350 万元，年末资产总额为 1 000 万元，负债总额为 400 万元，2013 年实现营业收入 1 200 万元，净利润 120 万元。

要求：

（1）计算该公司 2012 年净资产收益率；

（2）计算该公司 2013 年销售净利率、总资产周转率、平均权益乘数和净资产收益率。

3. 某公司 2013 年和 2012 年主要财务数据如表 10-16 所示。

表 10-16　2013 年和 2012 年主要财务数据表

单位：万元

项目	2013 年	2012 年
平均总资产	1 800	1 300
平均所有者权益	800	700
营业收入	1 500	1 200
净利润	210	180

要求：

（1）分别计算该公司 2013 年和 2012 年的净资产收益率、销售净利率、总资产周转率、平均权益乘数；

（2）运用杜邦分析法并结合因素分析法，定量分析该公司 2013 年净资产收益率较 2012 年变动的原因，按顺序确定销售净利率、总资产周转率和平均权益乘数对净资产收益率变动的影响。

4. 根据第三章、第四章练习题，J 公司的资产负债表和利润表，计算该公司 2012 年和 2011 年的净资产收益率、销售净利率、总资产周转率和权益乘数；

并结合因素分析法，分析净资产收益率变动的原因。

（说明：计算总资产周转率时，总资产使用期末数；权益乘数也只计算期末数）

5. 请读者对所选择上市公司进行财务综合分析。

要求：运用杜邦分析法，并结合因素分析法分析该公司净资产收益率变动的原因。

附　录　ABC 股份有限公司 2012 年年度财务报表附注

1. 公司简介

（1）公司概况

本公司是一家注册地设立在某市的股份有限公司，注册资本人民币 167 476.91 万元。法定代表人：某某某。

（2）公司历史沿革

ABC 股份有限公司（以下简称"公司"或"本公司"），前身是某某某储运股份有限公司，1992 年经某市经济体制改革委员会某体改委字（1992）37 号文件批准，实行股份制试点，通过定向募集股份设立股份有限公司。经中国证券监督管理委员会监发审字（1996）49 号文件审核通过，并经上海证券交易所审核批准，公司股票于 1996 年 6 月 14 日在上海证券交易所挂牌交易，公司正式成为上市公司。

公司于 2005 年 12 月 27 日完成股权分置方案的实施，股权分置改革完成后所有股份即 1 448 840 442 股均为流通股。根据中国证券监督管理委员会证监许可字【2008】79 号文件，核准公司向 ABC（集团）有限公司发行 225 928 678 股人民币普通股购买相关资产，发行价格 18.17 元/股，相关资产交割手续于 2008 年 4 月完成。

2010 年 2 月 4 日，ABC（集团）有限公司向 ABC 发展控股有限公司的香港全资子公司某某投资有限公司转让其持有的本公司 951 512 511 股国有股（占本公司总股本的 56.81%）的股权过户事宜已办理完毕，公司的最终控制人仍为 ABC（集团）有限公司。

截至 2012 年 12 月 31 日，公司股本无限售条件的流通股股份为 1 674 769 120.00 股。

（3）公司所处行业、经营范围、主要产品及提供的劳务公司属于交通运输行业，经营范围包括商品储存、中转联运、装卸搬运及相关业务、货运代理等。

2. 财务报表的编制基础

本公司以持续经营为基础，根据实际发生的交易和事项，按照财政部2006年2月15日颁布的企业会计准则（以下简称“企业会计准则”）的规定编制财务报表。

3. 遵循企业会计准则的声明

本公司基于上述编制基础编制的财务报表符合企业会计准则的要求，真实、完整地反映了公司2012年12月31日的财务状况，以及2012年1月1日至12月31日的经营成果和现金流量。

4. 重要会计政策、会计估计和合并财务报表的编制方法

（1）会计年度

本公司会计年度自公历每年1月1日起至12月31日止。

（2）记账本位币

本公司以人民币为记账本位币。

（3）会计确认、计量和报告基础及计量属性

本公司以权责发生制为基础、以持续经营为前提进行会计确认、计量和报告，分期结算账目和编制财务会计报告。

在将符合确认条件的会计要素登记入账并列报于财务报表时，按照企业会计准则规定的计量属性进行计量。主要会计计量属性包括历史成本、重置成本、可变现净值、现值和公允价值。在对会计要素进行计量时，一般采用历史成本，采用重置成本、可变现净值、现值和公允价值计量的，应当保证所确定的会计要素金额能够取得并可靠计量。

（4）现金流量表之现金及现金等价物的确定标准

现金是指本公司的库存现金以及随时用于支付的存款。

现金等价物为本公司持有的期限短（一般是指从购买日起三个月内到期）、流动性强、易于转换为已知金额现金且价值变动风险很小的投资。

（5）外币业务核算方法

本公司对于发生的外币交易，采用与交易发生日即期汇率近似的汇率折合为本位币记账。近似汇率指交易发生日当月月初的汇率。期末，对各种外币货币性项目，按资产负债表日即期汇率进行调整，由此产生的折算差额，属于与购建固定资产有关的外币专门借款产生的汇兑损益，按照借款费用资本化的原则进行处理，其他部分计入当期损益。以公允价值模式计量的外币非货币性项

目，采用公允价值确定日的即期汇率折算，其折算差额作为公允价值变动损益处理；以历史成本计量的外币非货币性项目，仍采用交易发生日的即期汇率折算，不产生汇兑差额。

（6）金融资产和金融负债

金融资产和金融负债的分类

管理层按照取得金融资产的目的，将其划分为以公允价值计量且其变动计入当期损益的金融资产或金融负债，包括交易性金融资产或金融负债和直接指定为以公允价值计量且其变动计入当期损益的金融资产或金融负债；持有至到期投资；贷款和应收款项；可供出售金融资产；其他金融负债等。

金融资产和金融负债的核算

①以公允价值计量且其变动计入当期损益的金融资产（金融负债）

取得时以公允价值（扣除已宣告但尚未发放的现金股利或已到付息期但尚未领取的债券利息）作为初始确认金额。持有期间将取得的利息或现金股利确认为投资收益，期末将公允价值变动计入当期损益。处置时，其公允价值与初始入账金额之间的差额应确认为投资收益，同时调整公允价值变动损益。

②持有至到期投资

取得时按公允价值（扣除已到付息期但尚未领取的债券利息）和相关交易费用之和作为初始确认金额。持有期间按照摊余成本和实际利率（如实际利率与票面利率差别较小的，按票面利率）计算确认利息收入，计入投资收益。实际利率在取得时确定，在该预期存续期间或适用的更短期间内保持不变。处置时，将所取得价款与该投资账面价值之间的差额计入投资收益。

③应收款项

应收款项：公司对外销售商品或提供劳务形成的应收债权，通常应按从购货方应收的合同或协议价款作为初始确认金额。

④可供出售金融资产

取得时按公允价值（扣除已宣告但尚未发放的现金股利或已到付息期但尚未领取的债券利息）和相关交易费用之和作为初始确认金额。持有期间将取得的利息或现金股利确认为投资收益。期末将公允价值变动计入资本公积（其他资本公积）。处置时，将取得的价款与该金融资产账面价值之间的差额，计入投资损益；同时，将原直接计入所有者权益的公允价值变动累计额对应处置部分的金额转出，计入投资损益。

⑤其他金融负债

按其公允价值和相关交易费用之和作为初始确认金额。通常采用实际利率法与摊余成本进行后续计量。

金融资产减值

资产负债表日，本公司对以公允价值计量且其变动计入当期损益的金融资产以外的金融资产的账面价值进行检查，有客观证据表明该金融资产发生减值的，确认减值损失，计提减值准备。

金融资产发生减值的客观证据，包括下列各项：

a. 发行人或债务人发生严重的财务困难；

b. 债务人违反了合同条款，如偿付利息或本金发生违约或逾期等；

c. 债权人出于经济或法律等方面因素的考虑，对发生财务困难的债务人做出让步；

d. 债务人很可能倒闭或进行其他财务重组；

e. 因发行方发生重大财务困难，该金融资产无法在活跃市场继续交易；

f. 权益工具投资的公允价值发生严重或非暂时性下跌；

g. 其他表明应收款项发生减值的客观证据。

（7）坏账准备核算方法

坏账的确认标准

①债务人破产或死亡，以其破产财产或者遗产清偿后，仍然不能收回的应收款项；

②债务人逾期未履行偿债义务超过三年而且有明显特征表明无法收回的应收款项。

坏账准备的计提方法

本公司对坏账损失采用备抵法核算。对各项应收款项单独进行测试，如有客观证据表明其已发生减值的，应当根据其未来现金流量现值低于其账面价值的差额，确认减值损失，计入当期损益；经测试未发生减值的应收款项，按照期末余额的账龄分析计提坏账准备，计提比例如下：

账龄	计提比例
1年以内	不计提坏账准备
1-2年（含2年）	50%
2年以上	100%

（8）存货核算方法

存货的分类

存货是指企业在日常活动中持有以备出售的产成品或商品、处在生产过程中的在产品、在生产过程中或提供劳务过程中耗用的材料和物料等，主要包括材料、燃料及备件。

存货的计价

存货盘存制度采用永续盘存法。主要库存材料的取得按实际成本核算，发出采用移动加权平均法核算；低值易耗品在领用时采用一次性摊销法核算。

存货跌价准备的计提方法

资产负债表日，存货按照成本与可变现净值孰低计量。存货成本高于其可变现净值的，计提存货跌价准备，计入当期损益。资产负债表日，确定存货的可变现净值，以前减记存货价值的影响因素已经消失的，减记的金额予以恢复，并在原已计提的存货跌价准备金额内转回，转回的金额计入当期损益。

（9）长期股权投资核算方法

长期股权投资的计价

①企业合并形成的长期股权投资，按照下列规定确定其初始投资成本：

同一控制下的企业合并，合并方以支付现金、转让非现金资产或承担债务方式作为合并对价的，在合并日按照取得被合并方所有者权益账面价值的份额作为长期股权投资的初始投资成本。长期股权投资初始投资成本与支付的现金、转让的非现金资产以及所承担债务账面价值之间的差额，调整资本公积；资本公积不足冲减的，调整留存收益。

合并方以发行权益性证券作为合并对价的，在合并日按照取得被合并方所有者权益账面价值的份额作为长期股权投资的初始投资成本。按照发行股份的面值总额作为股本，长期股权投资初始投资成本与所发行股份面值总额之间的差额，调整资本公积；资本公积不足冲减的，调整留存收益。

非同一控制下的企业合并，按照下列规定确定的合并成本作为长期股权投资的初始投资成本：

a. 一次交换交易实现的企业合并，合并成本为购买方在购买日为取得对被购买方的控制权而付出的资产、发生或承担的负债以及发行的权益性证券的公允价值。

b. 通过多次交换交易分步实现的企业合并，合并成本为每一单项交易成本之和。

c. 购买方为进行企业合并发生的各项直接相关费用也应当计入企业合并成本。

d. 在合并合同或协议中对可能影响合并成本的未来事项作出约定的，购买日如果估计未来事项很可能发生并且对合并成本的影响金额能够可靠计量的，购买方应当将其计入合并成本。

②除企业合并形成的长期股权投资以外，其他方式取得的长期股权投资，按照下列规定确定其初始投资成本：

a. 以支付现金取得的长期股权投资，按照实际支付的购买价款作为初始投资成本。初始投资成本包括与取得长期股权投资直接相关的费用、税金及其他必要支出。

b. 以发行权益性证券取得的长期股权投资，按照发行权益性证券的公允价值作为初始投资成本。

c. 投资者投入的长期股权投资，按照投资合同或协议约定的价值作为初始投资成本，但合同或协议约定价值不公允的除外。

d. 通过非货币性资产交换取得的长期股权投资，如非货币性资产交换具有商业实质，换入的长期股权投资按照公允价值和应支付的相关税费作为初始投资成本；如非货币性资产交换不具有商业实质，换入的长期股权投资以换出资产的账面价值和应支付的相关税费作为初始投资成本。

e. 通过债务重组取得的长期股权投资，其初始投资成本按照公允价值和应支付的相关税费确定。

收益确认方法

本公司能够对被投资单位实施控制的长期股权投资或本公司对被投资单位不具有共同控制或重大影响，并且在活跃市场中没有报价、公允价值不能可靠计量的长期股权投资采用成本法核算；本公司对被投资单位具有共同控制或重大影响的长期股权投资采用权益法核算。

采用成本法核算的，在被投资单位宣告发放现金股利时确认投资收益。

采用权益法核算的，以取得被投资单位股权后发生的净损益为基础，在各会计期末按应分享或应分担的被投资单位实现的净利润或发生的净亏损的份额，确认投资收益，并调整长期股权投资的账面价值。

处置股权投资时，将投资的账面价值与实际取得价款的差额，作为当期投资收益。

（10）固定资产核算方法

固定资产是指为生产商品、提供劳务、出租或经营管理而持有，使用寿命超过一个会计年度的有形资产。

固定资产按成本进行初始计量。购置固定资产的成本包括买价、相关税费，以及为使固定资产达到预定可使用状态前所发生的可归属于该项资产的其他支出，如运输费、装卸费、安装费、专业人员服务费等。

确定固定资产成本时，需考虑弃置费用因素。与固定资产有关的后续支出，符合固定资产的确认条件的，计入固定资产成本；不符合固定资产确认条件的，在发生时计入当期损益。

固定资产折旧采用年限平均法计算，并根据各类固定资产的原值、预计使用寿命和预计净残值（预计净残值率为原值的 5%～10%）确定折旧率。已计提减值准备的固定资产在计提折旧时，按照该项固定资产尚可使用年限、预计残值重新计算确定折旧率。已全额计提减值准备的固定资产，不再计提折旧。

资产类别	折旧年限
船舶	18
车辆及装卸机械	5～20
港务设备	50
库场设备	25～40
通信设备	5～8
机器设备	10～14
房屋及建筑物	5～40
其他	5～20

（11）在建工程核算方法

在建工程按照单项工程进行明细核算。

在建工程按各项工程实际发生的支出入账。所建造的固定资产已达到预定可使用状态时，按工程竣工决算或根据工程预算、造价或工程实际成本估价结转固定资产，并停止利息资本化。

（12）无形资产核算方法

无形资产按照实际成本进行初始计量。无形资产于取得时分析判断其使用寿命，使用寿命有限的无形资产，其应摊销金额在使用寿命内系统合理摊销。

①企业取得土地使用权确认为无形资产，在规定的使用期限内或企业经营期限内采用直线法摊销。

②使用寿命有限的无形资产采用直线法进行摊销，取得的无形资产有合同和法律规定使用年限的，按照合同和法律规定的使用年限进行摊销，没有合同和法律规定使用年限的，在预计使用寿命期限内进行摊销；

使用寿命不确定的不予摊销，并于每年进行减值测试。

③没有合同和法律规定使用年限的计算机软件摊销期限为 5-10 年。

（13）商誉

商誉为股权投资成本超过应享有的被投资单位于投资取得日的公允价值份额的差额，或者为非同一控制下企业合并成本超过企业合并中取得的被购买方可辨认净资产于购买日的公允价值份额的差额。

企业合并形成的商誉在合并财务报表上单独列示。购买联营企业和合营企业股权投资成本超过投资时应享有被投资单位的公允价值份额的差额，包含于长期股权投资。

（14）长期待摊费用核算方法

长期待摊费用是指本公司已经支出、摊销期限在 1 年以上的各项费用。长期待摊费用在费用项目的受益期限内分期平均摊销，不能使以后会计期间受益的长期待摊费用项目，在确定时将该项目的摊余价值全部计入当期损益。

长期待摊费用按形成时发生的实际成本入账。

（15）资产减值准备确定方法和计提依据

本公司对除存货、金融资产、递延所得税资产外的资产减值，按以下方法确定：

资产负债表日，如果有证据表明资产被闲置、有终止使用计划或市价大幅下跌、外部环境发生重大变化时，需对资产进行减值测试，按资产的可收回金额低于其账面价值的差额，确认资产减值损失，计入当期损益，计提相应的资产减值准备。对因企业合并所形成的商誉和使用寿命不确定的无形资产，无论是否存在减值迹象，每年都进行减值测试。

可收回金额根据资产的公允价值减去处置费用后的净额与资产预计未来现金流量的现值两者之间较高者确定。本公司以单项资产为基础估计其可收回金额，如果难以对单项资产的可回收金额进行估计，以该资产所属资产组为基础确定资产组的可收回金额。

资产减值损失确认后，减值资产的折旧或摊销费用在未来期间作相应调整。

资产减值损失一经确认，在以后会计期间不得转回。

商誉减值的处理：商誉应结合与其相关的资产组或者资产组组合进行减值测试，将商誉的账面价值按照合理的方法分摊至相关的资产组或者资产组组合。在进行减值测试时，先按照不包含商誉的资产组或者资产组组合进行减值测试，确认相应的资产减值损失，再对包含商誉的资产组或者资产组组合进行减值测试，确认相应的商誉减值损失。

（16）借款费用的核算方法

借款费用在同时具备下列三个条件时开始资本化：

①资产支出已经发生；

②借款费用已经发生；

③为使资产达到预定可使用或者可销售状态所必要的购建或者生产活动

已经开始。

符合资本化条件的资产在购建或者生产过程中发生非正常中断、且中断时间连续超过三个月的，则暂停借款费用的资本化，将其确认为当期费用，直至资产的购建或者生产活动重新开始。购建或生产符合资本化条件的资产达到预定可使用或可销售状态时，停止资本化，以后发生的借款费用计入当期损益。

资本化期间，是指从借款费用开始资本化时点到停止资本化时点的期间，借款费用暂停资本化的期间不包括在内。

资本化期间内，为购建或者生产符合资本化条件的资产而借入专门借款的，专门借款当期实际发生的利息费用，减去将尚未动用的借款资金存入银行取得的利息收入或进行暂时性投资取得的投资收益后的金额确认为资本化金额。为购建或者生产符合资本化条件的资产而占用一般借款的，根据累计资产支出超过专门借款部分的资产支出加权平均数乘以所占用一般借款的资本化率，计算确定资本化金额；资本化率根据一般借款加权平均利率计算确定。

（17）收入确认原则

①提供劳务：在资产负债表日提供劳务交易的结果能够可靠估计的，采用完工百分比法确认劳务收入。提供劳务交易的结果能够可靠估计的条件：收入的金额能够可靠地计量，相关的经济利益很可能流入企业，交易的完工进度能够可靠地确定，交易中已发生和将发生的成本能够可靠地计量。

②商品销售：在商品所有权上的重要风险和报酬转移给买方，公司不再对该商品实施继续管理权和实际控制权，收入的金额能可靠地计量，相关的经济利益很可能流入企业，相关的已发生或将发生的成本能够可靠地计量，确认营业收入的实现。

③让渡资产使用权：利息收入，按照他人使用本企业货币资金的时间和实际利率计算确定利息收入金额；使用费收入，按有关合同或协议规定的收费时间和方法计算确定。

（18）政府补助

政府补助是指本公司从政府无偿取得货币性资产或非货币性资产。本公司对于与资产相关的政府补助，确认为递延收益，并在相关资产使用寿命内平均分配，计入当期损益；与收益相关的政府补助，确认为递延收益或直接进入当期损益。

（19）所得税的会计处理方法

本公司所得税的会计处理采用资产负债表债务法。

所得税包括当期所得税和递延所得税。除由于企业合并产生的调整商誉，或与直接计入所有者权益的交易或者事项相关的计入所有者权益外，均作为所得税费用计入当期损益。

①递延所得税资产的确认

本公司以很可能取得用来抵扣可抵扣暂时性差异的应纳税所得额为限，确认由可抵扣暂时性差异产生的递延所得税资产，除非可抵扣暂时性差异是在以下交易中产生的：

a. 该项交易不是企业合并，并且交易发生时既不影响会计利润也不影响应纳税所得额；

b. 对于子公司、联营公司及合营企业投资相关的可抵扣暂时性差异，未能同时满足：暂时性差异在可预见的未来很可能转回，且未来很可能获得用来抵扣可抵扣暂时性差异的应纳税所得额。

②递延所得税负债的确认

本公司对所有应纳税暂时性差异均确认为递延所得税负债，除非应纳税暂时性差异是在以下交易中产生的：

a. 商誉的初始确认，或者同时具有以下特征的交易中产生的资产或负债的初始确认：该项交易不是企业合并，并且交易发生时既不影响会计利润也不影响应纳税所得额；

b. 对于子公司、联营公司及合营企业投资相关的应纳税暂时性差异，该暂时性差异转回的时间能够控制并且该暂时性差异在可预见的未来很可能不会转回。

本公司于资产负债表日，对于递延所得税资产和递延所得税负债，根据税法规定，按照预期收回该资产或清偿该负债期间的适用税率计量，并反映资产负债表日预期收回资产或清偿负债方式的所得税影响。

③递延所得税资产减值

本公司于资产负债表日，对递延所得税资产的账面价值进行复核。如果未来期间很可能无法获得足够的应纳税所得额用以抵扣递延所得税资产的利益，则减记递延所得税资产的账面价值。在很可能获得足够的应纳税所得额时，减记的金额予以转回。

（20）合并财务报表的编制基础和编制方法

合并会计报表按照2006年2月颁布的《企业会计准则第33号——合并财务报表》执行。以控制为基础确定合并财务报表的合并范围，母公司控制的特殊目的主体也纳入合并财务报表的合并范围。合并会计报表编制是以母公司和纳入合并范围的子公司的个别会计报表以及其他资料为依据，合并时对内部权益性投资与子公司所有者权益、内部投资收益与子公司利润分配、内部交易事项、内部债权债务进行抵销。

母公司与子公司采用的会计政策和会计处理方法无重大差异。

5. 税项

（1）主要税种和税率

税种	计税依据	税率（%）
增值税	一般纳税人应税收入按适用税率计算销项税额，抵扣进项税额后缴纳增值税，小规模纳税人应税收入按征收率计算缴纳增值税。	3、6、11、13、17
营业税	应税收入按适用税率计算缴纳营业税。	5
企业所得税	依据《中华人民共和国企业所得税法》计算缴纳	25
城市维护建设税	实际应缴纳流转税额	7
教育费附加	实际应缴纳流转税额	3
地方教育费附加	实际应缴纳流转税额	2
防洪费	实际应缴纳流转税额	1

财政部、国家税务总局于 2012 年 7 月 31 日联合下发《关于在北京等 8 省市开展交通运输业和部分现代服务业营业税改征增值税试点的通知》（财税[2012]71 号），经国务院批准，将交通运输业和部分现代服务业营业税改征增值税试点范围，由上海市分批扩大至北京等 8 个省（直辖市）。某市财政局、某市国家税务局、某市地方税务局联合转发了该文件，某市为其中试点地区之一。按照上述文件规定，自 2012 年 12 月 1 日起，本公司提供的装卸搬运服务、货物运输代理服务、仓储服务等，由营业税改征增值税。

（2）税收优惠政策的说明

①所得税

a. 根据某国税保（2005）260 号文件的批复，公司所属子公司某港远航矿石码头有限公司自 2004 年起第一年至第五年享受免征企业所得税五年、第六年至第十年享受减半征收企业所得税五年的税收优惠政策。

b. 根据某国税保（2007）12 号文件的批复，公司所属子公司某港远航散货码头有限公司自 2007 年起第一年至 2011 年度享受免征企业所得税五年、从 2012 年至 2016 年度享受减半征收企业所得税五年的税收优惠政策。

c. 根据某国税保（2008）13 号文件的批复，公司所属子公司某港太平洋国际集装箱码头有限公司自 2008 年起至 2012 年度免征企业所得税五年，从 2013 年至 2017 年减半征收企业所得税五年。

d. 根据某市国家税务局直属税务分局某国税直（2007）14 号文件，公司所属子公司某港滚装码头有限公司自 2006 年至 2010 年享受免税，自 2011 年至

2015年享受减半征收所得税的优惠。

e. 根据国务院2007年12月26日发布的国发〔2007〕39号《国务院关于实施企业所得税过渡优惠政策的通知》的相关规定，上述公司自2008年1月1日起，在5年内逐步过渡到法定税率。2008年按18%税率执行，2009年按20%税率执行，2010年按22%税率执行，2011年按24%税率执行，2012年按25%税率执行；原享受定期减免税优惠的企业，按原税收法律、行政法规及相关文件规定的优惠办法及年限享受至期满为止。

f. 根据某市经济技术开发区国家税务局某国税经税减免（2009）660号文件，公司所属子公司某港环球滚装码头有限公司2012年度取得的减免税项目收入按50%减征企业所得税。

②增值税

根据《关于交通运输业和部分现代服务业营业税改征增值税试点应税服务范围等若干税收政策的补充通知》（财税[2012]86号）规定，对注册在某市东疆保税港区内的试点纳税人提供的国内货物运输、仓储和装卸搬运服务，实行增值税即征即退政策。该通知自2012年12月1日起执行。

③营业税

根据《关于某北方国际航运中心核心功能区营业税政策的通知》（财税[2011]68号）规定，注册在某某保税港区内的仓储、物流等服务企业从事货物运输、仓储、装卸搬运业务取得的收入免征营业税。该通知自2011年8月1日起执行。

a. 公司所属子公司某港太平洋国际集装箱码头有限公司、某外代物流有限公司、某港兴东物流有限公司和某某利国际物流有限公司经某市某地方税务局审核同意并备案登记，自2011年8月1日起，从事装卸搬运、仓储业取得的收入免征营业税。

b. 公司所属子公司某海天保税物流有限公司经某市某地方税务局审核同意并备案登记，自2011年8月1日起，从事仓储业取得的收入免征营业税。

c. 公司所属子公司某临港拖轮有限公司经某市某地方税务局审核同意并备案登记，自2011年8月1日起，从事水上运输取得的收入免征营业税。

d. 公司所属子公司某港远航散货码头有限公司经某市某地方税务局审核同意并备案登记，自2012年6月1日起，从事装卸搬运、仓储业取得的收入免征营业税。

本公司自2012年12月1日起，执行《关于在北京等8省市开展交通运输业和部分现代服务业营业税改征增值税试点的通知》，停止享受上述营业税优惠政策。

6. 本公司合并范围及合并范围的确定

（1）本公司合并范围的确定依据

本公司合并财务报表的合并范围按以控制为基础加以确定。

控制，是指一个企业能够决定另一个企业的财务和经营政策，并能据以从另一个企业的经营活动中获取利益的权利。

本公司纳入合并范围的子公司全部为本公司控制的被投资单位。

（2）纳入合并范围的子公司情况（略）

（3）本期合并报表范围变化情况（略）

7. 合并财务报表主要项目注释

（1）货币资金

①货币资金明细列示：（仅摘录每项合计数未按币种列示）

项目	期末数	期初数
现金	1 580 349.47	810 405.91
银行存款	3 529 557 137.47	2 852 858 885.73
其他货币资金	2 063 719.79	10 943.99
合计	3 533 201 206.73	2 853 680 235.63

②期末公司所属子公司以人民币 250 000 000.00 元的银行存款作为该子公司开具应付票据的存入保证金，除该事项外货币资金无抵押、冻结等变现有限制的情况。

（2）应收票据

①应收票据明细列示：

项目	期末数	期初数
商业承兑汇票	63 679 448.08	0.00
银行承兑汇票	332 076 017.59	590 101 730.06
合计	395 755 465.67	590 101 730.06

②已经背书给他方但尚未到期的票据前五名情况：

出票单位	出票日期	到期日	金额
A 公司	2012 年 10 月 22 日	2013 年 1 月 22 日	134 409 600.00
A 公司	2012 年 12 月 20 日	2013 年 3 月 20 日	45 622 155.00
A 公司	2012 年 11 月 20 日	2013 年 2 月 20 日	34 999 925.00
A 公司	2012 年 11 月 20 日	2013 年 2 月 20 日	20 000 000.00
B 公司	2012 年 9 月 14 日	2013 年 3 月 14 日	5 000 000.00
合计			240 031 680.00

③期末公司无质押的应收票据；

④期末无因出票人无力履约而将票据转为应收账款的票据情况；

⑤应收票据期末余额中无应收持本公司5%以上（含5%）股份的股东单位的款项。

（3）应收账款

①应收账款风险分析：

类别	期末数			
	金额	比例（%）	坏账准备	净额
单项金额重大的应收账款	2 002 148 805.04	100.00	36 286 763.19	1 965 862 041.85
单项金额不重大但按信用风险特征组合后该组合的风险较大的应收账款	0.00	0.00	0.00	0.00
其他单项金额不重大的应收账款	0.00	0.00	0.00	0.00
合计	2 002 148 805.04	100.00	36 286 763.19	1 965 862 041.85

类别	期初数			
	金额	比例（%）	坏账准备	净额
单项金额重大的应收账款	1 879 455 000.80	100.00	26 969 335.02	1 852 485 665.78
单项金额不重大但按信用风险特征组合后该组合的风险较大的应收账款	0.00	0.00	0.00	0.00
其他单项金额不重大的应收账款	0.00	0.00	0.00	0.00
合计	1 879 455 000.80	100.00	26 969 335.02	1 852 485 665.78

②公司根据经营规模、业务性质及客户结算状况等对各项应收账款进行单独测试，将每笔应收账款均确认为单项金额重大的应收账款；

③应收账款账龄分析：

账龄	期末数			
	金额	比例(%)	坏账准备	净额
1年以内	1 965 856 976.35	98.19	0.00	1 965 856 976.35
1-2年	10 131.00	0.00	5 065.50	5 065.50
2-3年	19 846 527.77	0.99	19 846 527.77	0.00
3年以上	16 435 169.92	0.82	16 435 169.92	0.00
合计	2 002 148 805.04	100.00	36 286 763.19	1 965 862 041.85
账龄	期初数			
	金额	比例(%)	坏账准备	净额
1年以内	1 841 956 500.94	98.00	0.00	1 841 956 500.94
1-2年	21 058 329.87	1.12	10 529 164.94	10 529 164.93
2-3年	2 301.00	0.00	2 301.00	0.00
3年以上	16 437 869.08	0.87	16 437 869.08	0.00
合计	1 879 455 000.89	100.00	26 969 335.02	1 852 485 665.87

④期末前五名欠款单位情况：

单位名称	所欠金额	欠款内容
第一名	189 920 976.24	材料款
第二名	79 751 329.93	港口费
第三名	66 660 675.73	燃油款
第四名	66 136 094.54	运费
第五名	49 978 972.37	运费
合计	452 448 048.81	

期末欠款前五名金额合计为 452 448 048.81 元，占应收账款总额的 22.60%；

⑤该账户期末余额中含应收关联方的款项为 42 776 766.52 元；

⑥该账户期末余额中无持本公司 5%以上（含 5%）表决权股份的股东欠款。

（4）预付款项

①预付款项的账龄分析列示：

账龄	期末数		期初数	
	金额	比例（%）	金额	比例（%）
1 年以内	419 326 010.37	100.00	53 015 219.35	100.00
1-2 年	0.00	0.00	0.00	0.00
2-3 年	0.00	0.00	0.00	0.00
3 年以上	0.00	0.00	0.00	0.00
合计	419 326 010.37	100.00	53 015 219.35	100.00

②该账户期末余额中含预付关联方的款项为 4 629 778.02 元；

③该账户期末余额中无持本公司 5%以上（含 5%）表决权股份的股东欠款。

（5）其他应收款

①其他应收款风险分析：

类别	期末数			
	金额	比例（%）	坏账准备	净额
单项金额重大的其他应收款	103 533 354.62	100.00	4 475 622.36	99 057 732.26
单项金额不重大但按信用风险特征组合后该组合的风险较大的其他应收款	0.00	0.00	0.00	0.00
其他单项金额不重大的其他应收款	0.00	0.00	0.00	0.00
合计	103 533 354.62	100.00	4 475 622.36	99 057 732.26

类别	期初数			
	金额	比例（%）	坏账准备	净额
单项金额重大的其他应收款	64 738 868.41	100.00	4 475 622.36	60 263 246.05
单项金额不重大但按信用风险特征组合后该组合的风险较大的其他应收款	0.00	0.00	0.00	0.00
其他单项金额不重大的其他应收款	0.00	0.00	0.00	0.00
合计	64 738 868.41	100.00	4 475 622.36	60 263 246.05

②公司根据经营规模、业务性质及客户结算状况等对各项其他应收款进行单独测试，将每笔其他应收款均确认为单项金额重大的其他应收款；

③其他应收款账龄分析：

账龄	期末数			
	金额	比例(%)	坏账准备	净额
1 年以内	99 057 732.26	95.68	0.00	99 057 732.26
1–2 年	0.00	0.00	0.00	0.00
2–3 年	0.00	0.00	0.00	0.00
3 年以上	4 475 622.36	4.32	4 475 622.36	0.00
合计	103 533 354.62	100.00	4 475 622.36	99 057 732.26

账龄	期初数			
	金额	比例(%)	坏账准备	净额
1 年以内	60 263 246.05	93.09	0.00	60 263 246.05
1–2 年	0.00	0.00	0.00	0.00
2–3 年	0.00	0.00	0.00	0.00
3 年以上	4 475 622.36	6.91	4 475 622.36	0.00
合计	64 738 868.41	100.00	4 475 622.36	60 263 246.05

④期末余额前五名欠款单位情况：

单位名称	所欠金额	欠款内容
第一名	12 498 994.65	往来款
第二名	5 395 958.00	往来款
第三名	5 283 524.99	往来款
第四名	3 637 792.00	往来款
第五名	3 550 000.00	往来款
合计	30 366 269.64	

期末欠款前五名金额合计 30 366 269.64 元，占其他应收款总额的 29.33%；

⑤该账户期末余额中含应收关联方的款项为 3 027 770.04 元；

⑥该账户期末余额中无持本公司 5%以上（含 5%）表决权股份的股东欠款。

（6）存货及存货跌价准备

①存货明细列示：

类别	期末数			期初数		
	金额	跌价准备	净额	金额	跌价准备	净额
材料	62 563 249.68	0.00	62 563 249.68	48 253 433.08	0.00	48 253 433.08
燃料	272 775 343.46	0.00	272 775 343.46	328 460 502.41	0.00	328 460 502.41
合计	335 338 593.14	0.00	335 338 593.14	376 713 935.49	0.00	376 713 935.49

②公司通过对存货进行检查，未发现对公司有较大影响的存货跌价，公司本期末未计提存货跌价准备。

（7）可供出售金融资产

①按项目列示：

项目	期末数	期初数
可供出售权益工具	235 501 869.83	179 149 912.08
合计	235 501 869.83	179 149 912.08

②期末持有天津劝业场（集团）股份有限公司无限售条件流通股 84 078 股；

③期末持有中国平安保险股份有限公司无限售条件流通股 5 192 179 股。

（8）长期股权投资

①长期股权投资明细列示如下：

项目	期末数		期初数	
	金额	减值准备	金额	减值准备
对合营企业投资	488 874 930.26	0.00	473 988 133.28	0.00
对联营企业投资	1 914 466 040.39	10 390 654.77	1 798 143 755.80	10 390 654.77
其他股权投资	84 353 874.93	240 000.00	71 186 004.77	240 000.00
合计	2 487 694 845.58	10 630 654.77	2 343 317 893.85	10 630 654.77

②投资明细（略）

③合营联营企业基本情况（略）

（9）固定资产及累计折旧

①固定资产及其累计折旧的增减变动明细项目列示如下：

项目	期初数	本期增加	本期减少	期末数
固定资产原值				
船舶	685 635 620.74	42 800 823.77	11 973 293.39	716 463 151.12
车辆及装卸机器	4 949 722 539.63	117 205 832.94	48 729 104.10	5 018 199 268.47
港务设备	5 211 820 221.85	232 887 567.07	0.00	5 444 707 788.92
库场设备	3 310 326 363.69	439 500 473.46	286 055.86	3 749 540 781.29
通讯设备	151 190 930.26	2 859 240.83	835 229.74	153 214 941.35
机器设备	376 023 235.64	1 344 487.47	1 137 405.00	376 230 318.11

续表

项目	期初数	本期增加	本期减少	期末数
房屋及建筑物	841 299 327.67	60 612 864.63	220 250.00	901 691 942.30
其他	289 760 988.97	38 557 462.51	9 295 976.12	319 022 475.36
合计	15 815 779 228.45	935 768 752.68	72 477 314.21	16 679 070 666.92
累计折旧				
船舶	332 234 490.49	24 241 033.16	11 559 813.75	344 915 709.90
车辆及装卸机器	2 269 502 777.69	295 950 822.78	43 600 894.38	2 521 852 706.09
港务设备	819 257 194.44	108 006 321.65	0.00	927 263 516.09
库场设备	766 660 042.84	110 500 955.75	123 612.85	877 037 385.74
通讯设备	72 681 134.57	13 851 998.46	779 603.02	85 753 530.01
机器设备	215 925 607.83	22 003 517.66	911 016.23	237 018 109.26
房屋及建筑物	210 276 917.28	25 189 648.56	25 237.38	235 441 328.46
其他	153 322 706.20	25 075 147.49	8 480 614.67	169 917 239.02
合计	4 839 860 871.34	624 819 445.51	65 480 792.28	5 399 199 524.57
固定资产减值准备				
船舶	0.00	0.00	0.00	0.00
车辆及装卸机器	0.00	0.00	0.00	0.00
港务设备	0.00	0.00	0.00	0.00
库场设备	0.00	0.00	0.00	0.00
通讯设备	0.00	0.00	0.00	0.00
机器设备	0.00	0.00	0.00	0.00
房屋及建筑物	0.00	0.00	0.00	0.00
其他	0.00	0.00	0.00	0.00
合计	0.00	0.00	0.00	0.00
固定资产净值	10 975 918 357.11			11 279 871 142.35

说明：本期增加额全部为在建工程转入，减少额主要包括资产报废、处置以及更新改造，其中更新改造说明详见（10）在建工程①。

②通过经营租赁租出的固定资产：

项目	期末资产原值	期末累计折旧	期末资产净值
房屋及建筑物	35 800 916.00	5 842 540.77	29 958 375.23
港务设施	2 038 910.50	1 029 676.50	1 009 234.00
车辆及装卸机械	10 858 870.60	6 144 754.42	4 714 116.18
合计	48 698 697.10	13 016 971.69	35 681 725.41

（10）在建工程

①按照项目明细列示：

工程名称	预算总金额	期初数	本期增加	本期转入固定资产	其他转出	期末数	工程投入占预算的比例	资金来源
工程一	2 990 000 000.00	445 814.16	438 858 931.29	260 398.00	0.00	439 044 347.45	14.69%	自有资金、银行贷款
工程二	565 200 000.00	53 693 712.08	243 906 512.68	0.00	0.00	297 600 224.76	52.65%	自有资金、银行贷款
工程三	142 316 500.00	39 967 347.48	722 040.87	0.00	0.00	40 689 388.35	28.59%	自有资金、银行贷款
工程四	329 850 000.00	57 640 628.06	186 760 231.34	0.00	0.00	244 400 859.40	74.09%	自有资金、银行贷款
工程五	145 190 000.00	30 047 438.23	78 460 744.98	106 876 368.60	0.00	1 631 814.61	74.74%	自有资金、银行贷款
工程六	1 497 450 000.00	0.00	779 922 913.27	312 623 711.94	446 827 300.00	20 471 901.33	52.08%	自有资金、银行贷款
工程七	579 080 000.00	0.00	1 350 000.00	0.00	0.00	1 350 000.00	0.23%	自有资金、银行贷款
工程八	781 090 000.00	0.00	269 921 574.18	268 850 922.01	0.00	1 070 652.17	34.56%	自有资金、银行贷款
工程九	88 165 500.00	31 173 900.00	10 800 600.00	41 677 000.00	0.00	297 500.00	47.61%	自有资金、银行贷款
工程十	219 401 400.00	0.00	24 517 348.81	476 734.00	0.00	24 040 614.81	11.17%	自有资金、银行贷款
工程十一	109 216 800.00	4 721 036.00	73 484 169.01	73 700 359.12	0.00	4 504 845.89	71.61%	自有资金
工程十二	44 470 000.00	263 000.00	42 407 388.52	40 149 734.59	0.00	2 520 653.93	92.91%	自有资金
工程十三	199 723 600.00	3 313 508.00	109 057 006.85	91 153 524.42	197 720.00	21 019 270.43	56.10%	自有资金
合计	7 691 153 800.00	221 266 384.01	2 260 169 461.80	935 768 752.68	447 025 020.00	1 098 642 073.13		

说明：

a. 本期增加额包括由固定资产更新改造转入的净值，该部分固定资产原值 10 919 899.28 元，累计折旧 9 242 870.30 元，净值 1 677 028.98 元。

b. 本期在建工程完工，转入固定资产 935 768 752.68 元。

c. 本期其他转出额 447 025 020.00 元，全部为转入无形资产。

②期末本公司在建工程不存在减值情况。

③资本化利息明细如下：

工程项目	期初资本化利息	本期增加的资本化利息	本期转入固定资产	期末资本化利息
工程一		550 200.00		550 200.00
工程二		4 415 766.70		4 415 766.70
工程三		550 200.00		550 200.00
合计		5 516 166.70		5 516 166.70

（11）无形资产

①按照项目明细列示：

项目	期初数	本期增加	本期减少	期末数
原值				
土地使用权	3 426 733 169.49	446 827 300.00	0.00	3 873 560 469.49
软件	45 995 860.76	12 476 253.93	0.00	58 472 114.69
其他	1 185.00	200.00	0.00	1 385.00
合计	3 472 730 215.25	459 303 753.93	0.00	3 932 033 969.18
累计摊销				
土地使用权	279 715 199.84	77 525 944.64	0.00	357 241 144.48
软件	23 759 096.18	6 712 295.98	0.00	30 471 392.16
其他	691.57	189.93	0.00	881.50
合计	303 474 987.59	84 238 430.55	0.00	387 713 418.14
净值	3 169 255 227.66			3 544 320 551.04

②公司通过对无形资产进行逐项检查，未发现对公司有较大影响的资产减值，公司本期末未计提无形资产减值准备。

（12）长期待摊费用

项目	原始发生额	期末累计摊销	期初数	本期增加	本期摊销	本期减少	期末数
经营租赁固定资产改良支出	12 679 918.00	7 948 215.88	6 304 203.75	0.00	1 572 501.63	0.00	4 731 702.12
其他	3 810 566.00	2 286 339.60	2 286 339.60	0.00	762 113.20	0.00	1 524 226.4
合计	16 490 484.00	10 234 555.48	8 590 543.35	0.00	2 334 614.83	0.00	6 255 928.52

（13）递延所得税资产

项目	期末数		期初数	
	暂时性差异	递延所得税资产	暂时性差异	递延所得税资产
计提资产减值准备形成的可抵扣暂时性差异	46 635 823.27	11 658 955.82	37 328 231.10	9 332 057.78
其中：坏账准备	36 005 168.50	9 001 292.13	26 697 576.33	6 674 394.08
长期股权投资减值准备	10 630 654.77	2 657 663.69	10 630 654.77	2 657 663.69
可抵扣亏损	314 162 526.04	78 540 631.51	173 821 725.00	43 455 431.25
合并抵消未实现内部销售损益	139 584 933.96	34 896 233.49	160 353 450.60	40 088 362.65
合计	500 383 283.27	125 095 820.82	371 503 406.70	92 875 851.68

（14）资产减值准备

项目	期初数	本期计提数	本期转回数	本期转销数	期末数
坏账准备	31 444 957.38	9 322 428.33	5 000.16	0.00	40 762 385.55
长期股权投资减值准备	10 630 654.77	0.00	0.00	0.00	10 630 654.77
合计	42 075 612.15	9 322 428.33	5 000.16	0.00	51 393 040.32

（15）短期借款

①短期借款按类别列示：

借款类型	期末数	期初数
信用借款	1 664 000 000.00	1 364 200 000.00
抵押借款	0.00	0.00
合计	1 664 000 000.00	1 364 200 000.00

②截至期末本公司无已到期但尚未偿还的借款；

③本公司本期无抵押借款。

（16）应付票据

①应付票据按项目列示：

项目	期末数	期初数	下一会计期间将到期的金额
银行承兑汇票	631 876 423.41	79 439 278.65	631 876 423.41
商业承兑汇票	0.00	0.00	0.00
合计	631 876 423.41	79 439 278.65	631 876 423.41

②应付票据期末余额无应付持本公司 5%（含 5%）以上股份股东单位的票据。

（17）应付账款

①应付账款余额列示：

期末数	期初数
1 860 417 731.36	1 813 402 652.73

②该账户期末余额中含应付关联方的款项为 117 916 515.47 元；

③该账户期末余额中无欠持本公司 5%以上（含 5%）表决权股份的股东单位款项。

（18）预收款项

①预收款项余额列示：

期末数	期初数
677 523 225.74	447 688 033.17

②该账户期末余额中含预收关联方的款项为 3 771 898.27 元；

③该账户期末余额中无欠持本公司 5%以上（含 5%）表决权股份的股东单位款项。

（19）应付职工薪酬

项目	期初数	本期增加额	本期支付额	期末数
一、工资、奖金、津贴和补贴	7 372 365.27	1 142 962 269.25	1 142 320 462.06	8 014 172.46
二、职工福利费	51 767 622.84	134 500 612.05	127 584 023.34	58 684 211.55
三、社会保险费	0.00	312 455 475.18	312 455 475.18	0.00
其中：1.医疗保险费	0.00	83 923 076.56	83 923 076.56	0.00
2.基本养老保险费	0.00	170 959 165.03	170 959 165.03	0.00
3.年金缴费	0.00	24 600 140.40	24 600 140.40	0.00
4.失业保险	0.00	16 757 955.57	16 757 955.57	0.00
5.工伤保险	0.00	5 684 895.48	5 684 895.48	0.00
6.生育保险	0.00	6 064 143.79	6 064 143.79	0.00
7.其他	0.00	4 466 098.35	4 466 098.35	0.00
四、住房公积金	0.00	131 934 386.66	131 934 386.66	0.00
五、工会经费和职工教育经费	2 861 235.88	29 881 623.52	31 059 297.35	1 683 562.05

续表

	项目	期初数	本期增加额	本期支付额	期末数
六、	非货币性福利	0.00	4 578 271.37	4 578 271.37	0.00
七、	因解除劳动关系给予的补偿	0.00	0.00	0.00	0.00
八、	其他	0.00	267 934.50	267 934.50	0.00
	其中：以现金结算的股份支付	0.00	0.00	0.00	0.00
	合计	62 001 223.99	1 756 580 572.53	1 750 199 850.46	68 381 946.06

（20）应交税费

项目	期末数	期初数
营业税	11 872 085.38	21 055 397.23
城市维护建设税	2 093 751.53	1 032 965.08
企业所得税	51 654 549.34	26 584 953.52
增值税	24 205 288.85	−52 612.16
教育费附加	1 493 886.90	736 075.96
防洪维护费	283 560.89	145 790.25
个人所得税	7 143 167.43	7 987 914.64
印花税	512 027.46	276 712.75
合计	99 258 317.78	57 767 197.27

（21）应付股利

主要投资者	期末数	期初数
人民币普通股	4 175 766.44	4 419 694.53
子公司少数股东	134 166 495.33	24 127 008.92
某某投资有限公司	95 151 251.10	-
合计	233 493 512.87	28 546 703.45

（22）其他应付款

①其他应付款按项目列示：

项目	期末数	期初数
港务、港建费	35 248 157.41	35 833 879.20
其他	92 614 952.81	69 011 837.80
合计	127 863 110.22	104 845 717.00

②该账户期末余额中含应付关联方的款项为330 699.30元。

③该账户期末余额中无欠持本公司5%以上（含5%）表决权股份的股东单位款项。

（23）一年内到期的非流动负债

借款类型	期末数	期初数
信用借款	336 785 000.00	904 623 879.95
抵押借款	0.00	0.00
合计	336 785 000.00	904 623 879.95

（24）长期借款

借款类型	期末数			期初数	
	币种	原币	折合人民币	原币	折合人民币
信用借款	RMB	3 284 400 000.00	3 284 400 000.00	2 794 790 000.00	2 794 790 000.00
信用借款	USD	99 797 668.43	627 278 244.92	99 799 668.43	628 827 730.81
合计			3 911 678 244.92		3 423 617 730.81

（25）递延所得税负债

项目	期末数	期初数
可供出售金融资产公允价值变动	57 554 942.31	43 466 952.87
合计	57 554 942.31	43 466 952.87

（26）其他非流动负债

项目	期末数	期初数
待转销汇兑损益	825 948.35	825 948.35
合计	825 948.35	825 948.35

说明：其他非流动负债期末余额是公司的子公司某某有限公司、某某国际贸易有限公司在 1994 年汇率并轨时产生的“待转销汇兑损益”科目贷方余额，上述贷方余额待清算时并入清算损益。

（27）股本

	期初数		本期变动增减（+，−）					期末数	
	数量	比例（%）	发行新股	送股	公积金转股	其他	小计	数量	比例（%）
一、有限售条件股份									
1.国家持股									
2.国有法人持股									
3.其他内资持股									
其中：境内法人持股									
境内非国有法人持股									
境内自然人持股									
4.外资持股									
其中：境外法人持股									
境外自然人持股									
5.其他									
有限售条件股份合计									
二、无限售条件股份									

续表

	期初数		本期变动增减（+，-）					期末数	
	数量	比例（%）	发行新股	送股	公积金转股	其他	小计	数量	比例（%）
1.人民币普通股	1 674 769 120	100						1 674 769 120	100
2.境内上市的外资股									
3.境外上市的外资股									
4.其他									
无限售条件股份合计	1 674 769 120	100						1 674 769 120	100
三、股份总数	1 674 769 120	100						1 674 769 120	100

（28）资本公积

①资本公积按项目列示：

项目	期初数	本期增加	本期减少	期末数
股本溢价	3 025 654 047.56	33 297.02	0.00	3 025 687 344.58
其他资本公积	549 345 485.07	25 358 380.99	0.00	574 703 866.06
其中：可供出售金融资产公允价值变动	78 240 515.17	25 358 380.99	0.00	103 598 896.16
权益法下被投资单位其他所有者权益变动的影响	111 400 014.55	0.00	0.00	111 400 014.55
其他	359 704 955.35	0.00	0.00	359 704 955.35
合计	3 574 999 532.63	25 391 678.01	0.00	3 600 391 210.64

②说明：本期资本公积增加额25 391 678.01元，其中：

a. 股本溢价增加33 297.02元，为公司所属子公司所有者投入资本与享有所有者权益份额的差额。

b. 可供出售金融资产公允价值变动额增加25 358 380.99元，为公司所属子公司持有可供出售金融资产公允价值变动计入资本公积的金额。

（29）专项储备

项目	期初余额	本期增加	本期减少	期末余额
安全生产费	0.00	32 961 668.41	32 961 668.41	0.00
合计	0.00	32 961 668.41	32 961 668.41	0.00

（30）盈余公积

项目	期初余额	本期增加	本期减少	期末余额
法定盈余公积	687 626 691.29	71 875 841.71	0.00	759 502 533.00
任意盈余公积	174 891 888.13	35 937 920.86	0.00	210 829 808.99
合计	862 518 579.42	107 813 762.57	0.00	970 332 341.99

（31）未分配利润

①未分配利润按项目列示：

项目	期末余额	期初余额
母公司股东未分配利润期初余额	4 969 686 332.08	4 314 144 090.51
加：同一控制下企业合并	0.00	0.00
归属于母公司股东的净利润	1 004 106 840.78	929 903 482.45
减：提取法定盈余公积	71 875 841.71	68 930 333.30
提取任意盈余公积	35 937 920.86	34 465 166.65
提取职工奖励及福利基金	8 470 348.35	3 488 828.93
应付普通股股利	167 476 912.00	167 476 912.00
转作股本的股利	0.00	0.00
母公司股东未分配利润期末余额	5 690 032 149.94	4 969 686 332.08

②根据董事会 2012 年度利润分配预案，本公司按照 2012 年度母公司净利润分别计提 10%的法定盈余公积和 5%的任意盈余公积，共提取法定盈余公积 71 875 841.71 元，任意盈余公积 35 937 920.86 元；

③公司所属子公司按其董事会利润分配决议，本期计提职工奖励及福利基金 8 470 348.35 元；

④根据 2011 年度股东年会审议通过 2011 年度利润分配议案，以 1 674 769 120 股为基数，向全体股东每 10 股派发现金红利 1 元(含税)，计 167 476 912.00 元。

⑤本期股利分配预案详见 12、资产负债表日后非调整事项。

（32）营业收入及营业成本

①营业收入及营业成本按照类别列示：

项目	本期数	上期数
营业收入	13 493 346 182.55	12 723 112 480.03
其中：主营业务收入	12 454 088 144.55	11 845 701 240.44
其他业务收入	1 039 258 038.00	877 411 239.59
营业成本	10 338 083 009.15	9 827 306 559.71
其中：主营业务成本	9 538 262 197.84	9 112 178 294.81
其他业务成本	799 820 811.31	715 128 264.90
营业毛利	3 155 263 173.40	2 895 805 920.32

②营业收入、成本、毛利按业务内容列示：

业务或产品	本期数		
	收入	成本	毛利
装卸业务	4 739 931 142.37	2 386 722 101.94	2 353 209 040.43
销售业务	6 736 322 425.11	6 723 946 542.86	12 375 882.25

续表

	本期数		
业务或产品	收入	成本	毛利
拖轮业务	400 638 187.17	238 946 399.12	161 691 788.05
理货业务	182 324 847.25	61 820 571.13	120 504 276.12
代理业务	394 871 542.65	126 826 582.79	268 044 959.86
港口服务业务	1 039 258 038.00	799 820 811.31	239 437 226.69
合计	13 493 346 182.55	10 338 083 009.15	3 155 263 173.40

	上期数		
业务或产品	收入	成本	毛利
装卸业务	4 342 267 551.16	2 219 939 361.25	2 122 328 189.91
销售业务	6 585 046 842.54	6 499 842 831.30	85 204 011.24
拖轮业务	367 309 988.53	225 023 330.78	142 286 657.75
理货业务	163 253 054.20	52 589 346.03	110 663 708.17
代理业务	387 823 804.01	114 783 425.45	273 040 378.56
港口服务业务	877 411 239.59	715 128 264.90	162 282 974.69
合计	12 723 112 480.03	9 827 306 559.71	2 895 805 920.32

③本公司本期前五名客户收入合计为 2 290 967 663.30 元，占总收入的16.98%。

单位名称	金额	内容
客户 1	587 936 289.96	燃油款
客户 2	476 097 941.63	燃油款
客户 3	475 945 600.54	铁矿砂
客户 4	475 869 957.26	铁矿砂
客户 5	275 117 873.91	燃油款
合计	2 290 967 663.30	

（33）营业税金及附加

类别	本期数	上期数
营业税	172 924 493.87	202 237 682.07
城建税	15 006 305.99	15 090 537.47
教育费附加	10 718 393.71	10 462 784.22
合计	198 649 193.57	227 791 003.76

（34）管理费用

类别	本期数	上期数
职工薪酬	849 888 312.92	766 507 355.56
综合服务费	87 793 176.80	84 558 319.85
外付租费	33 848 071.37	34 138 831.26

续表

类别	本期数	上期数
办公费	45 306 396.54	42 089 587.02
折旧	35 282 393.88	31 844 274.14
燃料	27 216 061.42	24 652 262.64
修理费	26 780 415.91	37 370 323.51
业务招待费	26 272 670.70	24 977 894.95
电费	17 507 016.53	14 681 557.33
税金	18 122 715.34	17 472 759.58
会议费	12 653 026.47	11 667 123.22
税费	7 167 335.92	9 306 948.77
差旅费	9 460 055.57	8 662 136.48
其他费用	77 112 555.93	80 092 495.37
合计	1 274 410 205.30	1 188 021 869.68

（35）财务费用

类别	本期数	上期数
利息支出	283 120 819.38	279 990 407.39
减：利息收入	29 495 993.78	34 608 065.58
汇兑损失	33 882 817.40	31 781 870.52
减：汇兑收益	45 695 900.37	81 167 546.67
其他	1 877 147.32	2 281 399.11
合计	243 688 889.95	198 278 064.77

（36）投资收益

①投资收益按类别列示：

项目	本期数	上期数
成本法股权投资收益	6 965 218.16	9 597 022.18
权益法股权投资收益	209 505 149.81	167 454 406.21
处置长期股权投资取得投资收益	589 853.46	−825 974.28
合计	217 060 221.43	176 225 454.11

②截至期末本公司的投资收益的汇回均无重大限制。

（37）资产减值损失

项目	本期数	上期数
坏账损失	9 317 428.17	7 208 101.89
存货跌价损失	0.00	0.00
合计	9 317 428.17	7 208 101.89

（38）营业外收入

项目	本期数	上期数	计入当期非经常性损益的金额
非流动资产处置利得合计	2 186 871.82	30 140 210.61	2 186 871.82
其中：固定资产处置利得	2 186 871.82	30 140 210.61	2 186 871.82
无形资产处置利得	0.00	0.00	0.00
政府补助	29 229 973.66	43 610 580.23	29 229 973.66
其他	10 017 997.09	2 782 994.15	10 017 997.09
合计	41 434 842.57	76 533 784.99	41 434 842.57

说明：本期所属子公司收到政府补助 29 229 973.66 元。

（39）营业外支出

项目	本期数	上期数	计入当期非经常性损益的金额
非流动资产处置损失合计	2 226 797.58	1 511 970.62	2 226 797.58
其中：固定资产处置损失	2 226 797.58	1 511 970.62	2 226 797.58
无形资产处置损失	0.00	0.00	0.00
其他	30 578 541.23	35 638 339.80	30 578 541.23
合计	32 805 338.81	37 150 310.42	32 805 338.81

（40）所得税

项目	本期数	上期数
本期所得税费用	283 565 163.51	209 318 300.22
递延所得税费用	−32 219 969.15	−8 322 672.63
合计	251 345 194.36	200 995 627.59

（41）每股收益

项目	基本每股收益		稀释每股收益	
	本期数	上期数	本期数	上期数
归属于普通股股东的净利润	1 004 106 840.78	929 903 482.45	1 004 106 840.78	929 903 482.45
期末股本总额	1 674 769 120.00	1 674 769 120.00	1 674 769 120.00	1 674 769 120.00
期初股本总额	1 674 769 120.00	1 674 769 120.00	1 674 769 120.00	1 674 769 120.00
每股收益	0.60	0.56	0.60	0.56

①本公司本期无稀释性潜在普通股；

②本公司在资产负债表日至本财务报表批准报出日期间内未发生导致发行在外普通股或潜在普通股数量变化的事项。

（42）其他综合收益：（略）

（43）合并现金流量附注

①合并现金流量表补充资料

补　充　资　料	2012 年	2011 年
1.将净利润调节为经营活动现金流量：		
净利润	1 403 541 987.24	1 289 120 181.31

续表

补 充 资 料	2012 年	2011 年
加：资产减值准备	9 317 428.17	7 208 101.89
固定资产折旧	624 819 445.51	603 323 407.44
无形资产摊销	84 238 430.55	78 396 597.83
长期待摊费用摊销	2 334 614.83	3 318 046.16
处置固定资产、无形资产和其他长期资产的损失（收益以“-”号填列）	502 002.31	-29 430 571.68
固定资产报废损失（收益以“-”号填列）	-462 076.55	802 331.69
公允价值变动损失（收益以“-”号填列）	0.00	0.00
财务费用（收益以“-”号填列）	263 328 560.86	226 184 254.61
投资损失（收益以“-”号填列）	-217 060 221.43	-176 225 454.11
递延所得税资产减少（增加以“-”号填列）	-32 219 969.15	-8 322 672.63
递延所得税负债增加（减少以“-”号填列）	0.00	0.00
存货的减少（增加以“-”号填列）	41 375 342.35	92 635 837.47
经营性应收项目的减少（增加以“-”号填列）	-1 054 693 130.22	-452 976 352.09
经营性应付项目的增加（减少以“-”号填列）	540 677 480.07	198 962 523.87
其他	0.00	0.00
经营活动产生的现金流量净额	1 665 699 894.54	1 832 996 231.76
2.不涉及现金收支的投资和筹资活动	0.00	0.00
债务转为资本		
一年内到期的可转换公司债券		
融资租入固定资产		
3.现金及现金等价物净变动情况		
现金的年末余额	3 283 201 206.73	2 853 680 235.63
减：现金的年初余额	2 853 680 235.63	3 126 361 707.16
加：现金等价物的年末余额	0.00	0.00
减：现金等价物的年初余额	0.00	0.00
现金及现金等价物的净增加额	429 520 971.10	-272 681 471.53

②收到的其他与经营活动有关的现金

项目	本期数	上期数
存款利息	29 495 993.78	34 608 065.58
政府补助	29 229 973.66	43 610 580.23
其他	186 319 182.39	136 961 671.26
合计	245 045 149.83	215 180 317.07

③支付的其他与经营活动有关的现金

项目	本期数	上期数
代付的港建费、港务费	6 694 764.56	135 896 225.08
管理费用	322 563 811.02	277 514 094.80
其他	277 755 824.52	73 028 882.52
合计	607 014 400.10	486 439 202.40

④支付的其他与投资活动有关的现金

项目	本期数	上期数
合并范围变化产生的现金流量	3 693 143.44	0.00
合计	3 693 143.44	0.00

⑤支付的其他与筹资活动有关的现金

项目	本期数	上期数
支付子公司少数股东清算款	0.00	4 323 542.45
合计	0.00	4 323 542.45

⑥现金和现金等价物

项目	期末数	期初数
一、现金	3 283 201 206.73	2 853 680 235.63
其中：库存现金	1 580 349.47	810 405.91
可随时用于支付的银行存款	3 279 557 137.47	2 852 858 885.73
可随时用于支付的其他货币资金	2 063 719.79	10 943.99
二、现金等价物		
其中：三个月到期的债券投资		
三、期末现金及现金等价物余额	3 283 201 206.73	2 853 680 235.63
其中：母公司或企业集团内子公司使用受限制的现金和现金等价物	0.00	0.00

8. 母公司财务报表主要项目注释（略）

9. 关联方关系及其交易

（1）关联方概况

与本公司存在关联关系的关联方，包括已于附注六列示的存在控制关系的子公司、本公司股东和不存在控制关系的关联方。

①本公司的母公司情况（略）

②本公司的子公司（略）

③本公司的子公司注册资本及其变化（单位：万元）（略）

④本公司的子公司所持股份或权益及其变化（略）

⑤不存在控制关系的关联方（略）

（2）关联方交易事项

本项下关联交易上年同期数中包含了按照《上海证券交易所股票上市规则》10.1.6 条规定的关联交易金额。

①购买商品、接受劳务的关联交易（略）

②销售商品、提供劳务的关联交易（略）

③关联租赁（略）

④资产购置（略）

⑤资产销售（略）

⑥接受金融服务（略）

⑦其他事项（略）

10. 或有事项

无

11. 承诺事项

无

12. 资产负债表日后非调整事项

（1）根据公司发展需要，董事会提出 2012 年度利润分配预案：拟以 2012 年 12 月 31 日股本总额 1 674 769 120.00 股为基数，向全体股东每 10 股派发现金红利 1.8 元（含税），计 301 458 441.60 元。

（2）公司第六届董事会第三次临时会议和 2012 年第二次临时股东大会审议通过了《ABC 股份有限公司关于发行中期票据的议案》。2012 年 12 月 19 日，经中国银行间市场交易商协会核准，同意接受公司中期票据注册，注册金额共计 20 亿元，在注册有效期内可分期发行。公司于 2013 年 1 月 29 日发行了 2013 年度第一期及第二期中期票据，发行金额共计 10 亿元，发行票面利率 4.98%，起息日期 2013 年 01 月 31 日，兑付日期 2018 年 01 月 31 日。

参考文献

[1] 张新民，钱爱民．财务报表分析（第二版）[M]．北京：中国人民大学出版社，2008．

[2] 黄世忠．财务报表分析——理论、框架、方法与案例 [M]．北京：中国财政经济出版社，2007．

[3] 魏亚平．财务报告分析 [M]．厦门：厦门大学出版社，2012．

[4] 王化成．财务报表分析 [M]．北京：北京大学出版社，2007．

[5] 卢雁影．财务分析（第二版）[M]．武汉：武汉大学出版社，2011．

[6] 王萍．财务报表分析（修订本）[M]．北京：清华大学出版社，北京交通大学出版社，2008．

[7] 崔也光．财务报表分析 [M]．天津：南开大学出版社，2003．

[8] 池国华．财务报表分析 [M]．北京：清华大学出版社，北京交通大学出版社，2008．

[9] 于丽荣，彭毅林．财务报表分析 [M]．北京：经济科学出版社，2011．

[10] 江南春，吴万友．财务报表分析 [M]．西安：西安交通大学出版社，2013．

[11] 张先治，陈友邦．财务分析（第五版）[M]．大连：东北财经大学出版社，2010．

[12] 郭泽光．财务报告分析 [M]．北京：高等教育出版社，2007．

[13] 张惠忠，裘益政，胡素华．财务报告分析 [M]．北京：科学出版社，2011．

[14] 李远慧，郝宇欣．财务报告解读与分析 [M]．北京：清华大学出版社，北京交通大学出版社，2011．

[15] 袁小勇，邵军．财务报表分析 [M]．北京：首都经济贸易大学出版社，2009．

[16] 张献英，王永刚．财务分析学 [M]．北京：北京大学出版社，2012．

[17] 王淑萍．财务报告分析（第 3 版）[M]．北京：清华大学出版社，2011．

[18] 钱爱民，张新民．财务报表分析（第二版）案例分析与教学指导［M］．北京：中国人民大学出版社，2011.

[19] 张先治，陈友邦，秦志敏．财务分析习题与案例［M］．大连：东北财经大学出版社，2013.

[20] 刘顺仁．财报就像一本故事书［M］．太原：山西人民出版社，2007.

[21] 许拯生．财务报表分析［M］．北京：清华大学出版社，北京交通大学出版社，2008.

[22] 孙福明，章颖薇，刘瑾．财务报表分析［M］．北京：清华大学出版社，2010.

[23] 程隆云．财务报表分析（第 3 版）［M］．北京：经济科学出版社，2010.

[24] 徐德镛．会计报表分析［M］．北京：科学出版社，2005.

[25] 曹伟飞．央企业绩评价中 EVA 指标的实施效果研究——以中国石化为例［D］．济南：山东财经大学，2013.

[26] 中华人民共和国财政部．企业会计准则［M］．北京：经济科学出版社，2006.

[27] 中华人民共和国财政部．企业会计准则——应用指南［M］．北京：中国财政经济出版社，2006.

[28] 国务院国资委财务监督与考核评价局．企业绩效评价标准值 2013［M］．北京：经济科学出版社，2013.

[29] 财政部会计司编写组．企业会计准则讲解［M］．北京：人民出版社，2008.

[30] 中国注册会计师协会．会计［M］．北京：中国财政经济出版社，2010.

[31] 中国注册会计师协会．财务成本管理［M］．北京：中国财政经济出版社，2010.

[32] 中国注册会计师协会．经济法［M］．北京：中国财政经济出版社，2010.

[33] 中国注册会计师协会．审计［M］．北京：经济科学出版社，2010.

[34] 中国注册会计师协会．公司战略与风险管理［M］．北京：经济科学出版社，2010.

南开大学出版社网址：http://www.nkup.com.cn

投稿电话及邮箱：　022-23504636　QQ：1760493289
　　　　　　　　　　　　　　　QQ：2046170045(对外合作)
邮购部：　022-23507092
发行部：　022-23508339　Fax：022-23508542